基于儒学伦理的中小企业道德建设

Based on Confucian Ethics and Moral Systems of Small- and Medium-sized Enterprises Construction

陈爱清 著

全球首部系统研究、应用儒学伦理
与现代企业经营管理融合的管理科学文献
企业道德体系建设理论与实践的管理思想创新之作

图书在版编目（CIP）数据

基于儒学伦理的中小企业道德建设/陈爱清著．—北京：经济管理出版社，2016.4
ISBN 978－7－5096－4391－4

Ⅰ．①基…　Ⅱ．①陈…　Ⅲ．①中小企业—企业伦理—研究—中国　Ⅳ．①F270－05

中国版本图书馆 CIP 数据核字(2016)第 102304 号

组稿编辑：王光艳
责任编辑：许　兵
责任印制：黄章平
责任校对：王　淼

出版发行：经济管理出版社
（北京市海淀区北蜂窝 8 号中雅大厦 A 座 11 层　100038）
网　　址：www. E－mp. com. cn
电　　话：(010) 51915602
印　　刷：三河市延风印装有限公司
经　　销：新华书店
开　　本：720mm×1000mm/16
印　　张：17.5
字　　数：288 千字
版　　次：2016 年 8 月第 1 版　　2016 年 8 月第 1 次印刷
书　　号：ISBN 978－7－5096－4391－4
定　　价：68.00 元

序言一

企业道德建设的儒学知识谱系

道德建设缺位、商业伦理缺失是制约企业发展壮大的重要原因。在高额利益的驱使下，一些企业不重合同、不讲信用、不守法规，造成制假售假、致残致死等恶性事件频发，影响社会和谐，威胁自身生存，陷入“成也逐利，败也逐利”的困局，亟须重构伦理道德体系。中华民族崇奉以儒家“仁爱”思想为核心的道德规范体系，儒家商业伦理是蕴涵中华文化之精髓、贮藏道德建设之精妙的为商哲学。识其应然，仁、义、礼、智、信“五常”之道以为本；知其适然，温、良、恭、俭、让“五德”之性谓为体；行其实然，忠、孝、廉、耻、勇“五品”之格是为法；达其释然，善、博、显、真、亲“五质”之著可为学。

一、应然道德建设，五常之道以为本

应企业道德建设之实，识儒学伦理仁、义、礼、智、信“五常”之质，应然企业道德建设之实质：以仁塑企、循义铸企、依礼治企、集智兴企、重信立企。

（1）仁爱本征，以仁塑企。“仁”，孔曰“爱人”，孟曰“恻隐之心”，是人对他人最基本的同情和关怀。企业持续发展，不仅依赖丰富的物质基础、合理的生产关系、健全的社会制度，更需仰仗以人为本的核心价值追求。若仅以盈利为价值导向，于己有利，趋之若鹜；于己无利，避之不及，则难谈“仁”。追求

“仁心”，提倡“仁”的价值取向，就是要以人为本，秉持“推己及人”之忠恕态度，塑成“仁者爱人”之企业文化。

人有物理存在、精神存在和道德存在三种形式。道德存在是最本质、最高形式的存在，统御物理存在和精神存在。企业同样以道德存在为根本。“德治”，就是基于“仁心”，管治企业。任何科学技术的发明与运用，产品服务的生产与提供，都不能以牺牲人的生命与尊严为代价。在崇尚科学技术、提倡市场效率的现代社会，企业尤其需要重视“仁”的道德本源，加强“仁”的道德建设。

（2）义利和合，循义铸企。“义”是一种道德范畴。“义者，宜也，制裁事物使合宜也”，即公正合宜的道理或行为，是一个社会公认为适宜的道德行为准则，乃“天下之公义”。社会不能没有“义”，企业不能不讲“义”；无“义”的社会无法维系，忘“义”的企业难以为继。企业道德建设的重要任务，就是要确立一个为社会所共识的“义”，培养员工对“义”的自觉，树立道德正义感。

企业经营，不可囿于财富聚集，还应肩负责任担当。毒奶粉、地沟油，固然有制度不全、监督不力等外因，更本质的是企业“不义”之内因。企业有利则治，无义则乱；有利当为，无义难存；义在前，利在后。“据义求利”、“义然后取”，就是要求企业合乎道义、践行社会责任。履责于行，有利于企业树立良好形象，增加无形资产，提高综合效益，达成义利合一。正所谓，责任有多大，事业就有多大。

（3）礼教先行，依礼治企。“礼”即人际交往中的道德行为规范，包括典章制度、宗教仪式、社会习俗、公务礼仪等。人有礼则安，企无礼则危。“礼”不仅是外在礼数，更强调礼的形式中所表现出来的社会道德功能和意义。一定形式的礼，无论对个人还是企业，都是必不可少的。就个人而言，礼是道德素质和教养程度的外在标志；对企业来讲，礼是道德文明和成熟程度的直观表征。

企业治理，贫而乐道并非难事，富而无骄也易做到，但进一步的富而好礼却常常难以为之。若能注重精神之涵养，追求道德之学问，讲求治企之道理，尊重他人人格，待人厚道谦逊，则能达到崇实去浮之境。“不学礼，无以立。”以礼整顿企业，依礼教导员工，贫而无自惭之心，富而无自得之意，不仅能促使经营管理者保持泰然平和之心境，也能推动企业培育崇德向善之环境，把道德的功利境界提升至精神的审美境界。

（4）智慧得道，集智兴企。“智”即“知”，既指知识，又指认知。具有完善理想人格的君子，不仅应是“仁者”，而且当是“智者”。“博学而笃志，切问而近思，仁在其中矣”，好学求知能促进仁德的自觉生长。企业求知，不仅是对先进科学技术和理念的学习，也是对正确道德观念和原则的认知；企业得智，不仅是拥有创新的智力，还将获得道德的智慧。

“道德智慧”，是认识道德、实践道德，始终不背离道德的精神。知识不等于智慧，更不等于“道德智慧”；脱离了道德的引导，知识不仅可能无用，还可能被滥用、乱用，导致不良后果。学习知识，明白事理，明辨是非，坚守道德之底线，追求道德之理想，才能获得大智、造福大众。建设学习型组织、培养学习型员工，激发道德的自觉性，提高道德的识别力，增强道德的实践性，才能明辨是非、兼取义利，做一个真正的“智慧企业”。

（5）信诚于人，重信立企。“信”，即诚信；“诚”是内在真诚，“信”是外在信用。因内诚于心，而外信于人。信的道德要求，内涵丰富，包括说话算数，言行一致；尊重事实，反映真相；信守承诺，忠于职守；勇于承担责任，认真履行义务等。“信”是企业安身立命的根本，即所谓“民无信不立”，“人而无信，不知其可也”。“信则人任焉”，只有当企业被证明是值得信赖时，才会有可靠感，才敢与之合作。

诚信缺失和信用危机，已成为制约我国企业健康发展的瓶颈和隐患。部分企业的不诚信经营，使信用成为一种“稀缺资源”。“信”是企业道德体系建设不可或缺的重要价值资源。完善的市场经济社会，必须以诚信道德原则作基础、以社会商业信用为保障。企业道德建设，需要以诚信建设为重点，诚于心，信于人，视诚信比利润更重要。

二、适然道德建设，五德之性谓为体

适企业生产经营之框，合儒学伦理温、良、恭、俭、让“五德”之范，适然企业道德建设之框范：温和为体、良心为基、恭恪为导、俭素为美、让人为德。

（1）温文儒雅，温和为体。“温，谓颜色和也”，即对人的态度温和。人面对纷繁多变的外在世界，总要做出自己的反应。“温”用于行为准则中，可表述为“和”，即为“恰切、得体、有节制”之意。“温”要求有较为得体的应变方式，“过”与“不及”都是失准的行为。无论治企，还是做人，应温和而适度，不要过于热情自降身价，也不能太过冷淡拒人千里。

企业对客户的态度，可以反映其品德；老板对员工的态度，可以了解其品格。很多企业认识到客户有被尊重、被关怀、被体贴的需求，从而不断升级产品与服务，以“温和”地对待客户。然而，一些企业员工却沦为“二等公民”。美国西南航空公司总裁科琳·巴瑞特（Colleen Barrett）说：“员工是我们的第一客户”，只有员工获得公司的充分信任和尊重，才会更加关心公司、同事和客户。老板胸怀决定企业成败，儒商情怀彰显大商风范。做当代儒商，温和对待客户与员工。

（2）良知良能，良心为基。“良”被认为是善良、美好、高尚、仁义、忠诚等道德品质的标志。“人之所不学而能者，其良能也；所不虑而知者，其良知也。”一个人从小就知道亲爱父母、恭敬兄长，这便是良知、良能。企业同样拥有良知良能，并且是伴随着企业的诞生、产品和服务的提供而产生。企业良知表征在认识层面，企业良能表征在实践层面，共同构成了企业道德理性的自觉，即“良心”。

良心生成义务感、责任心以及全部道德理念、情感、意志和信念，所有这些存在形态的外向作用，以道德行为表现出来。企业存在的根本，在于创造效益、追求利润，这是不变的生存法则。但是，获取利润，不能以牺牲生命和健康、侵犯他人利益、破坏社会公平、损害生态环境为代价。企业只有坚守良心，才能长期持续发展。良心不是口号，而是“知行合一”的先进文化，是实实在在的生产力、竞争力和影响力，也是企业基业长青之所在。

（3）恭敬谦谨，恭恪为导。“恭”即对人谦和，做事认真不苟。“在貌为恭，在心为敬”；“恭”是表象，“敬”是本质。“恭敬”强调不卑不亢，过之则为“傲”，不及则为“卑”。“恭”又为谦，谦谦君子，用涉大川，在弱者面前不骄不躁，表现修养和胸襟。“恭”又为谨，谨言慎行，讷言敏行，面对竞争不马虎，开展合作不大意，对工作认真负责。

企业需以“敬”的姿态，赢得竞争对手与合作者的尊重，不惧怕强势的对手，不轻蔑弱势的同行，不献媚强大的合作者，亦不冷落弱小的合作者；以“谦”的态度，向竞争对手学习，向同行业先进企业学习；以“谨”的精神，认真对待每一次合作与竞争，从中学习经验、汲取教训。对于合作者，要以谦恭的态度赢得更大的信任，增强协作能力，实现更大的合作效益；对于竞争者，仍应保持谦恭的态度，尊重对手更显虚怀若谷的旷达胸怀，化竞争为合作，实现双赢乃至多赢。

（4）俭以养德，俭素为美。“俭”即节俭、俭用，有助于养成质朴勤劳的德操。大凡有识之士，皆“性不喜华靡”，且“取之有道，用之有度”。对于企业经营者来说，俭就是要求节约生产运作的成本。在经营中，每节约一分不必要的支出，就会增加一分利润。俭有其限度，过之则为奢，不及则为吝。为人、治企不可太过奢华，但是也不可太过吝啬。所谓过犹不及也。

节俭是美德的体现，是盈利的源泉，是提升竞争能力的途径，是决定企业兴衰成败的关键。管理学大师彼得·德鲁克（Peter F. Drucker）曾说：“企业家只要做两件事，第一是营销，第二是削减成本，其他的都不要做。”只有节俭，企业才能生存、才有发展。节俭让我们赢得更多的资本，积聚力量去争取更大的辉煌。通用汽车公司原总裁阿尔弗雷德·斯隆（Alfred P. Sloan）一生节俭，成为杰出职业经理人。实业家约翰·洛克菲勒（John D. Rockefeller）以近乎吝啬的成本控制，建立了一个石油帝国。

（5）让逸竞劳，让人为德。“让”即退让、谦让、辞让，“厚人自薄谓之让”。“让”是企业对利润欲望的有度节制，对获取福利的有意迟后，对争议纠纷的有序退避；在行为的张合中，舍有余而补不足，内抑己而外恕人，促使企业有效地与大秩序、大趋势相吻合，理顺各种纷扰的市场关系，推动企业的持续发展。现实中，有企业之所以不“让”，主要是怕吃亏。事实上，“让”是要吃一点亏的，但往往是吃小亏，占大便宜。

谦益满损亘古训，虚怀若谷大德行。“让”是一种美德，任何企业均应奉行之；然而“让”又是有限度的，即宽猛相济，有让有竞。在提升企业竞争力、承担社会责任面前，应当仁不让；在处置生产经营带来的利润时，则应让利于所有做出贡献、挥洒热血之士。功被天下，守之以让；富有四海，守之以谦。可见“让”是做强企业、做大事业的重要依托，不可不加以重视。

三、实然道德建设，五品之格是为法

实企业持续发展之路，践儒学伦理忠、孝、廉、耻、勇“五品”之径，实然企业道德建设之路径：恪守忠心、营造孝行、倡导廉正、强化耻感、培育勇德。

（1）忠诚意识，恪守忠心。“忠”，即忠诚、忠良、忠恕、忠贞。“天下兴亡，匹夫有责”、“鞠躬尽瘁，死而后已”等忠举，无不令人肃然起敬；其所忠之雄师，无不披荆斩棘；所忠之事业，无不令人心往。“忠”，无论其对象为谁，所起的作用都是十分巨大和不可估量的。对于企业道德建设来讲，树立忠诚意识，不仅能使员工忠于职业、忠于使命、忠于岗位，而且能使企业忠于市场规则、忠于业界良心、忠于核心价值。

忠诚意识，构筑了企业中不同岗位合力同心之基座，搭建了市场中不同企业真诚沟通之桥梁。市场就是游戏场，不遵守游戏规则，将被淘汰出局。市场中的每家企业、企业中的每一个人，要想在这场游戏中立于不败之地，需要对“忠”这个游戏规则有全面的认知和深层的把量。企业，要做国家利益的捍卫者、公众福祉的创造者、市场秩序的维护者；员工，要做企业利润的创造者、公司规章的守护者、优秀文化的传承者。

（2）孝悌文化，营造孝行。“孝”，即孝敬、孝道、孝心、孝行。孝悌思想是儒家文化的核心内容与根本精神。“孝乃德之本”、“百善孝为先”等“孝”的思想浸染了中国社会数千年，它对整个中国社会、对每个中国人的价值观，都产生了极其深远的影响，是中国企业特有的文化优势。作为中国传统文化的核心，在企业中以孝道、孝义、孝行为主体传播内容，于企业有天然的文化亲近特性、丰富的文化管理价值。

孝悌文化，扎根员工道德素养，影响企业制度建设，使道德建设植根人性并切实落地，实现企业和谐，带来深远效益。根植在中国人心中的孝文化，在现代社会体现为家庭式的感恩文化。因此，在企业中构建家庭式的感恩文化，将“孝”的思想落实到企业文化的各个层面，可以激发中国人心中内化的忠孝意识和情感共鸣，有助于提升员工对企业的认同感和忠诚度，推进企业的道德建设。

（3）廉洁作风，倡导廉正。“廉”，即廉洁、清廉、廉正、廉明。“廉生威、威生明、明生信”，做人廉洁，就能够不怒自威、明辨是非，获得信誉；治企廉明，让企业在市场竞争大潮中生存发展。从更深层次含义上讲，廉洁代表着对资源的合理利用、对时间的有效掌控，不破坏资源，不浪费时间。在这个层面上，廉洁治企对企业道德建设具有重要意义。

廉洁作风，是企业文化建设的重要内容，是促进企业竞争力不断提高的动力源泉。加强廉洁作风建设，可以净化企业发展的人文环境，调动全员干事创业的积极性，实现凝心聚力，这是大势所趋；坚持廉洁作风建设，可以引导职工忠诚尽职，自觉遵守行为规范，提高能力素质，此乃人心所向。创廉洁文化，树清正之风，倡导“尽职尽责、风清气正”的廉洁文化核心理念，最简单的概括就是：在其位，谋其职；居其所，尽其责。

（4）耻辱教育，强化耻感。“耻”，即耻辱、羞耻、惭愧、耻污。知耻者慎行，知违者不羁。耻感，是实践主体依据自己内心深处善的标准，对特定行为现象所做出的否定性评价，产生的愧疚、羞耻、不安与畏惧的心理体验。“遂人非圣贤，孰能无过，过而知耻，继而改之，焉能为君子矣。”企业生产经营过程中，难免有过，反躬自省，防微杜渐，就能知耻而后勇。若没有耻感的萌动、确立，道德原则只能是一种美好的愿望。

有些企业为了追求经济效益的最大化，在经济生产运作中采用各种卑劣手段，没有良心谴责和内心愧疚，知耻而不以为辱。耻辱教育能让过错变财富，让先进的更先进，让后进者不得不追赶，是激发企业道德建设的一剂良药。企业耻感，首要是员工自律问题，然后由员工个体上升到企业的共辱感。耻感教育要通过员工对企业的认同，企业和员工间的情感交流，各部门的协作推动和有效的监督管理来实现。

（5）勇者精神，培育勇德。“勇”，即勇敢、坚强、刚毅、勇猛。在词义中，“勇”虽与“智”相对，但绝不矛盾。“仁者不忧，知者不惑，勇者不惧。”儒家倡导的勇，是大勇，而不是侠客之勇；“勇发乎仁，适乎礼，止乎义”，保卫国家需要“勇”，忠于君主需要“勇”，孝敬父母需要“勇”，创新创业也需要“勇”。企业以寻求机会、不求安稳、做有意义之冒险为勇，以追寻梦想、不怕失败、获得最终之成功为勇。

在道德范畴上，企业还应追求具有伦理上的正义性的“勇”，其与任何个人欲望和私利不沾边，是在道德信念的驱动下，所体现出的一种无所畏惧的行为及精神，真正的勇可冠之为“精神”二字。企业培养的“勇”可分为三个层次：“勇德”为贵，“勇气”次之，“勇力”为轻。育“勇德”，企业要勇于担当社会责任；聚“勇气”，企业要勇于开拓进取；激“勇力”，企业要勇于创新创造。

四、释然道德建设，五质之著可为学

释企业经商伦理之道，著儒学伦理善、博、显、真、亲“五质”之作，释然企业道德建设之著作：经世济民、融会贯通、深入浅出、可信能学、宜读易懂。

（1）善意著书，经世济民。中国首批民营中小企业的开创者，事业的起点与改革开放同期；躬身笃行的现代儒商，三十余载倾注企业儒学伦理道德建设。见证我国中小企业从无到有、由小至大，遍及全国、走向全球；目睹道德滑坡事件屡见不鲜、伦理违背问题层出不穷，严重威胁企业生存发展。出于救赎企业的使命，集半甲研学，奋笔疾书；基于兼善天下的情怀，承儒学体系，著成此书。呼吁中小企业加快伦理道德体系建设，促活力焕发、保事业长青，助力中华民族伟大复兴。

（2）博引旁征，融会贯通。汲取儒家先贤思想精髓，剖析道德缺失典型案例，引用全球企业发展数据，摘编哲学、伦理学、经济学、文化学、社会学、管理学、心理学等多学科理论、知识与观点，古为今用，洋为中用，构筑中小企业道德的儒学伦理体系。谈古论今娓娓道出，纵横捭阖信手拈来。在这里，不仅能领略到儒学伦理数千年积淀的光华、饱览到中西方伦理思想交相辉映的璀璨，而且能品味到现代市场经济下的儒商情怀、体悟到企业道德建设实践中的苦想冥思。

（3）显微阐幽，深入浅出。综合运用比较、规范、案例与文献研究方法，探究儒学伦理在中小企业道德建设中的复杂作用机理，论证了儒学伦理与市场经济的相融性；从实践中获悉中小企业道德缺失的表现和原因，创造性提出中小企业道德建设的内部路径和外部路径。以严密的逻辑，系统阐述儒学伦理之核心道德观点；将儒学伦理“五常”、“五德”、“五品”之处世哲学，与三十载企业儒学实践相结合，以己为镜，阐明儒学伦理在中小企业道德建设中的现实与实现。

（4）真切案例，可信能学。以一手创办并不断发展壮大的华信公司为终极案例，缕析企业儒学伦理思想之实践历程。将儒学伦理之精华与西方经营之理念有机地融合，创立以人为本管理理念、重信贵和经营理念、以客为尊服务理念、合法求利效益理念、敬业乐业从业理念，形成义与利、和与争、情与理、人与物、群与己、现实与超越“六大互补优化”的核心价值观，构成华信独特的企业伦理道德体系，为我国中小企业的伦理道德建设提供成功范例与操作参考。

（5）亲和文辞，宜读易懂。以学理化的论述、思辨性的解读、哲理式的演绎，归纳儒学伦理的内涵，拓展道德建设的外延，洞悉中小企业生存之道、明了伦理道德建设之理，启迪创业者与企业家做出既符经济发展之规律，又合广泛认同之价值的经营抉择。用通俗的语言解读儒学伦理的哲学蕴意、以平易的说理阐释儒学思想的道德内涵，让读者在轻松的阅读环境下，感知中小企业伦理道德缺失的深层原因、感悟企业儒学伦理道德建设的核心观点。

管理是外在的伦理，伦理是内在的管理；把别人管好叫管理，把自己管好是伦理。企业伦理道德建设，要一手拿《论语》，一手抓算盘；将中华传统文化中勤俭戒奢、富而好礼、兼济天下的优秀思想与西方商业伦理中对财富和效率的价值追求有机结合起来，实现公益与私利的兼收。涩泽荣一的《论语与算盘》，为日本诞生众多世界级企业打下思想和文化基础；一部将儒学经典与三十载治企体悟融为一体的呕心沥血之作，也将格商致道化成天下。有志成就一番宏图的企业家，研读本书，将重识立企创业之本源，刷新伦理道德之感悟，自觉、理性地开展企业道德建设。

四川大学商学院院长

教育部长江学者特聘教授

国家哲学社会科学领军人才

国际系统与控制科学院院士

徐玖平

2016 年 7 月于四川大学

序言二

读罢陈爱清君的著作，感喟良多。曾几何时，马克斯·韦伯的《新教伦理与资本主义精神》刺激了中国学者，于是循韦伯之路、驳韦伯之论一度成为学界的热点论题，研究儒家文化之于工商业文明的作用，强调“四小龙”崛起与儒家文化的关系，一度蔚然成风。这些似乎都不错，从理论上我们确乎可以找到一些依据：从传统上看，一直以来，儒家文化给人的印象仿佛是重义轻利、重农抑商的，但是《易传》则强调“日新之谓盛德，富有之谓大业”，孔门高徒子贡本身就是“亿则屡中”的富商巨贾，儒家除了“内圣”还有“外王”一脉思想。到了明中后期，随着资本主义萌芽的产生，思想界也出现了像黄宗羲这样主张“工商皆本”、李贽这样同情商人的思想家。从现实上来看，“四小龙”的腾飞也不能断言与儒家文化截然无关。但问题是，我们中国大陆经过了近百年的文化自卑、文化自弃以后，儒家文化还剩下多少呢？其在近三十年的经济发展过程中真起到了那般起沉疴、疗绝疾的巨大作用吗？

现今，将中国大陆的经济腾飞归结为儒家文化对商业文明的促进之类的观点层出不穷，但是不懂经济的我总是心存怀疑：这样一个杀熟惯见、“山寨”成风、食品安全问题层出不穷、不惜以毒奶粉与坏疫苗伤害最纯真无辜的婴孩的令人恐怖的商业文化中，真的有着来自于“不义而富且贵，于我如浮云”的儒家文化的基因吗？不错，儒家文化影响下的大多数中国人一直保持着克勤克俭、吃苦耐劳的人生态度，但这份勤勉如果失去了道德的范导，那就会变成勤勤恳恳的唯利是图，兢兢业业的坑蒙拐骗。于是乎，卖地沟油的很可能喝着毒牛奶，卖毒牛奶的很可能也正吃着地沟油，大家都在伤害别人，同时也被别人所伤害，进而更加理直气壮变本加厉地伤害别人，还愤愤不平地抱怨：社会就是如此，人心就是这样。

然而，社会真的就是如此吗？人心真的就是这样吗？不是的，至少我们知道儒家思想文化的世界中并不是这样的。众所周知，儒家思想以道德伦理著称，三达德五达道自不必说，在利益面前尤其注重道德准则。不仅主张见利思义、不义之财不取，甚至“杀一不辜而得天下皆不为”。而且，儒家强调“三省吾身”、“慎其独也”的自省自律，笃行道德准则不是为了他人，而是为了成就自己的君子人格。也就是说，仁人君子当时刻坚守道德，不要以大环境如何为借口，不要以他人如何为借口，只要是道义所在，虽千万人吾往矣，富贵不能淫，贫贱不能移，威武不能屈。当然，儒家的这一道德标准不可谓不高，我们大多数人恐难做到，然而，我们至少要有那种“虽不能至，心向往之”的景仰，而不能视之为愚，嗤之以鼻。你做不到，只能说明你仍需努力，却不能以此认定儒家道德是虚假的，做到的人是虚伪的。

在过去三十多年中国经济飞速发展的过程中，由于规则不全、标准不高、监督不力、执行不严，因而，一些行业“劣币驱逐良币”的现象时有出现，这给一些原本有着职业道德操守的企业主带来极大的挑战，有人因此选择了随波逐流，但是，也有人非常难能可贵地选择了良心的坚守。时至今日，中国经济进入“新常态”，产业结构面临升级，过去那种粗放落后的生产方式即便在国内市场也行将淘汰，中国人令世界为之瞠目的海外购物就是明证。在这种情况下，我们希望经济创新，但是，很多案例告诉我们，其实，创新不是炒个新概念、玩个新花样，那些有良心、有诚意的产品，正是消费者最为欢迎的产品。“劣币驱逐良币”的时代已经过去了，考验诚意与良知的时代到来了。

因此，也许在过去的经济、社会发展中儒学并未发挥多少作用，或者只是儒家的勤俭奋斗理念在单独地发挥作用，而今则是最为需要儒家伦理之际，中国经济亟待在“新常态”中接受儒家伦理的润泽。那么，儒家伦理条目甚多，作为一家企业，尤其是其领导者，最需要从儒家伦理中汲取什么呢？本着要言不烦的宗旨，我以为汲取一条就够了，那就是“忠恕之道”。“子曰：‘参乎！吾道一以贯之。’曾子曰：‘唯。’子出，门人问曰：‘何谓也？’曾子曰：‘夫子之道，忠恕而已矣。’”原来，孔子儒学一以贯之的道就是忠恕而已。

忠恕之道具体怎么讲呢？最为多见的解释是分“忠”与“恕”，做一体两面之说。郑玄说：“告人以善道曰忠。己所不欲，勿施于人，曰恕也。”《周礼·大司徒》一书也从字源学角度分释两字："中心为忠，如心为恕。"把握好自己的内在本心就是忠，将心比心则为恕。总而言之，忠恕之道包含着两个方面的内容：第一，恕道。"子贡问曰：'有一言而可以终身行之者乎？'子曰：'其恕乎！己所不欲，勿施于人。'"你不希望他人强加于你之事，就也不要将其施加给他人。第二，忠道。"子贡曰：'如有博施于民而能济众，何如？可谓仁乎？'子曰：'何事于仁！必也圣乎！尧舜其犹病诸！夫仁者，己欲立而立人，己欲达而达人。能近取譬，可谓仁之方也已。'"孔子说，你想要拥有的，就可想而知，他人亦必想拥有，因而要能够帮助他人去实现拥有。孔子在这里并没有明确讲此即为忠道，但是，后儒从忠恕之互补性以及恕道的内容加以推证，确认此即是忠道。

如果上述内容似乎显得有些纸上谈兵，那么如下这个故事则易于生动表达儒家的"忠恕之道"。元初年间，画家龚开与权道衡相交颇深。一日，权道衡在街市上觅得汉印一颗，见其古朴可爱，便欲购之，可主人开价不菲，他只得回寺取钱。其时，龚开也正好路过此地，竟也一眼看中此颗汉印。尽管物主告知此印已售于权道衡，可龚开见权道衡迟迟未返，便以重金购下。归至家中龚开之女在闻知此事后不禁责备父亲："君子岂可夺人之好？"龚开顿时醒悟，当下持汉印送归权道衡，结果两人途中相遇。权道衡笑道："既是先生所爱，自当拱手相让。"龚开则说："不必，此物在你手里即在我手里。"权道衡又推却道："如此说来，在你手里也即在我手里。"如此这般，相持不下，两人终将汉印投之深渊，一笑而别。此则故事之中，既有忠道，又有恕道，颇值读者诸君深思之。

由此看来，陈爱清君在此时出版本书，可谓恰逢其时，这体现出身处市场一线的企业主的道德自觉，这种自觉是极其可贵的。本书不仅全面仔细梳理了儒家伦理在方方面面所表现出来的价值优势与文化特征，且对中小企业在发展过程中发生的道德危机与恶性事件进行了综合而深入的分析，进而有针对性地提出将儒家伦理的学术探究与多年企业经营的宝贵经验熔于一炉的理念设计，这种形上与形下相结合的方式较之于一般的学理分析将更具实践价值和借鉴意义。倘若恒河沙数的中小企业家们能够将本书中的理念付诸实践，则中国经济幸甚，中国幸甚。

陈爱清君在本书中指出，中国企业将儒家伦理转换到自身的道德文化之中，就使自身具有了中华民族的文化特性，此言确然不虚。一家企业也如一个人，其文化人格与道德魅力会造就其卓越优秀的风格气质，使近者悦、远者来，四海之内皆兄弟；更会使其在变化的环境中坚韧不拔，始终如一，拥有制胜的法宝和恒久的生命力。当下追求企业道德文化之建立既属当务之急，又属风气之先，愈先笃行，愈多创获。儒商多以子贡为楷模，如前所述，子贡从孔子处获得的终身躬行的道德原则，就是“忠恕之道”。今日经营企业者若能如此，无论是对于谋求发展壮大的企业而言，还是对正在现代中国社会中寻找位置的儒学而言，都善莫大焉。

中国社会科学院研究员、中央民族大学哲学与宗教学系教授、博士生导师

赵士林

2016 年 4 月 9 日于魏公村

前　　言

改革开放30多年来，我国经济建设取得了举世瞩目的非凡成就，已成为世界第二大经济体。中国的中小微企业，作为中国经济社会中最重要、最活跃的市场经济主体之一，发展速度突飞猛进，已成为中国社会重要的经济基石和经济发展的核心力量。

截至2014年末，我国在工商部门登记在册的中小企业约4700万户，约占全国企业总数的99.8%。中小企业的工业总产值、销售收入、实现利税分别占总量的60%、57%和40%；流通领域中，中小企业占全国零售网点的90%以上；中小微企业大约提供了85%的城镇就业机会；近年来的出口总额中，有60%以上是中小企业提供的；中小企业几乎覆盖了所有行业，占比为60%。

另据国家统计局公布的第三次全国经济普查资料显示，截至2013年末，我国小微企业达到785万家，与2008年相比，增加300多万家，年均增长速度在10%以上，占全部企业的比重达到95.6%。其中，2009～2013年新开业小微企业合计达到449万家，占全部小微企业的57.2%。

我国小微企业从业人员达到14729.7万人，占全部企业从业人员的50.6%。其中，2009～2013年新开业小微企业从业人员达到5964.6万人，占全部小微企业从业人员的40.5%。①

目前，中小微企业对我国GDP的贡献超过65%，对我国税收的贡献占到50%以上，就业人口占我国就业人口的99%。尽管我国中小企业的发展呈现出一派欣欣向荣的景象，但是中小企业的平均寿命却只有3年，集团企业的平均寿命

① 工业和信息化部．中国中小企业发展报告（2014）［Z］．2014.

也只有5~10年。

究其原因，伦理道德缺失是阻碍中小企业生存发展的重要因素，企业伦理道德缺失现象在中小微企业中也极为普遍，如企业责任失控、利益失衡、经济失信等。中小微企业的产品质量与生产安全问题频发，假冒伪劣产品、虚假宣传侵害消费者权益，侵犯知识产权，伪造账目和偷税漏税，合同违约和逃避债务，侵害员工利益，破坏生态环境造成严重污染，官商勾结垄断稀缺资源，官吏腐败案件频发等一系列严重违背社会伦理道德和国家法律的事件与问题屡见不鲜。

中小企业在经营管理过程中伦理道德缺失的问题比较严重，并且该问题在迅速滋生蔓延，假冒伪劣产品横行，劣质的食品饮料、药品及日常生活用品损害了无数人的生命、健康，致残致死事件常有发生，造成了极其恶劣的社会影响。企业欺骗顾客、损害消费者利益等不道德行为层出不穷。不重合同、不守信用而导致的民商事纠纷不断，这一系列伦理道德缺失问题，已影响到了中小企业自身的生存和发展，严重危及到市场经济秩序及社会的和谐稳定，社会各界也呼吁，中小企业应加快企业的伦理道德体系建设。

然而，如何构建中小企业伦理道德体系？又用什么样的伦理来构建呢？笔者作为一名创办、经营管理中小企业30多年的企业实践者和从事儒学伦理文化应用研究的学者充分地认识到，将中国儒学伦理应用到中小企业的伦理道德体系建设中，对企业的社会责任意识和企业的伦理道德意识将起到积极且重要的作用。而只有加强了社会责任意识和伦理道德意识，企业才能得到社会的认可，才能生存发展、做大做强。

在经济全球化和科学技术日新月异的全球互联互通时代，中国在经济物质文明发展方面进步巨大，但是，在伦理思想、道德精神方面却不容乐观。改革开放以来，我国社会最大的危机是物化，拜金主义、追名逐利、享乐式消费、“不管白猫黑猫能抓住老鼠就是好猫”的“猫论”思想已成为当代国人的普遍价值取向。人伦丧失、道德滑坡，造成我国社会伦理道德严重缺失。

当前，我国正处于中华民族伟大复兴的历史时期，处于供给侧改革、经济转型、产业升级、技术创新的攻坚阶段，以我国优秀传统文化儒学伦理道德思想为核心价值取向，在市场经济条件下尽快构建国家、社会层面的中小企业伦理道德体系已成为中华民族生存发展的迫切之需，亦是实现中华民族伟大复兴的战略之需。

企业道德体系建设问题，既是企业伦理研究中重要的基础理论问题，也是一个社会文化和文明多样性的人文精神、价值取向的伦理文化传承问题，更是具有重大现实意义的全球性问题。1988 年，全美企业圆桌会议将公司伦理道德称为“企业的首要资产”。随后，美国各大公司纷纷采取行动，把伦理道德价值融合到公司文化中，在公司中制定伦理守则、设立伦理主管。在加拿大、欧洲、日本等国家和地区也出现了大量的企业伦理道德出版物、研究机构。可以说，从 20 世纪 80 年代开始，世界就已形成了企业伦理道德发展的大浪潮。[①]

经历了改革开放 30 多年这段不寻常的历史时期，中国首批创业的中小企业已所剩无几。总结他们失败的经验教训，可以得出这样的结论：他们不重视企业伦理道德的建立，认为其可有可无，或者盲目赶时髦，照搬或移植西方的企业伦理思想。笔者从经营企业 30 多年的实践中体会到，中国土生土长的中小企业的伦理道德建设，绝不能离开中国传统的儒学伦理文化基础，企业伦理道德体系建设如果离开了对本民族优良传统文化的继承和发扬，就会脱离民族的精神依托。因为，我国的企业员工主要是受儒学伦理文化影响的中国人，失去了本民族的传统伦理文化，企业也就没有了自己的文化伦理思想底蕴。

因此，只有把中华民族儒学的伦理思想精华作为基础，将其包含在企业的伦理道德体系建设当中，才能有效地解决中小企业的生存和发展问题。

在经济全球化和中国“一带一路”国家经济发展战略的时代背景下，作为“中国梦”的重要实现力量的中小微企业，加快其伦理道德体系建设，这应是“十三五”规划时期经济社会发展战略目标的总体要求和全面构建社会主义和谐社会的重要组成部分。

诚信是和谐社会和经济交往的重要基础，企业诚信是中小企业实践儒学伦理、构建中小企业伦理道德体系的根本价值取向和文化思想。应用儒学伦理，把其与现代企业经营理念、现行法律制度有机结合起来，是建设民营中小企业伦理道德体系、解决中小企业伦理道德问题、保障中小企业可持续发展的有效方法，也是我国中小企业生存发展、基业长青的根本保障。

儒学伦理文化是我国优秀的传统文化，习近平同志曾说：“我国优秀的传统文化，其内涵丰富、博大精深，学习和掌握其中的伦理思想精华，对树立正确的

① 曹凤月．企业道德责任研究论纲［J］．中国劳动关系学院学报，2005（1）：107－113.

世界观、人生观、价值观很有益处。学史可以看成败、鉴得失、知兴替；学诗可以情飞扬、志高昂、人灵秀；学伦理可以知廉耻、懂荣辱、辨是非。”①

“国无德不兴，人无德不立。必须加强全社会的伦理思想道德建设，激发人们形成善良的道德意愿、道德情感，培育正确的道德判断和道德责任，提高道德实践能力尤其是自觉践行能力，引导人们向往和追求讲道德、尊道德、守道德的生活，形成向上的力量、向善的力量。只要中华民族一代接着一代追求美好崇高的道德境界，我们的民族就永远充满希望。”②

2014 年 9 月 24 日，习近平出席在人民大会堂举行的纪念孔子诞辰 2565 周年国际学术研讨会暨国际儒学联合会第五届会员大会时也讲道，包括儒家伦理思想在内的中国优秀传统文化，其中蕴藏着解决当代人类面临的难题的重要启示。比如，关于道法自然、天人合一的思想，关于天下为公、大同世界的思想，关于自强不息、厚德载物的思想，关于仁者爱人、以德立人的思想，关于以诚待人、讲信修睦的思想，关于清廉从政、勤勉奉公的思想，等等。③

一直以来，我国国家领导人对于道德和经济的关系、企业和社会伦理的关系都是非常重视的。2009 年 2 月，温家宝总理在英国剑桥大学发表关于应对金融危机的演讲中就曾提出“道德血液”说。当时，始于 2008 年全球金融危机仍在持续，温家宝说：“有效应对目前的金融危机，还必须高度重视道德的作用……真正的经济学理论，绝不会同最高的伦理道德准则产生冲突。经济学说应该代表公正和诚信，平等地促进所有人，包括最弱势人群的福祉……道德缺失是导致这次金融危机的一个深层次原因。”他还有一句关于道德与经济关系的名言：“企业家的身上要流淌着道德的血液。”④

7 年后的 2016 年 3 月 16 日上午，十二届全国人大四次会议闭幕后，国务院总理李克强在人民大会堂会见中外记者并回答记者提出的问题时，也谈到了有关道德经济的话题。他说：“现在经济领域有不少大家诟病的问题，像坑蒙拐骗、

---

① 习近平 2013 年 3 月 7 日在中央党校建校 80 周年庆祝大会暨 2013 年春季学期开学典礼上的讲话。

② 习近平 2013 年 11 月 26 日在山东考察时的讲话。

③ 2014 年 9 月 24 日中国国家主席习近平在纪念孔子诞辰 2565 周年国际学术研讨会暨国际儒学联合会第五届会员大会上的讲话。

④ 时任国务院总理温家宝 2008 年 9 月 30 日上午在中南海紫光阁接受美国《科学》杂志主编布鲁斯·艾伯茨专访时的回答。

假冒伪劣、诚信缺失，这些也可以从文化方面去找原因、开药方。市场经济是法治经济，也应该是道德经济，发展文化可以培育道德的力量。”李克强总理在这次记者会上还指出，不能容忍金融市场的道德风险。

每逢经济出现困难，李克强总理都要重申道德对经济的作用，足见他对这个问题的重视。事实上，“市场经济是法治经济，也应该是道德经济”这一观点，李克强在国务院总理任上至少已经表达过4次。

2014年7月25日，李克强总理在山东济南召开部分新登记企业负责人座谈会时说：“市场经济是法治经济，也是道德经济，要靠信用做基础，靠公平规则竞争，企业要讲诚守信，政府也要依法严格监管，打击处罚违法违规失信行为，这也是为诚信经营助力。”

2014年9月15日，以“质量、创新、发展”为主题的首届中国质量（北京）大会在人民大会堂召开，李克强在对600多位来自中国、欧美等国家和地区的中外企业家与专家学者，以及国际质量组织负责人讲话时强调：“提升质量归根到底靠企业。市场经济是法治经济，也是讲道德、讲诚信的经济。企业要坚守商业道德，担起产品和服务质量的主体责任，在创新、管理和提高劳动者素质上下功夫。”

2015年2月9日，李克强总理在北京中南海紫光阁向新聘任的国务院参事和新聘任的中央文史研究馆馆员颁发聘书并与大家座谈时说：“中华民族传统文化一直非常重视精神生活和精神追求，在当今发展市场经济的过程中，更要深入研究、传承传统文化的精髓……市场经济是法治经济，也应是道德经济……中华民族5000多年文化的积累，虽然其中也有糟粕，更遭受过破坏，但其主体和精华仍是我们的安身立命之本。”

在一篇题为《李克强：用文明和道德的力量赢得世界尊重》的评论中，作者刘雪松这样写道：“李克强对道德经济的念念不忘，显然是有所指。从某种程度上说，这是中国经济发展之痛，也是道德传统在社会生活中严重滑坡之痛。”

事实证明，经济的健康发展，已经不能承受道德滑坡之重。然而，对于道德，今天的社会已经渐次失去底线的共识，在“道德是一种修养，不是责任，不能拿来要求别人”这种所谓的自由主义思想向反方向呐喊的杂音之中，人与人之间、经济活动之间的道德底线屡屡被击穿。

中国经济发展到今天已经证明，经济的法治不是万能的，如果脱离了经济的道德元素，那么，经济的发展就是苍白的，就是缺乏可持续的健康原动力的。在面临经济下行的严峻形势下，李克强总理多次提到“道德经济”，足以表达他一边救经济，一边救道德的决心。

笔者作为一名从事儒学伦理文化应用研究26年的践行者，研究领域涉及东西方哲学、宗教、文化、管理、经济、法律和社会科学。在笔者看来，研究、探讨我国当前经济社会发展中普遍存在的全社会伦理道德严重缺失问题，探讨应用儒学伦理文化构建中小企业伦理道德体系的国家战略意义、时代意义和社会和谐发展的现实意义，已经刻不容缓。

中华民族践行儒学伦理文化，加强全民伦理道德修养，树立当代国人正确的世界观、人生观、价值观，是实现中华民族伟大复兴的国家总体战略的需要，是有效解决我国经济社会发展和现代化进程中所面临的一系列道德缺失问题的需要，是依法治国，保障我国经济社会的持续、健康、和谐发展的需要。

儒学伦理文化是我们中华民族优秀的传统文化遗产，既是过去文化的积淀，也是今天文化的主体，更是未来发展的文化基础。

构建社会层面的中小企业伦理道德体系，绝不能抛弃作为我国优秀的传统文化之一的儒学伦理文化，否则，中华民族伟大复兴的社会中坚力量——中小企业就会失去民族伦理文化的根基和民族精神灵魂。失去了中华民族精神，“中国梦”就不可能实现。一个没有伦理道德文化修养和民族精神灵魂的中小企业也不能立足于世界经济之林。

改革开放以来，中国经济发展的成就有目共睹，但是，我们在审视自身发展的时候，也要反思丢掉了些什么。这个世界，最大的危机是物化，一味向钱看的弊端已经显现。今天再思考人类的发展，仁爱、诚信、知行合一、和而不同等中华民族优秀传统文化中的基本观念，即可为今天中华民族的道德重塑提供思路。

习近平同志曾说：“一个国家、一个民族的强盛，总是以文化兴盛为支撑的，中华民族伟大复兴需要以中华文化发展繁荣为条件。对历史文化特别是先人传承下来的道德规范，要坚持古为今用、推陈出新，有鉴别地加以对待，有扬弃地予以继承。”

如今，“一带一路”战略已经实施，我国中小企业要想走出国门投资、发展，就必须构建以我国优秀传统文化之一的儒学伦理价值取向为基础的企业伦理道德体系。

儒学伦理是文教而不是宗教，因此，儒学伦理文化更具有现代文明的人文精神和普世价值，儒学的仁学价值，儒学的礼、义文化及“己所不欲，勿施于人”的思想是全世界都完全认同并接受的最先进的伦理文化。

儒学作为一种具有世界影响的思想文化遗产，蕴含着丰富的思想财富。这些思想财富，无论是对解决当今国家与社会治理、经济文化发展中的问题，还是对处理当今国家与国家关系、各种经济社会关系以及人与自然关系等方面的问题，仍然具有自己的价值。

中国是儒学的产生和发祥地，具有非常深厚的历史底蕴，这为当今社会和中小企业学习与实践儒学伦理文化提供了得天独厚的条件。

儒学伦理是人类古老的哲学，是研究和规范人类道德本性，研究文明发展规律的科学。儒学伦理分析、揭示、论证人类道德本性，强化道德的天理。儒学“天人合德”的伦理思想、“推己及人”的道德思维方式、“乐群贵和”的基本价值取向、“修齐治平”的实践操作程序与中国不同社会时期的文学、宗教、历史、政治、军事、律法等融为一体，形成儒家伦理学，同时产生了儒学的“义”与“利”、“和”与“争”、“情”与“理”、“人”与“物”、“群”与“己”、现实与超越互补优化这些核心价值观念。

儒学伦理是将中国社会悠久历史的不同时期人类生活中所产生的道德观念，归纳提升为人伦规范，用于指导人的社会道德实践的伦理。

因此，儒学伦理作为一种伦理思想，与世界上其他所有国家的伦理思想相比，是具有更加丰富、完善的伦理和道德思想体系的。

简而言之，儒学伦理是约束“人性恶”、促使“人性善”，内化“人伦”、外化“人道”的“人伦思想”。

儒家哲学是一种体悟、实践，一种安身立命的精神哲学和人生哲学，这比建立在概念和逻辑推理基础上的西方哲学更具有规范性、系统性和先进性。

儒学文化是以伦理为本位的，是伦理型文化。儒学伦理文化有着无与伦比的生命延续力和非凡的包容会通精神。儒学伦理，以“仁”为核心，延伸为“修身”，正心；“治国”，德治；“交往”，礼义；“经济”，正利；“管理”，人本；“目标”，和谐。魅力引人、以德服人、取信天下、道德制约、人力资本、内协外争构成了儒学伦理的基本框架。

儒学伦理的基本价值追求表现为：以德性修养，为安身立命之本；以中庸，为基本处世之道；以义利合一，为基本的实践指向。在儒学伦理的影响下，中国企业伦理具有了中国民族特色的特性。

人本管理理论，虽然在近代才逐步形成和发展起来，但是，这种思想在中国古代就已经被人们所认识了。儒家管理思想着重强调“以人为本”。儒学伦理以“仁”为核心，而“仁”所表达的意思有：“仁者，人也”，重视人的主体和能动作用；“仁者，爱人”，人与人之间应该是相亲和睦的关系；“仁，亲也，从人从二”，讲人与群体之间的协调关系。在企业中，以人为本，应该做到满足员工自我价值实现的需要。员工参与管理、关注员工的发展都是“以人为本”的体现。

儒学伦理文化历来把诚信作为商业道德的重要规范。孔子非常看重“信”，认为“人而无信，不知其可也”（《论语·为政》）。孟子将“信”与“诚”相连，阐述了诚信的内在联系和规范意义。荀子将诚信从家庭伦理、朋友伦理扩展到交易伦理。董仲舒将“信”与“仁、义、理、智”并列为五常，使其成为普遍意义上的道德规范。企业在处理利益相关者的关系时，应该将诚信放在重要的位置。

传统的“义以为上”的义利观经过近代的演变，形成了“义利结合”的思想。这种思想主要表达了道德准则对经济行为的制约，对现代企业通过生产经营管理而获得利润的阐释，则应该是取之有道，即在不违背道义的基础上追求物质利益；取之有义，即重视伦理准则对经济行为的制约，以双赢或多赢为目标，而不只是追求自身的利益；取之有序，即避免外部不经济行为，产出应该有益于社会而不会造成危害；取之有效，即经济活动追求效率，注重投入与产出的关系。

作为中国经济主体重要成员的中小企业，构建企业伦理道德体系，是适应社会发展、进步的必然要求。中小企业应该结合自身的条件，顺应内外环境的变化，跟随时代的进步和经济文明的发展，顺应人们对企业要承担社会责任的客观要求，并承担起超越经济目标的更广泛的义务。企业要想持续、健康发展，就必须关心自身的非经济问题——企业伦理道德问题。同时，伦理道德建设也是中小企业培养核心竞争力、追求永续经营的必由之路和人本管理的客观要求。

儒学伦理对企业伦理的影响非常广泛，远远不止以上几个方面。儒学伦理在经过了近代的演变之后，其伦理思想有创新，也有进步。中小企业可以吸收和借鉴的东西也越来越多。总之，儒学伦理与现代文化相适应，与市场经济相互补，与当代社会相协调。

儒学伦理的人文精神、道德观念和价值取向是指导中国中小企业伦理道德体系建设的最先进的伦理思理文化，应用儒学伦理，使其与现代企业经营理念、现行法律制度有机结合，是建设民营中小企业伦理道德体系、解决中小企业伦理道德问题、保障中小企业可持续发展的有效方法，也是中国中小企业生存发展、基业长青的根本保障。

陈爱清

2016 年 3 月

目　录

第一章

绪论

第一节　中国中小企业伦理缺失现状及道德体系建设的紧迫性

截至2014年末，我国工商部门登记在册的中小企业达4700万户，约占全国企业总数的99.8%。中小企业的工业总产值、销售收入、实现利税分别占总量的60%、57%和40%；在流通领域，中小企业占全国零售网点的90%以上。中小企业大约提供了75%的城镇就业机会。在近年来的出口总额中，有60%以上是中小企业提供的。①

但是，中国的中小企业在快速发展取得辉煌成就的同时，也滋生出许多企业伦理道德问题，如企业责任失控、利益失衡、经济失信，其具体表现是：产品质量与安全问题频发，假冒伪劣产品、虚假宣传侵害消费者权益，侵犯知识产权，伪造账目和偷税漏税，合同违约和逃避债务，侵害员工利益，破坏生态环境造成严重污染，贪污腐败案件频发，官商勾结垄断稀缺资源等一系列严重违背社会伦

① 工业和信息化部．中国中小企业发展报告（2014）［Z］．2014.

理道德和国家法律的事件、问题屡见不鲜。中小企业在经营管理过程中，伦理道德缺失的问题比较严重，并且在迅速滋生蔓延，假冒伪劣产品横行，劣质食品、饮料、药品及日常生活用品损害了无数人的生命、健康，致残致死事件常有发生，造成了极其恶劣的社会影响。

企业欺骗顾客、损害消费者利益等不道德行为层出不穷，不重合同、不守信用而导致的民事纠纷不断，这一系列伦理道德问题，已严重破坏了市场经济秩序，阻碍了经济、社会的和谐发展。伦理道德问题在中小企业已普遍存在，如近年来发生的齐齐哈尔制药二厂生产的亮菌甲素注射液致人死亡事件，南京冠生园“劣质陈馅月饼”事件，阜阳40家小企业生产的劣质奶粉造成食用该批奶粉的婴儿因并发症死亡事件，以及广东东莞、山东青岛等沿海地区的一些中小企业拖欠员工工资和其他债务而致员工弃厂逃离事件等。

近5年来，我国中小企业伦理道德严重缺失的社会现象还在继续蔓延，仅2011年~2016年3月，经媒体公开报道的中小企业违背伦理道德的典型案例就数不胜数，如：

2011年央视“3·15”特别节目曝光，双汇食品有限公司“瘦肉精”事件的直接和间接损失将会超过100亿元，甚至可能接近200亿元。

2011年4月~2013年5月王某、石某以他人名义注册成立了个人独资企业北京渤雅润佳服装服饰贸易中心之“走私进口物品偷逃税款案”。

2013年5月，湖南省攸县3家大米厂生产的大米被查出镉超标之“毒大米事件”。

2013年7月，贺州市汇威选矿厂违规排污，致使广西贺江水体遭受重金属污染，110公里被污染河段局部镉浓度超标5.6倍、铊超标2.14倍。由于毒水入江，下游流域3.5万名群众饮水受到影响。

2014年5月7日，丁某2005年在武汉市成立的武汉宸大科贸有限责任公司之“骗取反担保逃避债务案”，骗取银行贷款1000万元。

2014年7月20日，麦当劳、肯德基等洋快餐供应商上海福喜食品公司被曝洋快餐使用过期劣质原料事件在全国引起轰动。

2015年2月，广州市新塘镇某制衣厂的57名工人集体上告，工厂老板雷某已经拖欠他们4个月的工资之“拒不支付拖欠员工工资40余万元之法人外逃案”。

2015年3月，陕西秦晋中医糖尿病研究所之“药品假冒保健食品事件案”。

2016 年 1 月，宁波“85 后”老板靠做微商卖药膏，用不到一年的时间，将一家注册资本原本只有 5 万元的小公司做到了销售额过亿，冒充注册商标，发布虚假广告事件。

2016 年 1 月，四川省南充市国家税务稽查局在调查中发现，该市一家建材经营部“开假发票偷税漏税涉案过亿元”。

2016 年 2 月哈尔滨“天价鱼案”。

2016 年 3 月，山东“‘毒疫苗’事件”。

以上众多中小企业伦理道德缺失案例充分说明，这些企业只重视自身企业的经济利润，漠视企业的伦理道德问题，伦理道德意识和社会责任意识淡薄，究其原因，主要是中国大部分中小企业还没有真正认识到企业伦理道德建设对企业生存和发展的重要性，没有从企业生存发展的高度予以重视。①

2008 年 9 月 23 日，温家宝总理在美国纽约针对“三鹿问题奶粉事件”发表讲话时，沉痛地指出，“绝不能以牺牲人的健康和生命换取企业的利益和经济发展”，“一个企业家身上应该流着道德的血液”。②

企业要发展，就得建设良好的伦理道德体系，加强道德自律的培养，把提升“道德指数”放在所有工作的首位，为自身的发展提供内在的伦理保障，实现经济效益和社会效益双赢。

随着经济的飞速发展和经济全球化的逐渐深入，以及社会的全面进步与和谐发展，民众维权意识的增强和市场经济相关法律制度的完善，必将改变企业固有的生存观念和价值观念，新的经济形势与社会和谐发展要求中小企业必须具备完善的伦理道德体系。

第二节 中小企业伦理道德体系建设的意义和作用

本书通过对儒学伦理思想发展的梳理，探讨儒学伦理与市场经济的相融性。

① 陈爱清．中小企业伦理道德体系建设——基于儒学伦理的应用研究［J］．管理世界，2009（12）：1－4.

② 时任国务院总理温家宝2008 年 9 月 30 日上午在中南海紫光阁接受美国《科学》杂志主编布鲁斯·艾伯茨专访时的回答。

通过分析中国中小企业伦理道德缺失的表现和原因，提出中小企业进行伦理道德建设的内部路径和外部路径，构建中国中小企业伦理道德建设的理论体系，为中小企业的伦理道德建设提供理论参考。通过对华信公司的案例分析，为中国中小企业的伦理道德建设提供操作参考。

中国目前正处于经济转型的关键时期，在倡导科学发展、共建和谐社会的今天，中小企业重视伦理道德建设、承担道德责任，对社会及企业自身来说，都意义重大。基于儒学伦理的中小企业伦理道德体系建设，对实现企业自身可持续发展、市场经济的健康发展和社会的全面和谐发展都具有十分重要的保障作用。

一、企业自身可持续发展

重视伦理道德建设是企业生存和发展之本，对中小企业的持续发展来说，更具有非常重要的意义，具体可以从以下四个方面来说：第一，能够积累企业形象和社会美誉度等无形资产。伦理建设在中小企业经营活动中的体现会使企业赢得顾客和社会公众的赞赏，获得良好的企业形象，提高中小企业在公众心目中的美誉度，这是中小企业的一笔宝贵的无形资产。第二，能够获得忠诚顾客群。树立了“以客为尊”的企业营销伦理观念的中小企业，在同顾客交往时，就不仅是表面上的钱物交换，而是体现出信任与被信任、关怀与被关怀的人性光辉。这样的中小企业自然被广大顾客认同，获得较高的顾客满意度和忠诚度，自然地也就会获得较好收益。第三，能够减少内耗，降低管理成本。重视伦理的中小企业在管理中会体现“以人为本”的伦理观念，强调在中小企业管理中尊重人、关心人、公平地对待人，管理者能够更好地处理和员工之间的关系，增强员工之间、上下级之间的信任，从而减少工作中的摩擦和冲突，降低管理成本。第四，能够减少交易成本。重视伦理建设的中小企业有着良好的声誉，更能得到合作者的信赖，而且，本着伦理精神来处理与合作者的关系，对方在深受感动的情况下，往往会做出积极的回应。在互惠互利基础上的合作关系会更长久，更有利于共同发展。具有优秀伦理道德的中小企业才能在激烈的市场竞争中屹立不倒、越做越强。

二、市场经济的健康发展

市场经济的机制和原则本身包含了矛盾性与两重性，它对人们的文化、思想、伦理、道德的影响也存在着矛盾性与两重性。等价交换原则在实现过程中是采取交换双方协商和契约的方式进行的，这就为不等价交换留下了巨大的可能性空间。市场经济的这种矛盾在推动经济发展获得一定速度和效率的同时，造成了经济发展本身的各种矛盾，经济和伦理道德文化之间的矛盾。不能恰当地解决这些矛盾和问题，人类就不能进步，中小企业伦理正是在解决市场经济的各种消极负面影响和各种经济矛盾、文化矛盾、伦理道德矛盾的过程中产生与发展的，是市场经济从原生的、初级的阶段向现代的、高级的阶段，从无序的不文明的状态向有序的文明的状态过渡的产物。当然，市场经济发展过程中出现的各种矛盾，只是为企业伦理的出现提出了客观要求，并准备了客观条件，而中小企业伦理的真正产生和发展，还是人们自觉努力的结果。在人们自觉地提出并建构中小企业伦理的原则和规范时，除了考虑经济过程的发展要求之外，也应考虑着社会的伦理道德文化领域的发展要求，在这一意义上，中小企业伦理往往是经济规范和一般伦理道德规范相互渗透、结合的产物。因此，加强中小企业的伦理道德建设有利于市场经济的发展。

三、社会整体的和谐发展

构造和谐社会重要的节点是社会诚信，而儒学伦理提倡的中小企业伦理的支撑点就是建设企业的诚信。中小企业通过对国家守信，实现依法纳税；对社会守信，履行对消费者的责任；对本企业员工守信，确保企业的稳定与和谐发展。儒学伦理要求中小企业要“以和为贵”，合理有序地规范和协调与社会诸要素的关系，尤其是要合理、有效地化解各种社会矛盾和冲突，坚持全面、协调、可持续的发展观念；讲究和谐，减少摩擦，消除发展障碍；对所有利益相关者尽责尽职；全面重视人的作用，“以人为本”，重视人的全面发展；寻求本企业发展的良好生态环境。中小企业伦理支撑着中小企业和谐，而中小企业的和谐支撑着社会和谐。中小企业伦理是构建社会主义和谐社会的题中应有之义。

第三节　本书的研究路线和方法

本书的研究路线是针对所研究的内容，科学、合理地安排相应的研究方法与研究步骤。主要包括研究思路、研究方法和研究的技术路线。

本书首先梳理儒学伦理道德思想的发展，介绍儒学伦理道德在东亚各国和中国台湾的应用，为中国中小企业建设儒学伦理道德体系提供经验。在此基础上，本书归纳了中国中小企业伦理道德缺失的种种表现，分析了企业伦理道德缺失的原因，并由此提出了中国中小企业构建伦理道德体系的内部路径和外部路径。最后，本书以华信公司作为案例，分析了儒学伦理在中小企业道德体系建设过程中的应用。

本书在研究中小企业伦理道德体系建设的过程中，为了取得好的研究效果，综合应用了多种研究方法。

一、比较研究方法

本书在研究儒学伦理在东亚经济体的应用过程中，对比研究了儒学伦理在日本、韩国、新加坡、中国台湾等不同东亚国家、地区的经济发展过程中的重要作用。

二、规范研究方法

所谓规范研究方法，是指从一定的价值判断出发，提出行为的标准并研究如何才能实现这些标准。本书的规范研究方法体现在儒学伦理与中小企业伦理道德体系建设的思想融合、中小企业构建伦理道德体系的外部路径与内部路径等几章。

三、案例研究方法

本书选取了华信公司作为案例分析对象，研究了儒学伦理在华信公司中的运用，为我国其他中小企业构建伦理道德体系提供经验借鉴。

四、文献研究方法

本书在对儒学伦理道德思想发展的研究过程中，大量阅读了中国古籍文献，同时借鉴了大量西方有关伦理思想的文献。笔者的研究成果是建立在前人大量的研究成果基础之上的。

五、技术路线

本书综合运用比较研究法、规范研究法、案例研究法和文献研究法，研究儒学伦理在中小企业伦理道德建设中的作用机制，寻找企业构建基于儒学伦理的伦理道德体系建设的内部和外部的可行途径。本书拟采用的技术路线如图 1 所示。

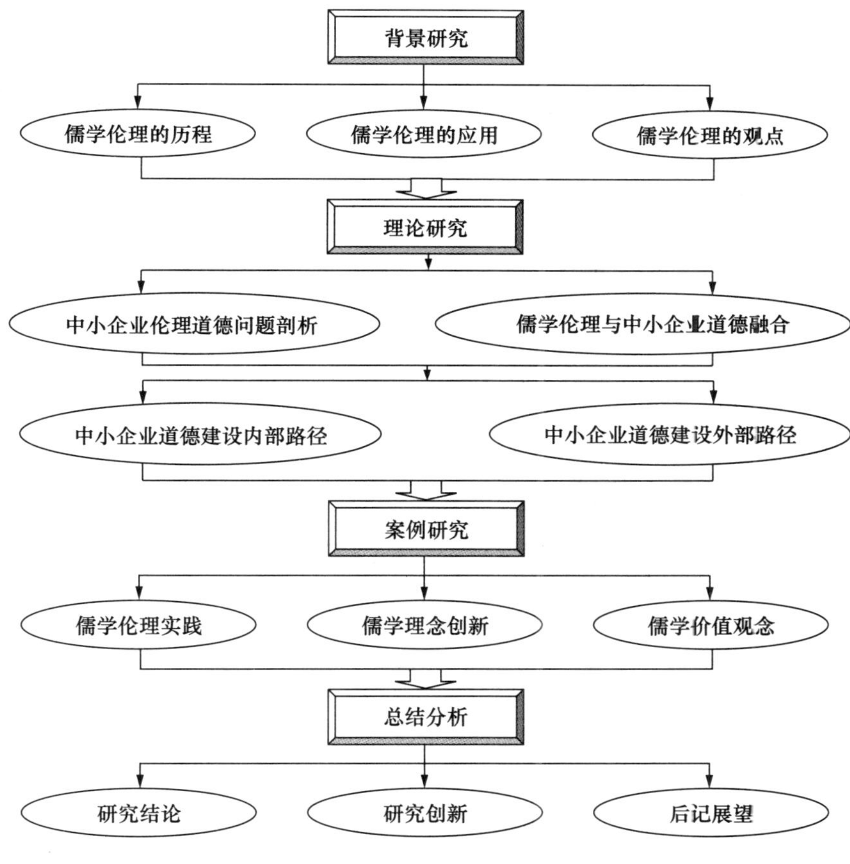

图 1 –1　本书的技术路线

第一阶段为背景研究。儒学伦理的发展历程、在东亚诸国的应用与主要观点。

第二阶段为理论研究。中小企业伦理道德问题剖析与评价，儒学伦理与中小企业道德体系建设的思想融合，构建中小企业伦理道德体系的内部路径和外部路径。

第三阶段为案例研究。本书选取了华信公司作为案例分析对象，研究了儒学伦理在华信公司中的运用，为中国其他中小企业构建伦理道德体系提供经验借鉴。

第四阶段为总结分析。探讨本书的研究之不足与缺陷。

第四节　本书研究工作的思路和创新

1. 国内外虽然对儒学伦理在经济发展中的作用与地位有一定的研究，但迄今为止还没有文献系统研究基于儒学伦理的中小企业道德体系建设。因此，这也是本书最大的创新点。

2. 本书站在经济全球化的国际背景下和中国特色社会主义市场经济条件下，就中国中小企业在改革开放以来出现的企业伦理道德严重缺失的社会问题进行深入分析、研究，系统地归纳了中国中小企业伦理道德缺失的种种表现，分析了中国中小企业伦理道德缺失的原因，并对伦理道德缺失的背景进行了宏观分析和微观分析。

通过对我国优秀儒学伦理传统文化和西方伦理文化的总结、梳理和研究，认为儒学伦理思想与西方伦理思想相比，更具有系统性和规范性。儒学是文教而不是宗教，儒学伦理在经过历代演变及近现代融合创新发展后已具有当代的人文精神和先进的伦理思想。

通过对“东亚儒家文化圈”国家（地区）和社会的儒学发展与应用，以及现代企业伦理理论的比较研究，认为儒学伦理与现代文明相适应，与市场经济相互补，与当代社会相协调。笔者通过对儒学伦理文化的应用研究和总结在企业的30多年实践经验，认为儒学伦理文化的人文精神、道德观念和价值取向具有当代的人文精神与普世价值。通过研究分析和实践论证认为，应用儒学伦理，将其与现代企业经营管理理念、市场经济规则及现行法律制度有机结合，是解决中国社会和中小企业伦理道德严重缺失，以及中国中小企业道德体系建设问题的有效方法和根本措施。

3. 构思了中国中小企业伦理道德体系建设的内部路径与外部路径。

内部路径包括：将中国传统的儒学伦理道德体系提升到中小企业战略发展高度，树立正确的企业发展观，建立以诚信为本的中小企业伦理道德体系，将全面伦理管理（Total Ethical Management，TEM）引入企业战略层面，强化企业伦理道德建设。外部路径包括：构建中小企业的伦理失信惩罚机制、中介保障机制，健全政府行政制度，等等。结合中国优秀传统的儒学伦理思想，从内部和外部两条路径综合提出了中小企业构建伦理道德体系的途径。

4. 以笔者投资和经营管理的华信公司作为案例，介绍了儒学伦理在中小企业伦理道德体系构建过程中的应用；以华信公司 30 多年的儒学伦理实践，介绍了华信公司将儒学伦理思想的精华和符合现代企业道德理念的价值取向应用到企业伦理道德体系建设中，并形成了华信公司独特的，且符合中国国情的企业伦理道德体系的历程；以华信公司经过 30 多年的儒学伦理实践，将儒学伦理思想的精华、符合现代企业道德理念的价值取向应用到企业伦理道德体系建设中的经验，为中国中小企业建设符合中国国情的企业伦理道德体系提供了借鉴。

第五节　本书的研究内容与主要研究结论

本书的研究内容一共分为十二章五十五节。

第一章：绪论。提出中国中小企业伦理道德体系建设的紧迫性和中小企业伦理道德体系建设的意义与作用。描述了本书研究的背景，指明了研究的目的与意义，简要介绍了本书的主要研究内容和框架结构，说明了本书所采用的研究方法和研究技术路线，总结了全书的主要研究工作和研究的主要创新思想。

第二章：主要对儒学伦理思想的发展进行回顾。从儒学的创始人孔子初步提出了儒学伦理，经过春秋战国至秦代时期，儒学的伦理思想已初步形成，到两汉时期、董仲舒时代，儒学伦理已系统化并进一步确立，从而形成统治地位。儒学伦理思想最激烈的变革发生在魏晋至隋唐时代，儒、释、道伦理思想三足鼎立，经过激烈的斗争与角逐，最终形成以儒学伦理思想为核心，同时对佛、道两家伦理思想有所兼容的思想体系。

儒学伦理在北宋至明代中期得到深化并不断成熟。但从明代中期至清代鸦片战争时期，儒学伦理逐渐走向衰落；与此同时，早期的启蒙伦理思想开始在中国萌芽。此后资产阶级伦理与马克思主义伦理逐渐替代儒学伦理，并在伦理思想上占据主导地位。

论述了儒学伦理是中国古老而经典的哲学思想，是规范人类道德本性及社会文明发展的科学。分析揭示论证人类道德本性，强化道德的天理。儒学的“天人合德”的伦理思想、“推己及人”的道德思维方式、“乐群贵和”的基本价值取向、“修齐治平”的实践操作程序与中国不同历史时期的文学、宗教、历史、政治、律法等融为一体，形成儒家伦理学，同时产生了儒学的“义”与“利”互补优化、“和”与“争”互补优化、“情”与“理”互补优化、“人”与“物”互补优化、“群”与“己”互补优化等核心价值观念。

儒学伦理是将中国社会悠久历史的不同时期人类生活中所产生的道德观念，归纳提升为人伦规范，用于指导人的社会道德实践的伦理，儒学伦理是中华民族安身立命的人生哲学、管理哲学和实践哲学。因此，儒学伦理作为伦理思想，与世界上其他所有国家的伦理思想相比，是具有更加丰富、完善的伦理和道德思想体系的。

简而言之，儒学伦理是约束“人性恶”、促使“人性善”，内化“人伦”、外化“人道”的“人伦思想”。

第三章：从西方伦理思想的进程中可以发现西方伦理发展的轨迹，可以找寻到伦理思想演变中产生的基本概念、范畴、原理和方法等内容。西方伦理思想历史悠久，从其文化源头可见到东方文化的影响，但是希腊文明却是西方伦理思想的摇篮。西方伦理思想是发源于古希腊，并在西欧、北美演变和发展的各种道德思想与伦理学说。自亚里士多德做出学科划分以后，伦理学学科研究所涉及的问题很多，如人的本性、善的本质、行为法则和规范、德性的分类、意志自由、道德义务和良心、幸福和终极关怀、道德的结构、道德判断、道德价值、伦理关系、权利义务、理想人格、自由和必然的关系等。如果以社会经济发展的角度来考察伦理思想的发展，那么，大体上可以将历史上的伦理思想划分为与古代经济相对应的“美德伦理学”、与封建经济相对应的“神学伦理学”和与资产阶级革命相对应的“社会伦理学”。

基于对西方哲学思想的理解，又可以将伦理思想划分为两大基本倾向：感性主义伦理学和理性主义伦理学。伦理思想由于对基本问题在观点和方法上的分歧，又形成了许多学派，主要有十三大学派及三十多个支派。

第四章：中国近现代经济伦理，由于受到西方经济伦理思想的冲击，反倒丢弃了适合中国商业经营的儒学伦理思想。

本章还研究总结了中国近代经济伦理思想受西方伦理思想影响下的发展趋势。分析中国近代经济伦理的历史沿革，发现其经营伦理价值体系受西方经济伦理思想的冲击，丢弃了适合中国商业经营的儒学伦理思想，而不太重视中国儒学经典伦理思想在商业经营上的应用。

第五章：分析现代企业伦理的内涵与意义，解析现代企业的经营伦理和关系伦理，总结儒学伦理影响下的现代企业伦理。基于中国传统文化之下，道德包含了三个方面的内容：①道——规范；②德——对规范有所得，表现为情感、认识、习惯、意志与信仰等；③由“道”转化为“德”的途径与方法。

本章还提出了企业伦理行为的实施会产生宏观和微观层面的效应，这些效应同时能够作为企业伦理的实践依据。

从宏观层面来看，企业伦理与市场运行机制和市场秩序有着紧密的联系，企业违反伦理的行为会带来外部性问题。从微观层面来看，企业伦理与企业绩效也有着紧密的联系。保持道德一致性与提高效率两者之间具有协同的关系。

企业经营管理中的伦理涉及很多，本章着重选择了市场营销、人力资源管理、财务管理和国际经营四个方面做简要论述。企业伦理从企业关系的角度看，主要涉及的内容有：企业与其所有者关系中的伦理、企业与员工关系中的伦理、企业与消费者关系中的伦理、企业与供应商关系中的伦理、企业与竞争者关系中的伦理、企业与政府关系中的伦理、企业与社区关系中的伦理、企业与环境关系中的伦理等。

企业与所有者之间的伦理关系是企业内部伦理关系中最为基本的。在不同的企业制度和企业形态下，企业与所有者的关系是不同的。中国传统文化是以伦理为本位的，是伦理型文化。

中国传统伦理文化有着无与伦比的生命延续力和非凡的包容会通精神。儒学伦理，以“仁”为核心，延伸为“修身”，正心；“治国”，德治；“交往”，礼义；“经济”，正利；“管理”，人本；“目标”，和谐。魅力引人、以德服人、取信天下、道德制约、人力资本、内协外争构成了儒学伦理的基本框架。

儒学伦理的基本价值追求表现为：以德性修养，为安身立命之本；以中庸，为基本处世之道；以义利合一，为基本的实践指向。在儒学伦理的影响下，中国企业伦理具有了中华民族特色的文化基因和特性。

第六章：通过分析儒学伦理在日本、新加坡、韩国三个东亚国家和中国台湾的发展与应用，审视了儒学伦理在三个东亚国家和中国台湾的现代化进程中、经济社会发展过程中，以及在企业的经营管理中所发挥的重要作用，为中国中小企业的伦理道德体系建设提供经验借鉴和思想启示。

第七章：归纳提升儒学伦理文化的思想观点，解读儒学伦理的基本道德观点；从儒学文化中蕴含的天人合德的伦理基础、推己及人的思维模式、崇道尚德的思想素质、明义重公的价值取向、乐群贵和的心理定式、尊人重命的价值原则、以人为本的治国思想、积极进取的人生态度、和谐共荣的价值品质、修齐治平的道德实践之中梳理出，儒学伦理思想中的人文精神、道德观念和价值取向，为中国中小企业的儒学伦理道德体系建设奠定理论基础。

第八章：通过对世界主要发达国家、发展中国家以及中国的中小企业发展历程、现状的分析和对中国的中小企业近几年伦理道德缺失情况中社会典型案例的概述分析，揭示了中国中小企业伦理道德缺失的表现，提出基于经济学理论，分析其宏观和微观原因：对中国中小企业伦理道德缺失的背景进行了剖析，分析了中国中小企业伦理道德缺失的深层原因，并论述了伦理道德评价的意义、标准和形式。

第九章：首先，阐明了企业道德选择的重要意义、影响企业道德选择的因素，以及基于儒学道德的企业道德选择。其次，指出儒学伦理对市场经济条件下企业经营理念的启示，分析了基于儒学伦理的企业道德选择和价值取向；讨论了儒学伦理与市场经济的相融性，以及其对市场秩序的规范性、市场信誉的重视性和企业经营的启示性；基于儒学伦理的基本价值观念，从内部道德建设、市场道德建设和社会道德建设几个层面分析儒学伦理对中小企业道德建设的启示。

第十章：论述了中小企业内部伦理道德建设的必要性和重要性，提出了中小企业内部伦理道德建设的内容，包括投资伦理、生产伦理、营销伦理、竞争伦理和管理伦理；分析了基于儒学伦理的企业内部伦理战略实施的路径，阐明企业内部伦理战略实施的主要内容和方法。

第十一章：从构建伦理失信惩罚机制、发展中介保障机制和健全政府行政制度三个方面构造中小企业伦理道德建设的外部路径。其中，失信惩罚机制包括法律、信用和舆论监督机制；中介保障机制主要分析交易型、准则型和管理型几种市场中介的职能；政府行政制度分别为创建服务型政府和实现政企分开。

外部路径包括构建中小企业的伦理失信惩罚机制、中介保障机制，健全政府行政制度，等等。失信惩罚机制运用法律手段、道德手段等对企业的失信行为采取惩罚措施，加大企业的失信成本，减小企业的失信收益，从而限制企业的失信行为。中介机制有助于打破市场交易主体对市场交易客体的信息非对称状态，提高市场交易主体的信用水平。健全的行政制度可以适度减少政府对企业的干预。

第十二章：以华信公司为案例分析对象，介绍该公司的历史沿革，以及30多年的儒学伦理实践历程；阐述了该公司基于儒学伦理在管理、经营、服务、效益和从业理念等方面的创新；总结了该公司基于儒学伦理的六大互补优化的核心价值观："义"与"利"、"和"与"争"、"情"与"理"、"人"与"物"、"群"与"己"、"现实性"与"超越性"的互补优化。

华信公司在30多年的儒学伦理实践中，将儒学伦理思想的精华和符合现代企业道德理念的价值取向应用到企业道德体系建设中的经验，为中国中小企业建设符合中国国情的企业伦理道德体系提供了有益的借鉴。

本书研究结论：儒学伦理作为中华民族精神的主体构成，以其"天人合德"的核心伦理思想、"推己及人"的道德思维方式、"乐群贵和"的基本价值取向、"修齐治平"的实践操作程序，形成了既内在又超越、尊德性而重实践的独特风格，反映着中华民族旧邦新命的文化传统及其处世态度。儒学伦理文化不仅是中华民族的文化基因，也是中华民族安身立命的人生哲学、管理哲学和实践哲学。

儒学伦理在经过了近代的演变发展、创新之后，其伦理思想更超越现代经济伦理思想和现代企业伦理思想，具有企业伦理的先进性和社会伦理的普适性。

总之，在儒学伦理思想中，可以吸收和借鉴的思想内容很多，很广泛，儒学伦理思想具有当代人文精神和普世价值，儒学是文教而不是宗教；因此，儒学仍然是当今世界的先进伦理文化，儒学伦理道德观念、价值取向不仅是中国中小企业道德体系建设的思想文化核心，也是当今中国社会治理、各类企业的经营管理以及政府管理的重要伦理文化基础与核心价值观，并可为经济全球化大背景下的国家、地区间的政治、经济、文化交流与合作提供伦理参考和思想价值借鉴。

第二章

儒学伦理的发展及观点

第一节　中国儒学伦理渊源

中国是儒学的产生和发祥地，具有非常深厚的历史底蕴。这为中国中小企业学习和实践儒学伦理提供了得天独厚的优势。

早在2500多年前，儒学的创始人孔子就初步提出了儒学伦理，经过春秋战国至秦代时期，儒学的伦理思想已初步形成，到两汉时期、董仲舒时代，儒学伦理已系统化并进一步确立，从而形成统治地位。魏晋至隋唐时期是儒学封建伦理思想的演变时期，儒、释、道三家伦理思想经过激烈的角逐，最后形成以儒学伦理思想为核心，同时包容了佛、道两家部分伦理的思想体系。历史进入北宋至明代中期，儒学伦理得到深化并不断成熟。明代中期至清代的鸦片战争时期，儒学伦理走向衰落，早期的启蒙伦理思想在中国处于萌芽状态。此后，资产阶级伦理与马克思主义伦理逐渐占据主导地位。

儒学伦理是人类古老的哲学，是研究和规范人类道德本性、研究文明发展规律的科学。儒学伦理分析、揭示、论证人类道德本性，强化道德的天理。儒学的“天人合德”的伦理思想、“推己及人”的道德思维方式、“乐群贵和”的基本价值取向、“修齐治平”的实践操作程序与中国不同社会时期的文学、宗教、历史、政治、律法等融为一体，形成儒家伦理学，同时产生了儒学的“义”与“利”互补优化，“和”与“争”互补优化，“情”与“理”互补优化，“人”与“物”互补优化，“群”与“己”互补优化等核心价值观念。

儒学伦理是将中国社会悠久历史不同时期人类生活中所产生的道德观念归纳提升为人伦规范，用于指导人的社会道德实践的伦理。因此，儒学伦理作为伦理思想，与世界上其他所有国家的伦理思想相比，是具有更加丰富、完善的伦理和道德思想体系的。

简而言之，儒学伦理是约束“人性恶”、促使“人性善”，内化“人伦”、外化“人道”的“人伦思想”。

第二节　先秦原始儒学

先秦原始儒学由孔子所开创，[①] 其代表人物有孔子、孟子、荀子等。儒出身于“士”，又以教育和培养“士”（君子）为己任。原始儒学的主要内容都是关于“士”的修身方面的道德规范和从政方面的治国原则。而且，从孔子、孟子到荀子，他们所提出的各种道德规范和治国原则，都是十分具体的，是为人处世的规范和原则，而不是一般的、抽象的形而上学原理。

孔子、孟子在修身与治国方面提出的实践规范和原则，虽然都是很具体的，但同时又带有浓厚的理想主义成分，也就是说，更多地寄希望于人的本性的自觉。与孔子、孟子相比，荀子的思想具有更多的现实主义倾向。荀子在重视礼义道德教育的同时，也强调了政法制度的惩罚作用。他认为，人的本性并不是那么美好的，顺着人性的自然发展，必然造成社会的争乱。因此，必须用礼义法度等去化导人的自然本性，即所谓的“化性起伪”，然后，才能使之合乎群体社会的公共原则和要求。

① 黄宣民，陈寒鸣．礼乐文化传统与原始儒学［J］．中州学刊，2006（3）：152－156.

原始儒家在先秦春秋末至战国时期，是社会上具有广泛影响的“显学”之一。[①] 他们提倡的道德修养学说在“士”阶层中有着深远的影响，而他们设计的理想政治制度和治国原则，则因其主要精神，即一统天下和礼义王道为上等，太脱离当时诸侯称霸、群雄割据的社会现实了，因而始终没能得到当权者的赏识和采用。所以，原始儒家学说与以后成为实际社会制度依据的儒学不同，它还只是一种关于道德修养和政治理想的一般性学说。

第三节　两汉政治儒学

在西汉大儒董仲舒的学说中，不仅接受和发扬了荀子关于礼法并重、刑德兼用的理论，而且还大量吸收了墨家“兼爱”、“尚同”的理论，乃至墨家学说中某些带有宗教色彩的思想。而更为突出的是，在他专攻的春秋公羊学中，充满了阴阳家的阴阳五行学说，并使阴阳五行思想成为汉代以后儒家学说中的一个重要组成部分。

董仲舒对于儒学的发展，不仅在于学理方面，更在于他把儒学推向政治制度化和宗教化的方向。[②] 从此以后，儒学已不再是单纯的关于伦理道德修养和政治理想的学说，而是同时具有了一种社会制度方面律条的作用。

随着儒学社会政治层面功能的形成和加强，同时也就减弱了儒学作为一般伦理道德修养和政治理想层面功能的作用。当儒学的一些主要内容被政治制度化以后，它无论自觉与否，自愿与否，都必须遵守外在规范，因而它的修养意义和作用就大大地被减弱了。

---

① 姜广辉．传统的诠释与诠释学的传统——儒家经学思潮的演变轨迹与诠释学导向［EB/OL］．中国儒学网，http：//www. confuchina. com/09%20xungu/chuantongquanshi. htm.

② 柳河东．董仲舒对政治儒学发展的历史贡献及现代意义［EB/OL］．长城网，http：//news. hebei. com. cn/sybjzx/syxwpd/xwpdztk/hsdzs/dxyj/200911/t20091109_ 651554. shtml.

第四节　宋明性理儒学

性理学家以复兴儒学为己任。不过，他们所要复兴的儒学，主要不是政治制度层面的儒学，而是伦理道德、身心修养层面的儒学。

原始儒学主要是一些具体的伦理道德规范、治国安邦的实践原则。也就是说，原始儒学告诉你的主要是日常行为中应该做些什么和怎么去做的规范、原则和方法。而对于为什么要这样做，尤其是这么做的根据何在等形而上理论问题则很少探讨，有时即使有所涉足，也十分简略。而性理学家在阐发原始儒学的基本实践原则时，竭力从形而上学的理论方面给予提高。宋明性理学的兴起和发展，确实在相当程度上恢复了儒学作为伦理道德、身心修养层面的社会功能，从而与作为政治制度层面的儒学相呼应配合，进一步强化了儒学在社会政教两方面的功能。①

第五节　清末近代儒学

19 世纪中叶以后，随着中国封建制度逐渐解体，当时以性理学为代表的儒学也走向衰落。此时，在外国资本主义的武力、经济、政治、文化的侵略和渗透下，中国面临着亡国灭种的危急局面，一大批思想先进的中国人奋身而起，为救亡图存而斗争。而此时的儒学，不管在制度层面，还是在思想意识层面，都在相当程度上阻碍了社会改革和进步。

儒学在西方经济、政治、文化的冲击下，遭到了激烈的批判，从而陷入了不进行变革就无法继续生存下去的局面。20 世纪 20 年代以后，由于清王朝已被推翻，封建专制政治制度从名义上讲，也不再存在了，因而，除了一小部分当权者

① 牟宗三．宋明儒学的问题与发展［M］．上海：华东师范大学出版社，2004：24－32.

继续企图把儒学与社会政治制度联系在一起以外，更多的人则是把儒学作为传统思想文化遗产，进行理学方面的研究。这一时期人们最关注的问题是，在西方文化冲击下如何会通儒学与西方文化，如何继承和发扬儒学的优秀传统，以保持民族的自主精神等。

第三章

西方伦理思想发展

相对于中国伦理思想的内敛性、承接性和规整性等特征，西方伦理思想呈现出多变性、多样性和不规则性。在西方伦理思想的发展进程中，可以发现西方伦理思想发展的轨迹，可以找寻到西方伦理思想演变中产生的基本概念、范畴、原理和方法等内容。西方伦理思想历史悠久，从其文化源头可见东方文化的影响，但是，希腊文明却是西方伦理思想的摇篮。西方伦理思想是发源于古希腊并在西欧、北美演变和发展的各种道德思想与伦理学说。自亚里士多德做出学科划分以后，该学科研究所涉及的问题很多，如人的本性、善的本质、行为法则和规范、德性的分类、意志自由、道德义务和良心、幸福和终极关怀、道德的结构、道德判断、道德价值、伦理关系、权利和义务、理想人格、自由和必然的关系等。①

如果以社会经济发展的角度来考察伦理思想的发展，那么，大体上可以将历史上的伦理划分为与古代经济相对应的“美德伦理学”、与封建经济相对应的“神学伦理学”、与资产阶级革命相对应的“社会伦理学”。基于对西方哲学思想的理解，又可以将伦理思想划分为两大基本倾向：感性主义伦理学和理性主义伦理学。伦理思想由于对基本问题在观点和方法上的分歧，又形成了许多学派，主要有十三大学派及三十多个支派。

自从人类有了社会生活，道德伦理便和社会生活一起产生了。在原始社会中，道德伦理就已经存在，人们已开始用善恶的评价来调整他们的社会生活。但

① 宋希仁．西方伦理思想史［M］．北京：中国人民大学出版社，2004：5.

是，阶级社会产生以后，道德伦理才成为独立的研究对象。

第一节　古希腊、罗马奴隶制社会的伦理思想

西方最早对道德的思考表现在古希腊人对神话传说中神的行为规范的描述和对神话中英雄魅力的颂扬。随着城邦社会的发展、经济的繁荣和外来文化的影响，道德思考开始从神话向哲学转变。苏格拉底被认为是西方伦理学的奠基者。在古希腊伦理思想史上，苏格拉底最先对人的生存方式的客观意义和行为的道德价值进行了理论探讨。他以人的“德性”为主要探讨对象，提出了“德性是知识”，把“善生”作为人和社会存在的最高目标，指出了“无知”是不幸的根源，并从“目的论”出发，强调了人的“无知之自觉”，以及追求真正的“善”是幸福的根本，这些理论为伦理学的诞生奠定了基础。①

柏拉图则对苏格拉底的伦理思想进行了阐释和深化。他将苏格拉底的道德追求概括为智慧、勇敢、节制和正义，这四种德性被称为“四元德”，并且他还构想了一种理想的城邦。② 然而，柏拉图没有完成对伦理学体系的构建，这项工作留给了他的弟子亚里士多德。在前人研究的基础上，亚里士多德最终形成了自己的伦理思想体系，第一次把伦理学从哲学中划分出来，把伦理学作为一门独立的科学，并且写成了第一部真正的伦理学著作《尼各马可伦理学》，从而奠定了他作为西方伦理学创始人的地位。进入希腊化时代（公元前323年至公元前30年，大体上是从亚历山大帝国的建立到罗马共和国解体的近300年），伦理思想基本上是古希腊伦理思想的延续。

一直到罗马帝国时代，伦理思想主要表现为快乐主义、德性主义（有的也被称作禁欲主义）、怀疑主义和晚期的新柏拉图主义。快乐主义认为，幸福即快乐，趋乐避苦是人的本性，道德的标准就是求快乐去痛苦。基于对快乐的不同理解，

---

① 郭琰．灵魂、理性与德性——苏格拉底道德哲学思想初探［J］．兰州学刊，2008（12）：17－20.

② 付洪，马超．柏拉图道德教育思想及其当代启示［J］．天津师范大学学报（社会科学版），2009（5）：14－18.

又分成了精神快乐主义、极端快乐主义和合理快乐主义。在当时的社会背景之下，无论哪种形式的快乐主义都是奴隶主阶级的伦理范围。

在古希腊城邦奴隶制发生危机的时候，特别是随着奴隶制的衰落，奴隶主阶级产生了绝望和没落的消极情绪，德性主义反映了这种情绪。德性主义者认为，德性就是轻视或无视一切快乐和痛苦；他们否定社会文明，主张返回自然；他们认为，德性生活就是依照自然而生活；道德理想是克制情欲、与神合一；人生的价值在于意志自由；人人天赋博爱的情感等。

作为怀疑主义的代表人物之一的恩披里克说道，怀疑论的起因是希望获得安宁，有一些有才能的人，对事物的矛盾感到困惑，在他们进行选择时发生了怀疑，希望通过弄清真假来解决问题，从而得到安宁。之后，怀疑论逐渐衰亡，但是，作为怀疑式的方法却构成了重要的视角和立场。

新柏拉图主义，则是该学派坚持柏拉图理念论的哲学立场，并做了神秘主义的发挥，该学派后来也形成了重要的伦理学说。

回顾古希腊伦理思想，可以发现，它在一定程度上反映着进入文明时代的欧洲先进民族的伦理精神。古希腊、古罗马奴隶制社会时期，社会的主要矛盾是奴隶阶级与奴隶主阶级的矛盾。伦理思想的特征主要是探求善的本质、普遍的行为规则和城邦公民应有的品德，在奴隶制的范围内寻求自由和公正的城邦秩序。这个时期的伦理学主要是关于美德的学说，其中心问题是，一个道德上完善的人应该具备的品质，什么品质是美德或恶德。

第二节　中世纪封建时代基督教的伦理思想

西罗马帝国于公元476年灭亡，日耳曼人在其废墟上建立起了一些封建小国，从此，欧洲进入了封建社会。基督教是欧洲封建社会中重要的统治力量，而基督教神学思想成为欧洲封建社会中占统治地位的意识形态。

从基督教的观点来看，《圣经》就是判断是非善恶的唯一标准，爱上帝是人们首要的道德原则和行为规范。然而，被称作神学异端的同基督教神学发生矛盾的思想影响了人们的行为，受此影响，在欧洲封建社会中，人民群众有反对教会统治的种种表现。一般可以将欧洲封建社会划分为三个阶段：5～10 世纪的形成时期、11～14 世纪的繁荣时期、15～17 世纪的解体时期和资本主义生产关系的形成时期。

公元 2 世纪以后，教徒的道德生活和那些有关自省的、反思性的思想与行为的学问逐渐超越了希腊化以前的伦理思想，逐步发展为基督教神学伦理学或神学道德哲学。基督教的经典《圣经》传播了神是道德的源泉，真正的幸福不在现世今生，而在来世天堂，信仰神是最高的美德等伦理思想。

教父道德哲学在教义体系正统化的机制里对早期基督教的道德观念以及争论的各种主张予以了综合和提升。之后，它发展成为基督教神学伦理体系形成之前的一种系统和重要的宗教伦理学体系。奥古斯丁是后期教父思想中形成道德哲学体系的第一人。在教父道德哲学之后，经院哲学在神学体系内对基督教道德哲学进行了新的构思。托马斯的伦理学体系是其发展的最高成就。

托马斯伦理学通过把奥古斯丁神学和亚里士多德哲学进行折中，来解决信仰与理性、预定论与自由意志论、来世与现世、神性与人性之间的关系问题，从而建立起一套完整的基督教伦理学。①

14 世纪末期，随着社会生产力的发展，封建制度趋于瓦解，社会关系发生了巨大变化，资本主义生产关系开始逐渐形成，由此，欧洲进入了从封建社会过渡到资本主义社会的历史大转折时期。人道主义伦理产生于 14～16 世纪的文艺复兴时代。这个时期的伦理思想以人性反对神性、以科学理性反对教会信仰，还提出了初步的适合资本主义生产关系的伦理思想。人道主义是资产阶级世界观、价值观和道德观的最初表现形式，它强调以人为中心，以人性否定神性；歌颂人的伟大，崇尚人的价值和尊严；提倡意志自由和个性的自由发展。

16～17 世纪，近代科学取得了巨大进步和发展，使尊重事实、注重经验和理性的科学精神被重视，理性主义伦理学成为这一时代的精神体现。

理性主义伦理思想从笛卡尔开始，在斯宾诺莎的伦理学中得到了全面系统的发展，并通过莱布尼茨对德国以及 18 世纪启蒙伦理思想的发展产生了深远影响。在欧洲大陆理性主义伦理思想发展的同时，英国经验主义伦理思想也形成和发展

① 董尚文．托马斯伦理学中的柏拉图主义因素——论托马斯对 synderesis 与 conscientia 的区分［J］．哲学动态，2005（10）：30－35.

起来。培根是经验主义方法论的始祖，是第一个比较明确地意识到道德与利益的关系这个基本问题的思想家，他也是近代资产阶级伦理学的真正创始人。

中世纪欧洲封建社会时期，社会的主要矛盾是农奴阶级与封建地主阶级的矛盾。这个时期的伦理思想是在封建专制主义和教会神学统治下发展的。

基督教神学是当时占绝对统治地位的社会意识形态，它的基本任务就是解释和论证《圣经》的伦理标准和原则；强调人与上帝的关系；宣扬上帝是美德的体现和最高的价值标准，形成了适应封建地主阶级和教会统治需要的神学伦理思想体系。①

虽然这一时期的伦理思想包含了古代伦理所没有的人的自由和平等的教义，但是，它是在教会统治和君主专制所允许的范围内所有的，其实是推行信仰主义和权威主义的一种变形。

第三节　近代资产阶级革命前后的伦理思想

近代西方伦理思想批判地继承了前两个历史时期伦理思想发展的成果，又不断发展出了新的理论。资产阶级要实现资本主义代替封建主义，就必须以资本主义经济关系所要求的符合资产阶级利益的原则，重新解释人与人之间的关系，重新解释社会道德，批判旧的道德观念和旧的伦理思想，建立起与资本主义经济关系相适应的新伦理。

近代早期的伦理学家强调理性、经验和人性，注重功利和现实幸福，提倡自由、个人尊严、价值和才能，以人道主义作为反封建和教会统治的旗帜。霍布斯的伦理思想代表着近代伦理思想中的经验主义和功利主义倾向，他建立了以自然法为基础的道德理论体系。洛克是西方近代自由主义道德学的主要代表，他将自由精神与追求幸福的目标联系在了一起。

在17～18世纪西方伦理学的发展时期，产生了以英国的情感主义伦理学派思想为核心的情感主义伦理学，主要代表人物有沙甫慈伯利、休谟和斯密等。他

---

① 徐爱国．探索人权的基督教神学基础［J］．同济大学学报（社会科学版），2008（2）：48－57.

们认为，情感是道德的基础，这一学派创造了“道德感”的概念。

18 世纪法国启蒙伦理思想体现了自己独特的一面，其伦理思想的特点主要有：崇尚自然、尊重经验、宣扬理性、认可利益、推崇平等和自由等。

法国的伦理思想对近代后期的资产阶级伦理思想的发展和马克思主义伦理思想的形成都产生了较大的影响。培尔的道德独立论、伏尔泰的自由伦理观、卢梭的社会契约论和爱尔维修等的感觉主义道德论都构成了法国启蒙伦理思想。启蒙伦理思想也具有其局限性，如自然人性的局限、解决个人利益与社会利益的关系方面的局限和环境决定论的局限等。①

功利主义被认为是英国对伦理学理论发展做出的一个贡献，它的一个基本原则是最大多数人的最大幸福原则，这一原则在英国的各领域都得到了较为广泛的应用。②

功利主义伦理最先是由神学家于 18 世纪开启的。边沁的功利主义理论确立了理论的基本框架。密尔使功利主义伦理学更加理论化和体系化。密尔之后，出现了对功利主义伦理学的修正或批评。20 世纪初功利主义伦理渐趋沉寂，直到 20 世纪 50 ~60 年代又再度复兴。在 18 世纪德国理性主义思想启蒙的背景下，康德创立了西方理性主义伦理学中的第一个完整严格的道德形而上学体系，而后经由费希特的发展，创立了“知识学”体系，由于“知识学”的盛极，“自我意识”成为 18 世纪末 19 世纪初德国主流哲学的中心原则。③

进入到法哲学体系，黑格尔做出了巨大的贡献，他的思想反映在自我实现论的伦理学之中。黑格尔从伦理关系上去研究伦理和道德并建立了相应的伦理学体系，其思想和著作中隐含着对“伦理”和“道德”两个概念的区分。④

19 世纪中叶至 20 世纪前期，随着现代科学的发展，特别是随着现代生物学、生理学、社会学和心理学的发展，英、俄等国家兴起了进化论学说。1859 年，达尔文发表了《物种起源》，这部惊世之作为其伦理思想奠定了自然科学基础。

---

① 桂翔．关于法国启蒙思想家伦理思想的论辩［J］．淮北煤炭师范学院学报（哲学社会科学版），1994（4）：17 –22.

② 穆勒．功用主义［M］．北京：商务印书馆，1957：17 –18.

③ 彭炳乾．费希特的经济哲学思想简析［J］．学海，2001（3）：162 –164.

④ 王云萍．新黑格尔主义道德理想论简述［J］．广东社会科学，1991（3）：55 –60.

1871 年，达尔文在其著作《人类的由来》中阐述了他的伦理思想。达尔文将进化论和伦理学结合起来研究并创建了进化论伦理学说。进化论伦理思想由达尔文开始，经赫胥黎的宇宙进化论伦理思想和以克鲁泡特金为代表的互助论伦理思想的发展，成为西方伦理学由传统经验主义向现代科学主义转折过程中的重要思想。

美国的伦理思想是继承和环境交互作用的产物，它继承了以英国为主的欧洲的伦理学传统，又结合了自身独特的整体环境。美国精神的核心是个人主义，个人主义是与 19 世纪美国的资本主义相适应的，是与特定的历史阶段和自然环境相联系的。①

爱默生的个人主义代表着美国个人主义发展的最高峰。杜威的新个人主义理论适应了美国向垄断资本主义转变的社会现实。詹姆士确定了实用主义的方法论和基本原理。库利把实用主义的方法论和原理同美国社会结合起来了，他从社会学和社会心理学的角度，对个人与社会、利己与利他、竞争与协作等伦理问题进行了系统阐述。

19 世纪，伴随着人们对资本主义社会的批判和对未来社会的展望，空想社会主义伦理思潮形成了，相继出现了以圣西门主义、傅立叶主义、欧文主义为典型的空想社会主义道德观。空想社会主义者有着对未来社会的美好憧憬，却没有实现美好蓝图的社会力量和现实途径。

马克思主义的创始人在唯物史观基础上对空想社会主义进行了批判，使社会主义由空想变成了科学。马克思主义的诞生标志着以人民群众为实践主体的新道德观产生了，这是人类道德观发展史上的一个重大成就。②

总的来说，近代西方伦理是在资本主义经济、政治和文化迅速发展的基础上，与一定的社会关系和社会秩序相适应的，表现出追求自由和礼法统一的伦理精神。虽然各种理论体系繁多，并且站在不同的角度和立场上，但是都反映了当时社会利益关系的要求，表达了某种合理的伦理思想。

通过对西方伦理思想线索的简要整理，我们可以发现，西方伦理总体上是以

---

① 张百顺，张海玲．早期美国道德伦理规范及其当代启示［J］．贺州学院学报，2009，25（2）：11 - 15.

② Tucker R. Philosophy and Myth in Karl Marx［M］. Cambridge University Press, N. Y. , 1961: 12.

外向、积极为特征，呈现开放性的。纵观西方伦理思想，其基本要素表现在：人性论的理论前提、幸福主义的价值目标、个人主义的基本价值取向和科学主义的实现途径。西方伦理在当今社会沿袭了传统的发展，呈现出了应用化和普世化的趋势。

第四章

中国近代经济伦理

当代中国正在发生着社会主义市场经济的经济伦理转型。从历史发展的时空角度来看，中国近代经济伦理介于中国传统经济伦理和现代经济伦理之间；对中国近代经济伦理思想进行梳理，可以使我们更好地理解儒学伦理的近代演变，又或许能为当代社会主义市场经济的经济伦理转型提供一些借鉴和思想资源。

一个国家和地区的经济伦理是与其民族文化紧密联系在一起的。中国传统经济伦理思想，从源头上来看，是诸子百家相互交错影响的综合体；从发展过程来看，是援佛和道入儒的结果。在中国历史上，儒家思想是具有强大影响力的意识形态体系，深受封建统治阶级的推崇。从广义上来讲，中国传统经济伦理思想除了儒学经济伦理思想以外，还包括古代宗教经济伦理思想和与封建正统经济伦理思想相对应的“异端”经济伦理思想。而在形式上，中国传统经济伦理思想主要被认为是指儒学经济伦理思想，也就是狭义概念上的与封建自然经济相适应的、被意识形态化了的、大一统的封建专制主义政治经济结构在经济伦理上的价值取向和原则。有学者指出，其根本特征是德性主义和整体主义，即在经济与伦理的关系上的道德礼仪至上，道德价值是一切经济行为善恶的最终评判标准；在国家、集体与个人的利益关系上，则是封建国家或皇帝的、宗族的利益至上。①

从社会经济结构层面的角度看，人们一般认为，近代和现代是同义的；或者

---

① 王玉生．言强必先富：中国传统经济伦理思想的近代演变［M］．北京：中国社会科学出版社，2007：6.

认为，近代是现代的早期阶段。马克思和恩格斯的理论认为，现代是从封建社会经济向资本主义社会经济的过渡。

从经济伦理思想史的角度看，近代是单向的或资本主义性质的，而现代则是双向的或资本主义和社会主义并存的。学者王玉生认为，近代经济伦理思想，总体上是资本主义生产方式的价值合理性诉求，而现代经济伦理思想，总体上是社会主义生产方式的价值合理性诉求，以及资本主义生产方式价值合理性的反思和调整。从这种角度及中国的特殊国情、背景出发，可以将中国近代经济伦理思想发展阶段的时间界限划定为鸦片战争前后至五四新文化运动，这个时期是具有资本主义性质的近代经济伦理思想对传统经济伦理思想的批判、调适和改造时期；而现代经济伦理思想发展阶段则是五四新文化运动以后，资本主义性质的经济伦理思想和社会主义性质的经济伦理思想相互排斥和吸收交融的阶段。

第一节　近代经济伦理思想沿革

1840 年鸦片战争的开始，标志着中国进入了近代旧民主主义时期，中国也逐步向半封建半殖民地社会转变。中国的传统文化开始遭受西方帝国主义文化和资产阶级民主主义文化的猛烈冲击。这时的经济伦理思想也在新的社会经济条件的基础上和外来经济思想的影响下发生着重大变化。

第一次鸦片战争前后，可以认为是中国近代经济伦理思想的酝酿时期，出现了以魏源、包世臣、林则徐、龚自珍等为代表的近代地主阶级改革派的经济伦理思想，他们对内主张实行改革措施，对外主张向西方学习。第二次鸦片战争至甲午战争之前，可以认为是中国近代经济伦理思想的发生时期，以早期改良派的经济伦理思想为代表。①

洋务派是第二次鸦片战争后形成的当权统治集团，以曾国藩、李鸿章、张之洞等为首，他们开展了洋务运动，将西方的科学技术和新式工业引进中国。甲午

① 王玉生．言强必先富：中国传统经济伦理思想的近代演变［M］．北京：中国社会科学出版社，2007：6.

战争的失败使中国民族危机进一步加深，洋务派的政策宣布破产。

甲午战争至辛亥革命之前，近代经济伦理思想在内容上趋于相对成熟，出现了以康有为、梁启超、谭嗣同、严复等人为代表的资产阶级改良派，这些进步思想家继承和发展了早期改良派的思想，主张建立经济自由主义的经济秩序和合理利己主义与功利主义的伦理秩序。

辛亥革命前后至五四新文化运动前后被认为是近代经济伦理思想的裂变和转型时期，主要以资产阶级革命派为代表。孙中山先生的经济伦理思想比较典型地表达了中国民族资产阶级的阶级利益和道德要求。

甲午战争后至20世纪20年代前，近代民族资本主义企业得到了发展，以张謇、穆藕初、聂云台、刘鸿生、项康元等人为代表的民族资本家的管理实践体现了具有民族资本主义特色的企业管理伦理，并且，他们实践着实业救国的经营管理伦理。

地主阶级改革派关心如何才能达到富国强民的目标，从经济方面看，就是探讨如何实现富国强民的途径；从伦理方面看，就是探讨新的经济发展方式的道德合理性。地主阶级改革派的经济伦理观主要表现在求富言利论、本末观和等级消费伦理观上。①

龚自珍提出了廉耻论，论述了人的本性是自私的思想，表达出了对个性解放的要求。在中国面临内忧外患的局面时，龚自珍提出了无耻言利的观点；龚自珍的财产分配观是“小不相齐”的平均观和等级分配观。魏源积极讲求强国富民，他提出了“以美利利天下之庶人”的利民思想并发挥了“以实事程实功，以实功程实事”的功利思想。魏源在本末观上表达了缓本急标的思想，魏源的等级奢俭论是主张按等级身份来规定人们的消费观。

与地主阶级改革派相对应，也存在着顽固的地主阶级保守派，他们遵循黜奢崇俭论和因循守旧的财富观。地主阶级保守派认为，经商不义；他们鼓吹闭关自守，反对对外通商。总的来说，他们的经济伦理思想是阻碍中国经济发展的。

“等贵贱”、“均贫富”，一直以来反映着农民阶级的经济伦理观。中国农民革命史上第一部完整的反封建土地纲领，是太平军于1853年定都南京后颁布的

---

① 唐凯麟，王玉生．近代经济伦理思想的萌蘖——论近代地主阶级改革派的经济伦理思想［J］．湘潭大学学报（哲学社会科学版），2004，28（4）：62－65.

施政纲领《天朝田亩制度》。

太平天国领袖洪秀全的经济伦理思想也集中体现在《天朝田亩制度》中，他提出以“无分贵贱”的伦理观为基础，以“平均主义”的经济道德价值为导向，通过革命来彻底废除封建土地所有制，从而建立一个“天下一家，共享太平”的理想、美好的社会。洪仁玕把太平天国的农民革命思想与西方资本主义制度结合起来提出了《资政新篇》，形成了为农民革命利益服务的，具有一定资产阶级色彩的经济伦理思想。

然而，《资政新篇》未能得到实行，随着太平天国革命的失败也未能流传。早期改良派的经济伦理融合了中国传统的经济伦理与西方重商的思想，提出了比较适应近代中国社会转型时期的经济伦理思想。在义利观上，主张“工商厚民论”，将资本主义工商业者之利与民富国强联系了起来，进而强调了义与利、公利与私利、民利与国利的统一性和相关性。在财富观上，中国近代早期资产阶级鼓吹“重商富国论”，主张国家出台“重商、富商、恤商”的措施，极力批判抑商论，提出了农、工、矿、商并重的新型生产理论。在群己观上，中国近代早期资产阶级积极宣扬以和为贵，努力寻求各方利益集团协调发展。

洋务派是近代接受西学的一支重要力量，他们的洋务运动在中国近代化进程中起过积极的作用，然而，他们最终的目的是为了加强和巩固封建制度，维护地主阶级的统治。“中学为体，西学为用”是洋务派经济伦理思想的基点。他们认为，中国传统思想制度是“体”，西方近代科学技术是“用”。冯桂芬、李鸿章、张之洞等人都较为具体地阐述了这种思想观点。除了军事企业以外，洋务派还创办了民用企业，其经营方式分为官办、官督商办和官商合办三种。然而，这些类型的企业的管理实践所体现出来的管理思想，偏重于财、物和生产的管理，而忽视了“以人为本”的伦理管理。洋务派一方面宣扬追求国家的富强，另一方面又为了维护统治阶级的利益而运用封建伦理来调节人们的经济行为；在实践中他们提出了“先富而后能强”的功利主义求富观，以兴办洋务的方法，以图自强。随着洋务运动的开展，重本抑末的经济伦理思想逐渐转变为“本末并重”。

资产阶级改良派在中国特殊的时代背景下探求了经济自由、义与利的统一、富与德的协调、竞争规则、分配消费伦理等经济伦理范畴。他们力求建立和发展中国自己的资本主义生产，进而实现国家的富强。维新派的民本思想具有明显的资产阶级色彩，是中国古代民本思想与西方道德学说的结合体。其民本思想的内容有开民智、倡民德、兴民权、富民生等。

维新派主张以工商立国，在这个方面，他们的论述较洋务派的“本末并重”要深刻许多。维新派宣扬天赋人权，倡导自由平等，反对官权运作的经济管理模式，主张实行独立自营。康有为的经济伦理观主要有：求乐免苦与富国养民；“定为工国”的经济主张；《大同书》反映了建立经济均平的道德理想国的愿望。谭嗣同提出了以仁通为哲学基础的通商之义说，他把“仁”改造成了经济道德原则，并且“通”是一个重要特征；谭嗣同还在功利主义、性善论的基础上提出了“崇奢抑俭”的主张，反对“黜奢崇俭”。严复关于义与利，提出了“义利合”、“两利为利”和“开明自营”；他还主张经济上的自由放任主义，体现了新兴资产阶级希望建立维护他们权益的道德规范。

1911年的辛亥革命推翻了中国历史上最后一个封建王朝，结束了帝制，建立了中国历史上第一个共和国。孙中山先生的伦理思想联系着他的三民主义，即民族主义、民权主义和民生主义，他的民生主义反映了他的经济伦理观。民生主义的“民生”来自于《尚书》中的“民生在勤，勤则不匮”，这是中国传统文化的内容。而孙中山赋予了“民生”新的概念和理解，“民生就是人民的生活——社会的生存，国民的生计，群众的生命便是。故民生主义就是社会主义，又名共产主义，即是大同主义”①。孙中山为了实现民生主义，强调以富国解救民生，要建立一个能实现全体人民幸福的强大中国。孙中山在一定程度上看到了物质文明和精神文明的相互关系，认为道德的产生和发展是同人民的物质生活相联系的。

孙中山认为，民生主义是人类的“最高理想”，也是社会进化的最终目的，他将“平均地权”和“节制资本”看成是实现大同主义的理想社会的途径。孙中山的经济伦理思想反映了中国资产阶级经济伦理思想的逐步成熟。

第二节　近代经营伦理价值体系

具有民族资本主义特色的企业管理伦理思想来自中国传统的经营管理思想，

① 中国社会科学院近代史所．孙中山全集（第5卷）［M］．北京：中华书局，1985：560.

同时，也深受西方资本主义经营管理理念的影响。

民族资本家注重将中国传统儒学伦理思想运用到企业管理中，如“恩威并用”、“以德服人”等思想，此外，还直接从西方引进科学管理理论。近代民族资产阶级也将富国利民归入到其经济伦理范畴中，以实业救国的伦理目标来谋求利润。随着较大规模企业的出现和发展，随着管理的相对完善，民族资产阶级的企业管理伦理思想逐步走向理性化。但是，总的来说，中国民族资产阶级的企业管理伦理思想是零散的和感性的，仍然缺乏理性成熟的企业经营哲学和正确的伦理价值体系。

义利观是中国经济伦理思想的一项重要内容，它是对经济活动的目的、方式和结果的价值合理性的基本判断与取舍。中国传统的义利观将经济的价值附属于道德的价值，重义贱利，重公贬私，崇理去欲，它适应了以自然经济为基础的封建等级社会经济秩序的经济伦理要求。

中国传统的义利观具有积极的和消极的作用。其积极作用表现在：儒家“见利思义”、“义以为上”的主张有助于培养良好的商德，有助于人们正确处理个人利益与他人利益以及社会利益的关系。其消极作用表现在：儒家的义利观，在一定程度上妨碍了中国生产力的发展；从精神生活与物质生活的关系、道德原则与物质利益的关系来看，儒家的义利观又存在着极大的缺陷。中国近代经济伦理思想中的义利观则发生了变化。中国传统的义利观的近代演变似乎完成了“正—反—合”的辩证发展过程。[①]

中国近代的义利观相对成熟，表面上更加倾向于经济领域的利益，实质上是以情理、利益、人格完善、自由、权利等来重新诠释道德或德性。

这种发展趋势应该是持续的，并且能够对中国社会主义市场经济起积极作用。“本末观”是关于农业、工商业的社会作用和地位以及两者关系的道德价值判断和价值取舍的经济伦理思想。[②] 重本抑末的“本末观”是封建社会等级秩序稳定和维护的要求。而中国近代经济伦理思想中的“本末观”则经历了这样一个演变过程：从“本末皆重”、“本末皆富”、“本末相辅”，到“商战论”的重

① 王玉生．言强必先富：中国传统经济伦理思想的近代演变［M］．北京：中国社会科学出版社，2007：78.

② 陈辉．论辩证贫富观［J］．求是学刊，1997（3）：53－56.

商主义，再到“实业论”对重农轻商和重商主义的双重扬弃，在更高的层次上实现了“农商并重”思想的回归。从中国整个历史来看，其实也是一种回归：从先秦的“农末俱利”，到“重农抑商”，再到“农商并重”。传统“本末观”的近代演变的经济伦理实质就是，商品经济在资本主义生产方式发展到一定阶段的时候摆脱从属地位而获得生存和发展的价值合理性。

贫富观是关于社会经济利益划分与占有的状态和方式的价值合理性的经济伦理思想。“均、礼、齐”的传统贫富观是以自然经济为基础的，为封建宗法等级统治制度服务的经济伦理思想。

传统的贫富观含有对公平的价值诉求，象征着对社会分配正义与公平的不懈追求，这是它积极、合理的伦理价值和精神。中国近代经济伦理思想中的贫富观，从某种性质上来说，是对传统贫富观新的回归。它并没有从“均贫富”的影子中走出来，最后完成的国家资本主义贫富观在一定程度上也预示了中国现代贫富观的发展趋势。中国近代的贫富观已经将公平和效率联系了起来，有在国有经济部分施行公平、在私有经济部分施行效率的倾向了。

奢俭观是关于奢与俭的价值合理性的消费伦理思想，它包括奢和俭的道德价值判断或选择、相应的经济伦理判断标准。① 传统奢俭观是反映了等级政治制度及等级经济消费制度的经济伦理思想。它通过“崇俭黜奢”的价值选择和礼制的价值判断来限制货币面前人人平等的经济平等权和自由消费权，从而在消费领域中维护封建等级政治经济秩序，抑制了中下层人民改善生活状况的合理要求。

在中国近代经济伦理思想中的奢俭观，由“消费合理”超越了传统的“崇俭黜奢”和近代的“黜俭崇奢”，是一定程度上二者的平衡和合流。这种伦理思想也为现代人看待和处理生产与消费的关系提供了一定的思想基础。

中国近代经济伦理思想发展阶段是中国经济伦理文化承上启下的不可或缺的阶段。可以说，人们无意识地生活于传统中，也在无意识地创新传统。今天，我们应该不断地重新审视传统的价值并端正对待传统的态度，保持伦理文化的与时俱进，培养社会的理性伦理精神，构建社会主义市场经济和谐发展的伦理基础。

① 赵炎才．清末时期“奢俭”观的学理透视［J］．学术研究，2006（10）：105－111.

第五章

现代企业伦理思想

第一节　现代企业伦理的内涵

简单地说，伦理就是处理人、群体、社会、自然之间利益关系的行为规范。而道德是指什么呢？“道”是指规范，“德”是指对规范的认识，指情感、意志、信仰，以及在此基础上形成的稳定和一贯的行为。基于中国传统文化之下，道德包含了三个方面的内容：①道——规范；②德——对规范有所得，表现为认识、情感、意志、信仰和习惯等；③由“道”转化为“德”的途径与方法。在西方，伦理和道德都包含有社会的道德风俗和人们的德性方面的意思。伦理和道德这两个概念，一般并没有做很严格的区分，特别是基于规范时，其意思基本上是一致的。

理查德·T. 德·乔治（Richard T. De George）创造了“道德人”的概念，他说：“我假定参加学习经济伦理课程的学生都是有伦理道德观的人，他们学习这门课不是为了从一个没有道德的人变为有道德的人；相反，他们是能通过帮助而思考道德问题并能令人信服而有效地论述他们道德观的人。”①

N. 鲍伊（N. Bowie）则认为，既然公司是具有法人资格的独立实体，那么它已被假定具有道德人格，因而应具有道德主体所应具有的权利，履行道德主体应尽的义务。②

Ethics 一词，既指规范个人或群体行为的原则，又指研究道德的一门学科，所以，译为伦理或伦理学都可以。相应地，Business Ethics 是企业伦理的表述。早在 1963 年，T. M. 加瑞特（T. M. Garrett）等就搜集了发生在企业活动中的形形色色的企业伦理案例，并对其进行了分析研究。③

从 20 世纪 70 年代初开始，学术界就企业的社会责任问题进行了广泛的探讨，并由此引发了“利润先于伦理”（profits before ethics）与“伦理先于利润”（ethics before profits）之争。

“正确理解的利益是道德的起点。”④ 不能否认，追求利润是企业的本性，但是，当追求自身利益与社会责任产生冲突时，这种争论就不可避免了。这种关于企业社会责任的讨论又引发出了关于企业与政府、股东、雇员、消费者之间各自的权利和义务的讨论。⑤⑥

1975 年，A. B. 卡诺（A. B. Carroll）对美国的 400 名企业经理人员进行了抽样调查，要求他们对问卷中所列出的不道德企业行为表明态度，结果在 238 份有效问卷中，绝大多数经理表示不赞同这种行为。⑦

1977 年，S. N. 布莱纳（S. N. Brenner）和 E. A. 莫兰达（E. A. Molander）对 1227 位企业领导人做了问卷调查，调查结果显示：企业领导人欢迎伦理规范。⑧

---

① Richard T. De George. Business Ethics (5th Edition) [M]. Prentice Hall, 1999: 2-3.

② Bowie N. Business Ethics as a Discipline: The Search for Legitimacy [M]. In Freeman (ed.). State of the Art, 1991: 17-41.

③ Garrett T. M. Ethics in Business [M]. New York: Sheed and Ward, 1963.

④ 马克思，恩格斯. 马克思恩格斯全集（第 2 卷）[M]. 北京：人民出版社，1957：167.

⑤ Beauchamp T., Bowie N. Ethical The ory and Business [M]. Prentice-Hall, Englewood Cliffs, N. J., 1993: 11-25.

⑥ Donaldson T., Werhane P. Ethical Issues in Business: A Philosophical Approach (2nd ed.) [M]. Englewood Cliffs, N. J., 1983: 30-46.

⑦ Carroll, A. B. Managerial Ethics: A Post-Watergate View [J]. Business Horizons, 1975, 18 (2): 75-80.

⑧ Brenner, S. N., Molander, E. A. Is the Ethics of Business Changing [J]. Harvard Business Review, 1977 (55): 57-71.

1985 年，美国学者刘易斯（P. V. Lewis）在对 254 种关于企业伦理的文章、教材及专著进行分析和对部分企业界人士进行调查后指出：人们对“企业伦理”这个术语的定义有 308 种之多。其中，大多数人把企业伦理等同于企业活动的标准、规范，企业行为的正误，企业的社会责任、宗教信仰、价值观念、权利与义务，企业的习俗、美德等。刘易斯在此基础上总结出了一个较具普遍性的定义：企业伦理是为企业及其员工在具体情境中的行为道德提供指南的各种规章、标准、规范或原则。①

到 1995 年，国外企业伦理学的研究和交流机构已达 300 多个，企业伦理学方面的刊物达 14 种，企业伦理学方面的教材、专著达 1000 多种。②

1996 年 7 月，“企业经营、经济学和伦理学首届世界大会”（The First World: ongress of Business Economics and Ethics）在日本东京召开，以企业伦理为主题展开广泛的讨论、交流和对话。③ 这些都有力推动了企业伦理的内涵不断丰富。

“business ethics”在中国被译作企业伦理（企业伦理学）、经济伦理（经济伦理学）、管理伦理（管理伦理学）、商业伦理（商业伦理学）、商业道德等。经济伦理和企业伦理研究的侧重点是不同的。从 1997 年起，中国正式把管理学从经济学中独立出来，使管理学成为与经济学并列的一个学科门类。更便于国际交流的提法是，将经济伦理（经济伦理学）与 economic ethics 相对应。

管理伦理是研究管理活动中的伦理问题或是伦理学理论在管理中的应用而管理包含有企业管理、行政管理、社会管理、国家管理，等等，管理组织可以是企业，也可以是学校、医院、非营利组织等社会其他单位。从某种角度来看，管理是企业活动的一部分，而不是全部。与管理伦理（管理伦理学）相对应的则有 management ethics。至于商业伦理（商业伦理学）和商业道德，由于中国传统用法中存在着商业和工业的区分，而 business 意为工商业，因而，这样可能会产生歧义，但是，从广义的商业来看，商业伦理（商业伦理学）、商业道德与企业伦理的意思是一致的。

---

① Lewis P. V. Defining Business Ethics: Like Nailing Jello to the Wall [J]. Journal of Business Ethics, 1985 (4): 377-383.

② 吴新文．国外企业伦理学：三十年透视［J］．国外社会科学，1996（3）：15-21.

③ Widmer M., Hodel T. Cultural Differences and Global Ethics: The First World Congress of Business, Economics, and Ethics in Tokyo [J]. The Journal of Value Inquiry, 1998, 32 (1): 111-118.

中国台湾学者把企业伦理大致定义为：企业伦理是以企业为主体所构成的伦理关系和法则，用以规范企业内部员工及社会大众或消费者的关系。他们将企业伦理议题分为九大项目：环保观念、产品安全、公司机密、遵守法律、工作效率、工作安全、利益冲突、个人行为和职权使用。他们归纳整理出伦理议题的内容有：贿赂、公平、诚实、定价、产品、人员、商业机密、广告、资料作假、采购、竞争手段、股东责任、社区关系、工作环境、外国政府、内部道德稽核、财务控制、绩效控制等。①

学者周祖城认为，企业伦理是指企业在通过提供产品或服务获取利润的全部活动和过程中应该遵守的伦理规范。他认为企业伦理具有以下特征：企业伦理是关于企业及其成员行为的规范，是关于企业经营活动的善与恶、应该与不应该的规范，是关于怎样正确处理企业及其成员与利益相关者关系的规范，是通过社会舆论、传统习俗、内心信念和内部规范来起作用的。②

本节综合了众多学者的研究，将企业伦理理解为企业经营管理活动和过程中的行为规范以及企业在处理各方关系中的行为规范。对这两方面的理解将在本书后面的内容中具体论述。

第二节　现代企业伦理的意义

诺贝尔经济学奖得主阿马蒂亚·森指出，经济越是朝未来发展，就越需要伦理的回归，其原因就在于，人们无论怎样试图摆脱道德的羁绊，终究会因为无法剥离经济活动本身内在具有的伦理属性而归于徒劳。③

企业伦理行为的实施会产生宏观和微观层面的效应，这些效应同时能够作为企业伦理的实践依据。

从宏观层面来看，企业伦理与市场运行机制和市场秩序有着紧密的联系，企

① 吴成丰．企业伦理［M］．北京：中国人民大学出版社，2004：6－7.

② 周祖城．企业伦理学［M］．北京：清华大学出版社，2005：10－11.

③ 夏绪梅．企业伦理学——转型经济条件下的企业伦理问题研究［M］．北京：科学出版社，2008：50.

业违反伦理的行为会带来外部性问题。市场经济的根本特征是供求机制、价格机制和竞争机制的有效结合。市场的三大机制的良性运作可以形成良好的市场秩序。企业在市场中是最重要的主体，在市场的供求关系、价格关系和竞争关系中扮演着主要的角色，企业是市场的供求机制、价格机制和竞争机制作用过程中的主要参与者和承担者，因而，企业与市场机制和市场秩序有着紧密的联系，企业的行为又对市场机制和市场秩序产生着重大影响。

外部性的概念最早是由西季威克（Sidbwick H.）和马歇尔（Marshall A.）提出来的。[①] 1993 年度诺贝尔经济学奖的获得者、作为新制度经济学主要代表人物之一的美国经济学家诺思认为，外部性是私人收益与社会收益、私人成本与社会成本不一致的现象，一个人的经济行为与所引起的成本或收益并不完全由他自己承担；同时，他有可能承担他人行动引起的成本或收益。当社会收益大于个人收益时，称为外部经济；当社会成本大于个人成本时，称为外部不经济。[②]

企业违反伦理的行为可能导致产品供求失衡、价格机制失灵、正当竞争的扭曲，影响市场机制的运行和市场秩序的建立，进而影响整个国民经济的运行。从整个社会来看，企业作为商品或服务的供应者同时也是消费者，其行为规范对社会的道德水平也会产生巨大的影响。从微观层面来看，企业伦理与企业绩效也有着紧密的联系。保持道德一致性与提高效率两者之间具有协同的关系。卡米歇尔（Carmichael）和朱曼德（Drummond）提出“道德边际”的概念，认为企业为了获得竞争优势，有必要保证自己的道德标准高于竞争对手，产生道德边际利益。[③] 有学者对国内十家著名企业最终的失败结局进行了分析，归纳得出了三大失败“基因”：普遍缺乏道德感和人文关怀意识、普遍缺乏对规律和秩序的尊重、普遍缺乏系统的职业精神。[④] 可以看出，这三大失败“基因”都是与企业伦理相关的。企业不符合伦理的行为会影响决策者的选择，导致成本的增加、产品和服务的质量下降，最终的结果是企业绩效的降低。

---

① Paci R., Usai S. Externalities, Knowledge Spillovers and the Spatial Distribution of Innovation [J]. GeoJournal, 1999, 49 (4): 381-390.

② 夏绪梅. 企业伦理学——转型经济条件下的企业伦理问题研究 [M]. 北京：科学出版社，2008：53.

③ Carmichael, S., Drummond J. Good Business: A Guide to Corporate Responsibility and Business Ethics [M]. Business Books Ltd, London, 1989: 1-4.

④ 吴晓波. 大败局 [M]. 杭州：浙江人民出版社，2007：1-2.

良好的企业伦理会给企业带来许多收益，具体表现在：第一，能够减少交易费用，降低交易成本。“交易费用”的概念最先是由科斯于 1937 年在其论文《企业的性质》中提出来的，是指利用价格机制的费用，包括为了完成市场交易而花费在搜寻信息、进行谈判、签订契约等活动上的费用。良好的企业伦理促使交易建立在信用基础之上，这就能够减少交易的费用。第二，良好的企业伦理有助于企业树立良好的形象，享有良好的声誉和地位。良好的企业伦理是企业重要的无形资产，从一定意义上说，它决定着现代企业的价值。第三，良好的企业伦理有助于企业与利益相关者建立起牢固的关系，进而合作并创造出效益。企业伦理要求正确处理企业及其成员与利益相关者的关系，企业承担社会责任，一方面向社会展示了自身的经济实力，另一方面可能赢得公众和政府的支持，进而供应商和消费者也会更加信任并接受这样的企业。第四，企业树立正确的伦理观有助于企业取得和维持杰出的组织业绩并获得长期绩效。一个企业要想持续发展，就不能只顾眼前的经济利益，而应该注重长期目标和社会责任。

企业伦理的完善，也能够促进管理科学的发展。有学者认为，管理理论和管理思想的发展史也是一部管理伦理的完善史。①

企业管理理论中蕴含着十分丰富的伦理思想，管理理论发展中的主要代表人物也无不透露着其个人的伦理思想。可以说，管理的伦理化和伦理的管理化趋势日益明显。

第三节　现代企业的经营伦理

企业经营管理中的伦理涉及的方面有很多，以下着重选择了市场营销、人力资源管理、财务管理和国际经营四个方面来简要论述。

企业的生存和发展依赖于向顾客出售产品或是服务，在现代企业管理中，市场营销占有重要的地位。在市场营销中，应该遵循公平交易的原则，而公平交易是建立在一定的条件基础之上的。例如，理性人条件，即买卖双方都清楚自己的

① 张康之．公共管理伦理学［M］．北京：中国人民大学出版社，2003：1－2.

需要，在交易时能对自己的得失进行理性的判断，并且都会维护自己的权益，从而实现利益最大化。与此相对应，便有消费者自我保护的伦理准则。知识条件，即买卖双方对所交易的东西有充分的了解，从而对在交易中的得失有清楚的认识。与此相对应的是诚实不欺的伦理准则。非强制条件，即买卖双方都没有由于外在的强制、选择的对象或自我选择的能力受到限制而被迫进行交易。与此相对应的则有不限制自由交易的伦理准则。在市场营销中，除了主要强调企业对消费者的责任以外，还涉及各个环节的伦理问题。

市场调研是市场营销的一个重要环节。市场调研会涉及伦理问题，主要有与被调查者相关的伦理问题、与委托人相关的伦理问题、与竞争者相关的伦理问题和与公众相关的伦理问题。

产品中涉及的伦理问题有，产品设计中的伦理问题、产品包装中的伦理问题，以及产品安全、产品淘汰、产品召回等方面的问题。企业在产品安全性方面的道德责任有，安全达标和赔偿责任。在定价中，妨碍公平竞争的定价策略和消费价格的不合理性是两大主要的伦理问题。反竞争性定价行为包括：歧视性定价、串谋定价和掠夺性定价。价格欺诈或误导性定价、暴利价格则容易引起争议。在分销渠道中，不同成员之间，目的不完全相同，潜在的伦理问题可能导致冲突。促销中的广告对经济和社会既有积极的作用，也有消极的作用。广告中的伦理问题是特别值得关注的。

人力资源管理是企业管理的重要组成部分，已经上升到企业战略的高度。人力资源管理在企业管理中是最直接与人相关的，它的各个方面都与伦理紧密相连。人力资源规划、招聘、培训、绩效考核、薪酬、员工关系等都涉及伦理问题。例如，招聘选拔中涉及的聘用自由、就业歧视等问题；培养发展中涉及的工作安全、工作压力等；劳动关系中涉及的工会问题；离职解雇中涉及的商业秘密等。

财务管理在企业管理中具有十分重要的作用。有效的财务管理，通过对内部资金的控制和对外部资金的利用，从而保证企业经营活动获得盈利。会计是财务管理的一项基本活动，反映了企业的财务状况、经营成果和现金流量，并对企业经营活动和财务收支进行监督。会计伦理是建立在会计关系上的伦理要求，是处理与会计相关的利益主体问题的原则和规范，会计伦理反映了会计服务各利益主体的要求和利益。在会计活动中，最主要的不道德行为就是做假账。企业中也存在会计人员的违规行为等。在某些上市公司的会计信息披露中，反映出了虚构会计信息、会计信息披露不充分、会计信息披露时间不及时等伦理问题。某些企业在纳税过程中存在着偷税、漏税、避税和税收策划等问题。企业的金融活动中也存在诸多伦理问题。

在国际经营中，因为存在不同国家和地区间的政治、经济、文化、宗教等各方面的差异，所以，难免会产生伦理冲突和困境，在国际层次上制定共同伦理规范，被认为是必要的。对发达国家的企业而言，国际范围的协议或规范的存在有利于解决他们遇到的伦理冲突和困境，对于不发达国家的企业而言，则有利于维护他们的利益。1990 年，金星国际和牛津欣克塞中心在美国旧金山举行了一个主题为“正当的利润：走出道德迷宫”的会议。该会议提出了用来帮助跨国公司进行国际经营决策的准则，明确了跨国公司在 12 个领域的责任。①

理查德·T. 德·乔治（Richard T. De George）提出了国际经营七原则，他认为：跨国公司不应造成任何故意的、直接的伤害；跨国公司应当为东道国带来利益而不是伤害；跨国公司的活动应当为东道国的发展做贡献；跨国公司应当尊重其雇员的人权；只要当地文化不违背道德准则，跨国公司就应当尊重它；跨国公司应当缴纳其公平分摊的税款；跨国公司应当与当地政府合作开发和实施公正的背景机制。②

经济合作与发展组织（OECD）的跨国公司准则是对跨国公司的一系列自愿性建议，到 2005 年，已经受到 30 个成员国政府和 8 个非成员国政府的采纳。③这些准则的目的在于保证跨国公司与其从事经营的国家的政策和社会相一致。联合国全球契约是一项自愿的企业公民意识方面的倡议，它号召各企业遵守在人权、劳工标准以及环境方面的九项基本原则。④

克拉克森原则是考虑 21 世纪全球企业公民的意义的重要参考工具。⑤ 微观社

---

① Archie B. Carroll, Ann K. Buchholtz. Business & Society: Ethics and Stakeholder Management, 4th ed [M]. Ohio: South - Western Publishing Co., 2000: 21.

② Richard T. De George. Business Ethics (5th Edition) [M]. Prentice Hall, 1999: 212 - 214.

③ 经济合作与发展组织. 经济合作与发展组织（OECD）跨国公司指南 [EB/OL]. http://www.oecd.org/dataoecd/48/22/36000282.pdf.

④ 冼国明. 跨国公司及其在华社会责任 [EB/OL]. 中国发展门户网，http://cn.chinagate.cn/reports/2007 - 12/06/content_9354203.htm.

⑤ 周祖城. 企业伦理学 [M]. 北京：清华大学出版社，2005：203.

会契约的优先准则是当微观社会契约发生冲突时选择所要遵循的规范。

可以看出，世界范围的人们和组织机构都在为国际经营的伦理规范做着积极的努力。国际经营中的典型伦理问题涉及的内容：市场歧视问题、转移价格、有害产业转移和品牌控制等。

第四节　现代企业的关系伦理

企业伦理从企业关系的角度看，主要涉及的内容：企业与其所有者关系中的伦理、企业与员工关系中的伦理、企业与消费者关系中的伦理、企业与供应商关系中的伦理、企业与竞争者关系中的伦理、企业与政府关系中的伦理、企业与社区关系中的伦理和企业与环境关系中的伦理等。

企业与其所有者之间的伦理关系是企业内部伦理关系中最为基本的。在不同的企业制度和企业形态下，企业与其所有者的关系是不同的。按照对企业控制程度的性质来划分，可以将企业所有者分为管理所有者和投资所有者两类。企业所有者具有一定的权利，同时也要承担相应的义务。企业所有者与企业伦理是相互影响的，企业伦理并不损害企业所有者的合理利益；企业所有者在企业中的特殊地位决定了其对企业伦理又具有举足轻重的影响。

企业与员工之间的伦理是处理企业与员工之间相互关系应该遵守的道德规范和准则，既包括企业对员工应有的伦理，也包括员工对企业应有的伦理。企业与员工之间的关系，可以说是随着管理中对人性的假设的变化而变化的。企业对员工的伦理主要强调企业的雇主责任、企业对员工的忠诚和权益的维护。相应地，员工对企业的伦理，则有员工的雇员责任、员工对企业的忠诚和承诺。企业与员工之间的伦理也反映在企业人力资源管理过程中。理想状态下，企业与消费者应该是平等互利的关系，然而，有些企业为了在短期内获得更多的利润而对消费者实施缺乏伦理道德的行为。企业与消费者的经济关系主要表现在产品、定价、促销和服务等方面，如果在这些方面产生了严重的冲突，那么，可以通过法律的途径来解决，但是，更多的时候是通过伦理来调节的。从某些方面来看，企业与消费者的伦理关系也体现在企业的市场营销活动中。

企业的生存与发展离不开为其提供原料、半成品、资金、技术的各类供应商。面对不同类型的供应商，企业在处理与他们的关系时的侧重点也有所不同。企业在与供应商共同打造现代供应链的同时，应该重视伦理建设。企业应该与供应商建立良好的合作关系，彼此应相互信任，讲信誉，遵守平等互利的原则。

企业市场竞争是指企业在生产经营活动中，为了实现和维护自身的利益而相互争胜的活动。市场竞争既有积极作用，也会带来消极因素。遵守企业伦理的原则，是企业获得持续竞争优势的重要途径。企业在市场竞争中应该遵守竞争伦理的基本原则。在市场竞争中，混淆是非行为、诋毁行为、虚假宣传行为、低价倾销行为、限制竞争行为等都被认为是不道德的，有的企业甚至还触犯了法律。竞争伦理以法律为基础，又超越法律的要求，要求企业的竞争行为应符合以下基本原则：公平竞争、诚信戒欺、平等自愿、互惠互利。

企业与政府关系的一般特征表现在：组织上的不可替代性、价值取向上的不对称性、行为方式上的不平等性。政府和企业扮演的角色不同，因而可能引起伦理冲突。世界范围内几乎没有争议的是，每个国家都拒绝企业贿赂和政府腐败。当前在中国，政府在对待企业方面，应该加速政企分开、简政放权，推进相关法律、法规的公平统一，增强互动合作，兼顾协调效率。企业在对待政府方面，则应该摆脱依赖思想，杜绝官商勾结。

企业的生产经营管理活动对社区会产生或多或少的影响。社区是聚居在一定地域范围内的人们所组成的社会生活共同体，也会对企业产生影响。公益活动被认为是与社区有独特关系的企业活动。企业公益活动可以促进社区的经济发展和环境改善。菲利普·科特勒（Philip Kotler）和南希·李（Nancy Lee）将企业社会活动概括为六种类型：公益事业宣传、公益事业关联营销、企业的社会营销、企业的慈善活动、社区志愿者活动和对社会负责的商业实践。①

环境问题是世界关注的焦点。企业的生产、发展和运行都离不开对资源的需求和对环境的依赖。环境问题是全人类面临的紧迫问题，每个人、每个组织都有责任为环境保护做出贡献，企业也不例外。更何况，企业对环境造成的影响是巨大的。由于企业自身造成了环境问题，因而，企业更了解环境问题产生的原因和

---

① Philip Kotler, Nancy Lee. Corporate Social Responsibility: Doing the Most Good for Your Company and Your Cause [M]. Wiley, 2004: 22-25.

治理的方法，可以说，企业具有一定的能力来消除它给环境带来的负面影响。企业在追求经济利益的同时，应该兼顾社会效益和环境效益，促进人与自然的和谐统一发展，并主动承担相应的责任和义务。

第五节 现代企业的儒学伦理

中国传统文化是以伦理为本位的，是伦理型文化。[①] 中国传统伦理文化有着无与伦比的生命延续力和非凡的包容、会通精神。儒学伦理以“仁”为核心，延伸为：“修身”，正心；“治国”，德治；“交往”，礼义；“经济”，正利；“管理”，人本；“目标”，和谐。魅力引人、以德服人、取信天下、道德制约、人力资本、内协外争构成了儒学伦理的基本框架。[②]

儒学伦理的基本价值追求表现为：以德性修养，为安身立命之本；以中庸，为基本处世之道；以义利合一，为基本的实践指向。在儒学伦理的影响下，中国企业伦理具有了中国民族特色的特性。

人本管理理论虽然在近代才逐步形成和发展起来，但是，这种思想在中国古代就已经为人们所认识了。儒家管理思想着重强调“以人为本”。儒学伦理以“仁”为核心，而“仁”所表达的意思有：“仁者，人也”，重视人的主体和能动作用；“仁者，爱人”，人与人之间应该是相亲和睦的关系；“仁，亲也，从人从二”，是讲人与群体之间的协调关系。在企业中，以人为本，应该做到满足员工自我价值实现的需要。员工参与管理，关注员工的发展，都是以人为本的体现。

儒学伦理注重协调和谐的思想，提倡自然的和谐、人与自然的和谐、人际和谐，以及人自我身心的和谐。[③] “中庸之道”、“和为贵”、“忠恕”、天人协调观等都反映了追求协调和谐的思想。在企业中，和谐凝聚是一种良好的状态，应该满足员工追求和谐氛围的需要，应该在企业里形成亲和的氛围，创造和谐的环

---

① 方醒．论中国传统文化的核心思想［J］．群言，2008（8）：39－40.

② 陈荣耀．企业伦理——一种价值理念的创新［M］．北京：科学出版社，2006：84.

③ 叶金宝．儒家和谐思想的价值转换［J］．江苏社会科学，2008：（5）：215－218.

境。只有在和谐的氛围中，员工的积极性才能得以充分发挥。

儒学文化历来把诚信作为商业道德的重要规范。孔子非常看重“信”，他认为，“人而无信，不知其可也”（《论语·为政》）。孟子将“信”与“诚”相连，阐述了诚信的内在联系和规范意义。荀子将诚信从家庭伦理、朋友伦理扩展到了交易伦理。董仲舒将“信”与“仁、义、理、智”并列为五常，使其成为普遍意义上的道德规范。企业在处理与利益相关者的关系时，应将诚信放在重要的位置。传统的“义以为上”的义利观经过近代的演变形成了“义利结合”的思想。① 这种思想主要表达了道德准则对经济行为的制约。这种思想对现代企业通过生产经营管理而获得利润的阐释是，取之有道，即在不违背道义的基础上追求物质利益；取之有义，即重视伦理准则对经济行为的制约，以双赢或多赢为目标，而不只是追求自身的利益；取之有序，即避免外部不经济行为，产出应该有益于社会而不会造成危害；取之有效，即经济活动追求效率，注重投入与产出的关系。

儒学伦理对企业伦理的影响非常广泛，远远不止以上几个方面。儒学伦理在经过了近代的演变之后，其伦理思想有了进步和创新，现代企业可以吸收和借鉴的东西也越来越丰富。现代企业应该结合自身的条件，顺应内外环境的变化，在吸收和借鉴优秀儒学伦理的基础之上，构建适合企业自己的伦理。

① 吕庆华. 先秦儒家“义利观”及其商业伦理价值［J］. 东南学术，1999（3）：92-96.

第六章

东亚现代儒学伦理

“现代”相对于“过去”或“传统”，在西方历史上指的是中世纪之后，即文艺复兴时期，特别是指以俄国社会主义革命为开端的新的历史时期。[①] 我们可以把持续进步的、合目的性的、不可逆转的发展的事物赋予“现代性”的意义。

“现代化”通常用来描述现代发生的社会和文化变迁的现象，“现代化”是与19世纪以后以资本主义制度为特征的历史时代的出现相伴随的。由于考察问题的视角不同，因而，对于“现代化”一词也有种种界定。但是，总的来说，“现代化”主要有四个层面：①从经济层面来讲，包含工业生产、市场经济的发展和生产的科学管理等。②从政治层面来讲，包含政治上的民主化、民族国家的建立、社会中的团体和组织广泛地参与政治活动等。③在社会层面上，强调社会组织和结构的形态、社会生活上的城市化等。④从文化层面，把现代化看作一种精神现象或心理状态，强调文化、观念的形态，强调学术知识的科学化以及文化上的人性化等。哲学上对“现代化”的界定是指，在科学技术革命的影响下，社会从农业社会向工业社会转变，并不断向更高层次或更高发展阶段前进的无限延续的社会化过程。现代化是从欧美等西方社会开始的，因此，也被称为“西方化”，但是，现代化从性质上可以区分为以生产资料私有制为基础的资本主义现代化，和以生产资料公有制为基础的社会主义现代化。

现代化的实现是人类社会发展和进步的表现。任何国家，要实现现代化，以

① 吴于廑，齐世荣．世界古代史（上卷）［M］．北京：高等教育出版社，2007：4.

及其社会化发展速度的快与慢，都取决于其具备的条件。实现现代化要有物质的和精神的两种条件。本书所说的伦理就属于精神条件。

伦理所具有的内涵与一定民族的传统文化是紧密相连的。特别是伦理与一定的经济关系之间既有制约作用，又有能动的反作用。不管是资本主义的现代化还是社会主义的现代化，都需要有与之相适应的伦理。

东亚社会的现代化，与人民的道德、心理素质能适应现代化的需要，与经济的发展能与现代化相互配合、交互前进是分不开的。儒学伦理是东亚社会实现现代化的重要因素，也是东亚社会独有的优势条件。第二次世界大战以后，随着日本与“亚洲四小龙”国家和地区一系列“经济奇迹”的出现，人们开始从现实背景中重新认识和评价儒家文化与儒学伦理，并审视儒学伦理在东亚实现现代化过程中的功能和作用。

第一节　日本的儒学伦理

日本是亚洲第一个实现现代化的国家，虽然日本起步较晚，但却创造了“世界史上的奇迹”。然而，日本实现现代化也经历了十分曲折的过程。对于日本实现现代化的过程，我们可以简要概括如下：日本的现代化启动于 1868 年明治维新以后。1870 年至第一次世界大战之前，日本经济的年增长率低于美国，与德国相当，高于英国、意大利等国家。

1910 年前后，随着产业革命的完成，日本全面实现了资本主义工业化，并逐步开始从垄断资本主义阶段过渡到帝国主义阶段。经过第一次世界大战，日本的经济实力和军事实力急剧膨胀，成为帝国主义列强之一，其经济的年平均增长率超过了美国、德国、英国和意大利等；随后，惨无人道的侵华战争把日本卷入了水深火热之中并使之毁于一旦。然而，令世界惊叹的是，第二次世界大战后日本用了不到 10 年的时间就完成了经济恢复。

1955 年，日本开始第二次经济起飞，到了 20 世纪 60 年代后期，其经济实力名列世界第三位；进入 20 世纪 80 年代，日本又超过了苏联，仅次于美国，其经济实力居世界第二位。日本现代化的发展轨迹可以看作是，从起飞、上升到坠落，再到重新起飞、上升的轨迹。

很多学者基于不同的立场，从不同的角度研究日本实现现代化的原因，他们都发现，由忠诚、献身、勤劳、节俭等品质凝结成的日本伦理与日本现代化有着紧密的联系，并视日本伦理为日本实现现代化的主要原因之一。①

日本从大化革新到明治维新的1000多年，一直保持着天皇世系，国民始终保持着对天皇的忠诚；在国民的思想中，天皇是神的化身，能够为天皇效忠和捐躯是实现最高的人生价值。19世纪中叶，在日本面临沦为殖民地或半殖民地的危急关头，这种忠诚和献身于天皇的伦理精神给予了倒幕维新运动深刻的影响，使日本跨入了现代化进程。德川幕府末期，世界列强将瓜分殖民地的触角伸向了日本。影响明治维新运动的思想多种多样，如洋学、国学、阳明学等，但其主要口号是带有儒学色彩的"尊王攘夷"。这里的"王"是指天皇。"夷"是指欧美列强。然而，"尊王"和"攘夷"都来自于中国儒学。②

当天皇和幕府将军之间的关系失和时，由于"忠"的伦理，使得人们在忠于天皇或忠于将军之间进行抉择。下级武士作为"攘夷"运动的核心力量认识到，同国外列强发生直接的武力抗争是难以确保日本的独立的，因而他们将"攘夷"变成了"攘将军"，从而实现了从幕府制度到天皇亲政的巨大变革。天皇亲政之后，借用人们忠诚于天皇的信仰，逐步消除了封建势力，实行了资产阶级改革，进而确立了专制主义的天皇政权，为日本发展资本主义经济奠定了基础。③

明治政权确立以后，整体伦理意识对于日本的资本原始积累和产业革命产生了非常大的影响。

日本的资本原始积累始于德川幕府末期，在这一时期，日本的国民已普遍具有共同利益高于个人利益、为国家利益献身或牺牲的道德观念；这实际上是一种儒学的伦理思想。

明治政权建立后，明治政府认识到，应该依靠国家来积累大企业所需的资

---

① 牛建科，武传春．试论儒学与日本的现代化［J］．山东大学学报（哲学社会科学版），2004（5）：53-58.

② 汤晓黎．日本伦理思想与日本现代化［J］．西南民族学院学报（哲学社会科学版），2001，22（7）：175-177.

③ 王小兰．论日本现代化启动的历史条件［J］．山东大学学报（社会科学版），1999（3）：79-82，89.

本，因而，推行了一系列资产阶级改革政策，包括改革地税、改革封建武士的俸禄制度等，这些改革促进了资本主义的发展。在日本，资本原始积累的主体是国家；同时，国家又是产业革命的组织者和推动者。在这种情况下，必然要求有一种忠于国家的伦理精神与之相适应。正是日本所具有的这种儒学伦理，使得资本原始积累和产业革命顺利完成了。由政府建立的国家经营的工业企业，其管理权大多数掌握在武士的手中，这些人的意识中含有儒学伦理，他们认为，企业除了获得利润以外，还必须为社会和国家做贡献。正是这种儒学伦理精神缓和了日本在资本原始积累和产业革命过程中遇到的矛盾。如果把资产阶级改革看作是日本经济发展的主要外在条件的话，那么企业集团主义精神则是日本经济发展的内在因素或活力。日本企业家的精神导师涩泽荣一曾明确指出，企业家的目标不是追求最大的利润，而是为了谋求民族的进步，企业需要有强调共同体精神的儒家伦理思想，要为国家和公司利益真正取利，绝不可钻营私利。他认为，多生产利润并非富足的钥匙，只能是“为善之道”。①

19 世纪末、20 世纪初的明治末期是日本由产业革命开始向垄断资本主义过渡的时期。日本国家主义教育、吹嘘天皇的最高道德价值，以适应日本发展资本主义和帝国主义对外扩张的政策。日本军国主义政府依靠“忠君爱国”的伦理精神，将战争的魔爪伸向四方，最终导致惨败的下场，日本由明治维新开始蓬勃发展的现代化事业毁于一旦。

第二次世界大战后，日本通过民主改革成为资产阶级民主主义国家。日本也对现代化事业进行了反思，淡化了对天皇的狂热崇拜，把西方民主主义的伦理与日本传统伦理之中优秀的一面融合在一起，重新投身于现代化建设中。人格尊严、民主、自由、平等成为公认的观念，然而，儒学在日本现代生活中并没有丧失其影响力，儒学的一部分价值观和伦理观已经深深沉淀于日本人民的民族心理当中。有学者指出，儒学伦理的部分内容仍然适应当代日本独特的社会结构，并且儒学伦理是作为主流文化的补偿而存在的。

儒学文化对于日本的现代企业也产生着重要影响。② 例如，松下集团在 1920

---

① 吴潜涛．日本伦理思想与日本现代化［M］．北京：中国人民大学出版社，1994：229.

② 雷宇，孙利．日本企业文化中的管理哲学及其启示——兼论日本企业文化中的儒学精神［J］．日本问题研究，2004（1）：33－37.

年创办了松下电器公司商学院，该学院的教育方针便是融合了中国的儒家哲学和现代企业管理，其研修的目标是中国古典《大学》中的“明德、亲民、至善”。明德，即竭尽全力身体力行实践商业道德；亲民，即至诚、保持良好的人际关系；至善，即为实现尽善尽美的目标而努力。该学院开设的商业道德课让学员通过学习《大学》、《论语》、《孟子》和《孝经》等，确立经商之道在于“德”的思想。儒学伦理在日本企业内部的人际关系中，特别是在劳资关系中表现得非常明显。在日本，企业主与员工的结合，不纯粹是利益的关系，而主要是义而非利的结合，这种结合使得员工对于企业产生了长期的承诺和责任感，从而使劳资关系比较协调，使企业结构保持相对的稳定，更好地促进了经济的发展。

有的日本企业家曾说，终身就业制和年功序列化是“礼”的体现，企业内工会是“和为贵”的体现，而自己在与员工的关系上则是贯彻了“爱人者，人恒爱之；敬人者，人恒敬之”（《孟子·离娄下》）的儒家思想。日本的现实印证了儒学伦理作为主要文化因素之一，对日本现代化事业取得巨大成功，起到了不可抹杀的作用。

第二节　韩国的儒学伦理

韩国是一个儒教的国家，韩国儒学至少已有2000年历史，是中国以外保存儒学传统最多的国家。韩国儒学是以朱子学为正宗的，并具有强烈的排斥异端的色彩，随着近代化思潮的走近，韩国儒学似乎缺乏创新精神和应变能力。直到20世纪中期，韩国政府进行了现代化的改革，同时，也对儒学进行了革新，将传统儒学与西方价值观相结合，运用了科学技术和科学的管理方式，从而推动了韩国现代化的历史进程。特别是在20世纪80年代，儒学在韩国经济腾飞中起了重要作用。儒学与韩国的政治、经济、法律，以及社会文化是高度融合的，是具有创造性的整合文化。[①]

自14世纪以来，儒教一直是朝鲜的国教，它替代了宗教成为道德伦理规范，

① 李苏平．韩国儒学史［M］．北京：人民出版社，2009：1－3.

同时也成为了一种政治制度。国王是这种制度中的最高统治者，社会的安定和进步也都依赖于国王对儒家经典的理解和实施。李朝的500年儒学便是其正统的主流。1945年，日本的投降使朝鲜摆脱了长达36年的殖民统治。第二次世界大战后美国、苏联对峙，为了争夺势力范围，两大国以北纬38度线将朝鲜半岛分为南北两部分，1948年8月15日，在美国的操作下南部朝鲜成立了大韩民国。1961年，韩国发生了军事政变，随后开始了32年的军人权威政治，直到1993年，韩国才结束了军人统治。在日本实行殖民统治时期，日本竭力扼杀韩国文化，企图以日本的文化同化之，结果使得韩国的文化传统遭到了极大的损害。虽然传统社会解体了，但是韩国的基本文化观念并没有随之解体。大韩民国的成立，沿袭了美国式的制度，韩国的正统文化受到了威胁，然而，韩国从未摆脱过儒学伦理的影响。

韩国的现代化进程虽然参照的是欧美的价值观和经济模式，但是，儒学思想在韩国有着悠久的历史，儒学思想作为潜在的、根深蒂固的力量仍然影响着韩国人的意识和行动。①

儒教主导型政治文化支撑着韩国模式。在经过了日本长期的殖民统治和美国文化在第二次世界大战后的渗透之后，韩国在其经济起飞时的价值观念、思维模式和权力结构仍然是儒教式的。

在现代韩国社会中，以儒学为主的传统文化，仍然受到重视，在某些方面，成为了现代韩国的象征。如韩国的国旗太极旗，韩国纸币上的头像是与儒学有关的人物头像，韩国特别注重对先儒的遗迹和文物的保护，祭孔的习俗，等等。韩国家庭教育中的儒学因素表现为重视子女的教育，父母以子女为中心的生活态度。②

1960年以来，大韩民国政府正式施行伦理教育。儒学伦理在德育教育中占有较大的比重，表现出重视培养人的内在品质，也表现出儒学思想强调的学校教育要把德育放在第一位的教育理念。在韩国经济起飞的过程中，政府主导和干预起到了十分重要的作用。这种作用的施加，得益于儒学伦理所强调的君、臣、父、子等下对上的服从与忠诚。

---

① 李甦平．论韩国儒学的特性［J］．孔子研究，2008（1）：4－12.

② 柳承国．韩国儒学与现代精神［M］．北京：东方出版社，2008：21－23.

经过多年的中央集权统治，加上与韩国社会政治结构相符合的儒学伦理的不断灌输，韩国人民养成了服从和尊敬的心理，形成了集体是以家族为单位，而国家是血缘家族的放大的观念。受到儒学伦理的影响，政府主导经济的发展模式在韩国得到了较为普遍的认同和遵从。这样，一方面，有利于资源的合理配置和社会生产的相对有序化；另一方面，也促进了阶段跳跃发展战略的实施。

在韩国的企业文化中，儒学伦理也表现得非常明显。韩国的企业文化是将西方的科学管理精神和韩国传统的儒学伦理、人文精神结合在一起的，是具有韩国特色的企业文化。在韩国的企业中，体现最多的是权威主义的主导模式。家族式企业文化是韩国的特色之一。

韩国企业除了强调社会责任和使命以外，更重视人本身的品质；这些观念体现了儒学伦理所具有的家庭伦理、人的自觉自律、个人对社会的责任和义务等内容。韩国企业中表现出来的团队主义精神和职位秩序也是非常引人注目的，这也体现出了儒学伦理的导向作用。

第三节　新加坡的儒学伦理

儒学伦理在东亚各国和地区的发展及命运是不同的，儒学伦理在现代化进程中的作用也是不平衡的。新加坡在实现现代化的过程中成功地运用儒学伦理解决了道德失衡的问题，新加坡对传统儒学伦理的现代化改造和继承颇有独到之处，并且成效显著，成为继承儒学伦理的成功典范。

1819 年，英国殖民者占据了新加坡，使其沦为殖民地，新加坡被辟为自由港。1943 年，新加坡被日本占领。第二次世界大战以后，直到 1959 年，新加坡才在英联邦内获得自治。1963 年，新加坡被并入新马来西亚联邦。1965 年 8 月 9 日，新加坡脱离新马来西亚联邦，宣告独立，建立了新加坡共和国。新加坡是一个多种族、多语言、多元宗教、多元文化的移民国家，儒家文化是占新加坡总人口约 76% 的华族从移民船上带来的，儒家伦理存在于新加坡的历史，和最初来到的华工一样早。

从 19 世纪初到 20 世纪 40 年代，不断有中国大陆的移民“下南洋”，新加坡成为一个密集的落脚点。早期的华人移民主要是底层阶级，是为了谋生而去海外的；其中，有农民、农村手工业者、苦力、小贩和矿工等，他们对儒家伦理并没有很深刻的理解。但是，他们给新加坡带来了刻苦耐劳、勤俭朴实、尊老敬贤等中国传统美德。

随着华人知识人士的迁入，儒家伦理得到了广泛宣传，特别是忠、孝、仁、和谐等价值观念得到了传播。各种会馆和团体也通过各式各样的活动来继承和弘扬儒家传统文化。儒家伦理在新加坡虽然没有构建起一个完整的体系，但却成为了人们行为方式的普遍准则和广泛接受的社会意识形态，对新加坡的政治、经济及文化产生了深远的影响。①

从 1959 年到 20 世纪 80 年代初，新加坡以转口贸易为主的经济结构限制了其工业化的发展，历史和现实的因素决定了新加坡利用自身优越的地理位置和殖民统治时期遗留的贸易经济，采用外向型发展战略。新加坡政党及其政府在这一阶段采取了平等对待四种语言（平等对待英语、华语、马来语和泰米尔语），以及强调英语的政策，并且直接破坏华文教育；这导致新加坡在此阶段主要以西方文化为价值取向，破坏了华人教育的自主性和文化的一致性，削弱了以华语为载体的儒家文化。

进入 20 世纪 80 年代，随着新加坡社会的日益开放和出口导向工业化的深入，社会各阶层也出现了抵制传统价值观念的表现。例如，种族偏狭和宗教偏狭的兴起，少数种族的政治分离，年轻人的西化倾向和有知识有能力的人向外移民的倾向等。特别是年轻一代的西化现象十分严重，西方化、个人主义和以自我为中心的人生观与价值观逐渐取代了传统价值观念中的道德、义务和社会责任感。

有学者认为，西化倾向具体表现为：传统的三代同堂家庭逐步解体；犯罪和吸毒现象增加，犯罪率居高不下；自私功利主义严重；改信基督教者增多。②

新加坡政府经过反思，号召新加坡公民回到东亚价值观，实行的途径主要有，开公民课进行道德教育、价值观教育和宗教教育；其中，最具影响力的是进行儒家文化教育。

---

① 陈俊民．对新加坡推行儒家伦理的文化考察［J］．江淮论坛，1988（3）：54－59.

② 陈祖洲．从多元文化到综合文化——兼论儒家文化与新加坡经济现代化的关系［J］．南京大学学报，2004（2）：73－78.

新加坡政府在加强学校儒学学习的同时，也重视对儒学的科学研究，希望通过研究可以使儒学更加适合新加坡现代化发展的需要。20 世纪 80 年代，可以看作是新加坡政党大力推行儒家文化的阶段。1985 年后，新加坡转向同外国资本的多边结盟，新加坡政府在种族、人口等政策方面做了调整，放弃了宗教教育，开始进入强调综合文化的阶段。同时，新加坡也开始注重发展自己的国民意识，要制定一套各种族、各信仰的人们都能接受的共同价值观。后来经过议会内外的广泛讨论，1991 年 1 月新加坡政府发布《白皮书》，将共同价值观限定为：国家至上，社会为先；家庭为根，社会为本；关怀扶持，同舟共济；求同存异，协商共识；种族和谐，宗教宽容。强调综合文化，是新加坡的现实使然。

在新加坡的现代化建设中，新加坡政府将儒学伦理看作是指导思想。儒学伦理中的和谐、仁爱、礼义、忠诚等促进了种族和睦和社会的稳定，为现代化建设奠定了较好的国内环境基础。新加坡的国家主义源自中国儒家传统的整体主义的献身精神，又取自于新加坡发展的历史经验。新加坡政府根据儒家的民本思想，大力加强、提升国民的素质，这为新加坡现代化的成功提供了有力保证。

新加坡根据儒家的贤政、仁政、德政的思想实行精英治国，推行廉政建设，为现代化事业提供了强有力的政治保障。新加坡的主要政治领导人大都是中西合璧式的，他们不仅理解西方的民主政治，还通晓儒家的治国之道，他们讲人治，重德政。对于新加坡人来说，建立一个“内圣外王”的政府是非常重要的，他们认为，政府必须廉洁有效，能够保护人民；每个公民，都能在一个稳定有序的社会里过着美好的生活。国家党政领导人，要树立为公众服务的宗旨，要勇于奉献、严于律己、以身作则。国家还要建立起一套完善的肃贪倡廉的法律制度。

新加坡还倡导儒家勤奋、节俭的思想，并把这些思想与资本主义精神结合，进而形成了独具特色的社会保障机制，为现代化的成功提供了有效的社会保障。

儒家伦理在新加坡经济发展中的作用还体现在儒家的企业精神上。提倡人际关系和谐的儒学伦理，使新加坡企业中的劳资关系颇为融洽。① 儒学伦理强调的“以礼待人”、“己所不欲，勿施于人”等，对协调上下级关系、协调同事之间的关系和协调企业之间的关系，减少摩擦，提高工作效率都是有一定帮助的。儒学伦理强调的敬业乐群、诚实守信、勤奋向上等，有助于培养良好的工作态度。

---

① 严春宝. 新加坡儒家文化传承研究［D］. 北京师范大学论文，2007：153 - 156.

儒学伦理在新加坡得到了继承和改造，已更加适应了这个国家的社会、经济和政治的发展；同时，也给予了其他国家和地区有意义的借鉴。

第四节　中国台湾的儒学伦理

作为中国的一部分，台湾自古以来就有儒学。现代的台湾，儒学也与日常生活紧密相关。有学者认为，与其说作为中国文化传统的儒学在台湾迈向现代化的发展过程中起到了推动者的角色，毋宁说儒学扮演着极为重要的“调节性”角色。因为，台湾的现代化并不是原发性的，而是衍生性的，它不是从自己的文化母土长出来的，它是在文化多元的交汇过程里经由“学习”而得来的。①

20世纪60年代，台湾经济的起飞带来了社会生活领域的巨大变化，特别是意识形态领域的变化。近期的或现代的台湾被认为是一个转型社会，从传统的农业社会转变为现代的工业社会。在传统的农业社会，有着与农业社会相适应的传统的伦理道德观念；在迅速发展的、现代的工业社会，在传统的伦理道德观念中缺乏了与工业社会相适应的现代性的内容，因而，或多或少地面临着伦理道德危机。

20世纪60年代中期以后，随着经济的发展，在解决了基本生存条件问题以后，台湾越来越多的人开始关注思想意识领域方面的问题。台湾的现代伦理学反映了台湾现代伦理文化的基本特点，并坚持以儒学伦理作为主要的思想。当台湾进入生活方式现代化和西化这一阶段的时候，台湾许多学者提出了“坚持传统”和“坚持礼教精神”。②“坚持传统”即坚持传统立场或传统信仰，其实就是指坚持中国的儒家思想。

“坚持礼教精神”就是指要建立富而好礼的社会，使台湾成为讲礼仪的地方。在他们看来，儒学伦理中的“礼”是一种理想的、合理的、适宜的生活规

---

① 林安梧. 从“新儒学”到“后新儒学”的发展——环绕台湾现代化进程的哲学反思［J］. 中山大学学报，2006（3）：121－124.

② 郑志明. 台湾儒学的社会关怀［J］. 中山大学学报（社会科学版），2008，48（3）：116－126.

范。儒学伦理的一个显著特色是重道德实践。随着台湾现代化的发展，台湾当局也更加重视道德实践，主要的表现有：推行以讲“礼”为中心的社会伦理运动；推行三代同堂家庭制度，和以重家庭亲子教育、孝道教育为主要内容的家庭伦理建设；弘扬伦理教育，建立优良校风为中心的校园伦理；疾呼建立商业伦理、医疗伦理和环境伦理，等等。

以台湾的商业伦理为例，其具体规范表现出了深厚的儒学伦理。第一，要在商业活动中行“仁”，仁道的具体规范在于“己所不欲，勿施于人”。商业中的关系，最基本的是人和钱的关系，在这种关系中应该“不损人以利己”。第二，要讲“义”，商业中取钱要合于道义，并且商人要培养自己的高尚道德情操。第三，要讲“俭”，《易经》中的循环原理认为，宇宙和世间没有可以持久不变的，富若俭，富可久存；不俭，则富速转为贫；贫能俭，贫转为富。第四，要讲“信”，信的原则在台湾商界被认为是天经地义的，缺乏“信”，就不会有商业道德。第五，要讲“廉”，他们推崇“廉贾”，意思就是取得少，不要囤积居奇。除了被普遍承认的“仁”、“义”、“俭”、“信”、“廉”以外，还有人提出“智”、“勇”、“强”等商业伦理道德规范。

随着现代化的发展和深入，台湾在新的时代继续继承着儒学伦理中优秀的一面；同时，又结合自身实际赋予了传统伦理新的内容。①

① 林毓生．新儒家在中国推展民主的理论面临的困境［C］//政治秩序与多元社会［M］．台北：联经出版事业公司，1989：345－347.

第七章

儒学伦理道德观点

作为几千年来源远流长的伦理思想，儒学伦理思想曾起到过很大的历史推动作用，也曾阻碍过历史的进程。儒学伦理的道德观念有许多，其中自然是精华与糟粕并存；因而，重新挖掘整理儒学伦理思想的现代意义，重新整合人们的经济伦理价值观，古为今用，便显得格外重要。

第一节　天人合德的伦理基础

儒学伦理全面概括了中国传统伦理的总体道德思想。儒学伦理的基础核心理论是“天人合德”思想，儒学把人类社会生活的道德实践看作是本体意义上的客观必然规定。[①]“天”这一绝对意义上的最高本体，是人类社会道德生活的根据。因此，人类社会道德生活就被赋予了绝对性和至上性。

在传统伦理道德中，天人关系是理论的核心前提之一，社会生活的一切道德原则和规范，都必须在天人关系中予以定位。由天人合一而引申出的天人合德，就是确定人得到的本性、人伦秩序、伦理纲常，以至整个儒学伦理的理论道德

① 张宝石．论儒家天人合德思想的伦理意蕴［J］．辽宁工程技术大学学报（社会科学版），2009，11（2）：113－115.

基础。

在儒学伦理中，“天”这个范畴具有上帝神灵之天、命运之天、自然之天和本体之天等多种含义，通常指与主体相对的对象世界，而人则是宇宙间存在的唯一主体。

天与人本来是两个独立的范畴，到殷周之际，二者即在理论形态上有了直接的联系，并一直成为中国传统哲学研究的中心。天人概念的形成本身就说明，人类已经注意到从总体上把握对象世界及其客观必然性，觉察到了人在宇宙间的特殊地位和作用。天人关系的讨论，既反映了人的价值觉醒，又凸显了中国儒学伦理包括传统伦理道德的典型特征。①

儒学伦理中对天人的关系具有伦理价值的思考，在西周初年已经出现。殷商时期，在人们心中，上帝神是宇宙世界中唯一的决定力量，它主宰着世界的一切，王权代表着神权，神权护佑着王权。人们的一切行为都必须遵循上帝的命令，不允许有任何违背。随着商朝政权的腐败，人们对上帝绝对权威的信仰发生了动摇，对天命的绝对性产生了怀疑。文武革命就利用了这种对天命怀疑的情绪，宣扬天命已经不再庇佑殷人，而选择周人来承继天命。天命变革的根据，就在于上帝并非盲目地指定自己在人世间的代表，而是根据人的德行来决定，此即所谓“皇天无亲，惟德是辅”（《尚书·蔡仲之命》）。

“以德辅天”在周初是一个全新的观念，它表明，人们发现在社会生活中，天，并非是唯一的决定因素，人的主观能动性，特别是人的德性能够对人类的社会生活产生重要的影响。易言之，发现了人的独特的价值，人能通过自己的行为感动上天并且是以自己的德性感动上天，这就确定了儒学伦理的天人合一是在道德的基础上的合一。

天人之合本质上是合德。因此，天人合德就是说，天与人具有本质上的同一性，这种同一性的实质，即人的道德与天的本质有着内在的一致性。②

在儒学伦理中，明确提出“天人合一”思想的是战国时期的孟子。他说：“尽其心者，知其性也。知其性，则知天矣”（《孟子·尽心上》）。

“天人合一”的思想能充分地觉悟、发掘、扩展人的本心，这样，人就能认

---

① 唐凯麟，张怀承．成人与成圣［M］．长沙：湖南大学出版社，1999：49.

② 黄彦．孙中山选集［M］．北京：人民出版社，2004：205.

识自己的本性，人只有认识了自己的本性，才能进而把握天的本质。“天人合一”的理论前提的内涵是：天与人在本质上具有内在的同和、统一。因此，“万物皆备于我矣，反身而诚，乐莫大焉”（《孟子·尽心上》）。“万物皆备于我”的真谛在于，人与万物具有本质的同和，“反身而诚”尽心知性，人只有认识了自己的本质，才能认识万物的本质，从而完善、扩充自身的本性。人性之善源于他完整地体现了天的本性，儒学先圣孔子之“人之初，性本善”即源于它的“天人合一”思想之天的本性。现代商业伦理思想的创始人马克斯·韦伯之人性之恶论，体现了人是经济人的思想，孔子之人性之善论则是体现人是一个自然人之思想。从此即可辨出东方、西方文化思想之差异。然而，以上两种截然不同的观点和思想即充分地反映了古今中外东方、西方文化的碰撞和差异。

汉代董仲舒“天人合一”的思想，是“天人合一”的另一种形态。他认为，凡是同类的事物，它们之间都存在着相互感应的关系。天与人同类，故可以相互感应。人依据天的意旨宣传行道，并以自己的行为感应上天，从而获得“天”的庇佑；或者，违背天的意志，遭至“天”的惩罚。他把“天”规定为有意志的人格神，认为“天”按照自己的形象创造了人，并为人规定了社会生活的基本秩序。“道之大出于天，天不变，道亦不变”（《汉书·董仲舒传》）。他认为，三纲五常等道德原则和规范都是天意的直接体现。

当然，董仲舒并没有简单地重复先秦的神学理论，而是利用后来的哲学思辨成果对天做了改造。他认为，天既是具有意志的最高神灵，同时，又以阴阳五行的运动变化作为其现实的表现形式。他就是运用阴阳的矛盾和无形的相生相胜来比附人类的社会生活，论证社会道德的必然性和合理性。比如，他说道：“阴者阳之合，妻者夫之合，子者父之合，臣者君之合。物莫无合，而合各有阴阳”（《春秋繁露·基义》）。

他以阴阳的不同性质揭示人类社会基本的道德关系，以天为人的价值的本原，把人类社会的道德归源于天。① 阴阳互补、阴阳平衡，在大自然中、现实社会生活中比比皆是，比如，有天地合，有江海合，有日月合，有贫富合，有死生合，有德义合，等等。

宋明时期理学的“天人合一”思想是儒学传统学说“天人合一”理论的第

① 唐凯麟，张怀承．成人与成圣［M］．长沙：湖南大学出版社，1999：49－50.

三种形态，它超越了先秦和汉唐时期的意志或形态的合一，而在本性、本质，甚至在本体上论证了天与人在道德上的合一。这一观念首见于北宋时期的张载，他一再强调“天人之本无二”、“天人不须强分”、“天人异用，不足以言诚；天人异知，不足以尽明。所谓诚明者，性与天道不见乎小大之别也”（《正蒙·诚明》）。

“儒者因明致诚，因诚致明，故天人合一，致学而可以成圣，得天而未始造人”（《正蒙·乾称》）。依据这种理解，张载进而提出了“民胞物与”的思想。在他看来，人以天性作为自己的本性，天是人的存在价值的本体根据。人的价值在于：一方面，人性完整而深刻地体现了天性；另一方面，人能够觉悟自己的本性，从而发挥、完善了天的本性，此即所谓“穷理尽形以至于命”。由于理学各派对天的理解有差异，因而，“天人合一”的理论也有种种区别。程朱理学认为，“天人合一”于理。他们把天的本质规定为理：“天者，理也”（《二程遗书·卷十一》）。

天规定了人的本性，作为人的本性的道德就是天赋于人的理，人的价值就在于禀获了天理，人高于动物之处，并非其本性与动物有何不同，而在于人有独具之心，能够觉悟、扩充和完善天赋之理。天是人的价值的本体根据。王守仁讲，人心便是天，他把天的实质规定为心。他强调“心外无物”、“心外无理”，宇宙间的一切存在，无论形而上的道理，还是形而下的器物，都是心的表现。天与人合一于心。他认为，心即宇宙万物的本体，所谓本体，并非任何外在的存有，而是人的主体精神。“天人者天地之心，天地万物本吾一体也”（《传习录》）。

心即本体，凸显了人的价值，把人的价值提升到一个前所未有的高度。可见，儒学伦理“天人合一”的思想，是从天与人混沌未分中发现了人，认识到人可以发挥自己的主体能动性决定自己的命运，并认为这种命运并非人的主观随意性的表现，而是对客观必然性的把握与自觉遵从。这是对人在宇宙中地位和作用的确定和对人的价值的认识，因而，它最终从天人同一，经天、人同构与天人同质落脚到天人同德。宋明理学的天人合德的思想是中国传统儒学“天人合一”学说的成熟形态。如果说，天与人合一于理，是用一种客观必然性来论证人的价值的本体根据，以及社会道德的合理性，那么，天与人合一于心，则是把人的价值直接赋予本体的意义，把社会道德直接提升到本体的高度；尽管二者在理论显示观点上有所分歧，但二者的实质都是对人的价值进行本体论证，为人的价值设定本体论根据，寻找人类社会道德的价值本源。

“天人合德”之所以能作为儒学伦理道德的理论基础，就是因为，这一思想为人类社会道德设定了一个绝对的根据，以证明伦理道德的永恒性和绝对性。天作为本体和本源，在中国哲学中具有主宰的含义，天以不同的形式规定着宇宙万物的运动变化，从而也规定着人类社会的一切；天是宇宙万物存在的根据，也是人类社会道德的客观性与合理性的根据。

因此，中国传统道德哲学便从“天人合一”逻辑中引出一个结论：天是人类社会道德的本源。第一，这个结论阐明了人的道德价值源于天。宋代以前，传统儒学对人的道德价值的评价主要有如下几种观点：①人天生具有至善的道德价值。孟子是这一观点的开创者。②人的本性具有恶的价值，其善是后天获得的。荀子是这一观点的主要倡导者。③人没有统一的道德价值，有善有恶，可善可恶，没有人能无善无恶。不同的人具有不同的道德价值。其中，最基本的是孟子和荀子的观点，他们对中国传统伦理思想的影响最为深远。但是，他们却存在理论上的缺陷：孟子的性善，肯定了人先天具有至善的道德价值，却无法说明为什么人有恶；荀子倡性恶，指出了恶的根源，却未能解释具有恶性的人为何不可以向善。宋明理学对这两种观点进行了综合改造，提出了一种人性二元论。他们认为，人性包括两方面内容，是自然属性和道德属性的统一。天地间人与万物皆一气氤氲所化，气以形成，理以赋性，故人既有气质之性，又有义理之性或天地之性。气质之性是恶的根源，而义理之性则至善无恶。“形而后有气质之性，善反之则天地之性存焉。故气质之性，君子有弗性者焉”（《正蒙·诚明》）。这就是说，只有义理之性才是人的本性，气质之性是构成人性的组成部分，但它绝非人性的本然。由此，宋明理学家坚持了性善论的传统立场，同时，又说明了人性恶的可能性之根源。

根据这种理论，人性之所以具有至善的道德价值，不是因为它有着仁、义、理、智等道德内涵，而是因为它体现了至善的天理。《易传》讲的“继善成性”得到理学家的充分发挥，他们指出，所谓“一阴一阳之谓差，继之者善也，成之者性也”，就是讲，人的道德价值、人性之善本于天道之善。我们观察到，现代社会中的人性之恶，是因为没有得到后天的天道之善。

第二，这个结论阐明了天为人类社会的道德之本。宋明理学家以理释天，认为天即理，天是宇宙万物的本体和主宰。朱熹说：“二气五行，天之所以赋受万物而生之者也。自其末以缘本，则五行之异，本二气之实；二气之实，又本一理之极，是合万物而言之，为一太极而一也。自其本而之末，则一理之实，二万物分之以为体，故万物之中各有一太极”（《周子全书》）。朱熹在这里讲的“太极”也即总天地万物之“理”，他认为，一物有一物之理，总天地万物又只有一理。通俗地说，理规定着天地万物的本质，万物之理是本体之理的具体表现形式。

作为本体，客观必然的天，同时规定了宇宙万物运动变化的基本程序。在自然界，天表现为事物生长、变化、运行的一般规律；在人类社会，天则表现为社会生活的基本程序和基本原则。因此，“理便是仁、义、礼、智”（《朱子语类》（第82卷））。“未有这事，先有这理。如未有君臣，已先有君臣之理；未有父子，已有父子之理”（《朱子语类》（第95卷））。人类社会的道德原则先于现实的道德关系而存在，确切地说，人类社会的道德关系和道德原则是按照本体之天的精神实质建立起来的。

第三，这个结论阐明了天为个人的道德之本。根据“天人合一”的理论，宋明理学强调，不仅人道德的本性，而且人的现实的德性都以天为本。所谓德者得也，内得于已，外得于人，其实质就是得道。得道多助，失道寡助，即出此意。按照王夫之的说法，即“行道有得于心之谓德”（《读四书大全说》(第5卷)）。“德者得也，有得于天者，性之德也；有得于人者，学之德也”（《读四书大全说》（第6卷））。学之德是“知道而力行之”，即在道德实践中把外在的规范转化为内在的品德；性之德则是对“所性之中”的“知、仁、勇之本体”及自我本性中的道德本质的体悟和肯定，具体来说，就是仁、义、礼、智等善性的发现与扩充这一过程，也就是“从德凝道”、“继善成性”的实现。在宋明理学看来，道德并非个人的所有物，更不是主观随意性的表现，道德反映一种人类社会生活的客观必然性，这种客观必然性就是本体、主体的实质在人类社会生活中的表现。因此，个人的德性并非单一个人的所有物，而是对本体之天的伦理精神的觉悟与认同。

中国古代儒学伦理的“天人合德”、“天人合一”，即从主体与本体的合一的角度，对传统道德做了本体的论证，为人的价值和道德设立了一个本体的根据，把天确立为价值和道德的本源。这一学说不仅对传统道德的客观性、必然性与合理性进行了充分的论证，而且把传统道德思想的思辨层次提升到一个新的高度。这一学说，具有深刻的伦理蕴涵。第一，这一学说对人的价值根据和道德本源问题给出了鲜明的回答。人的价值有没有客观的根据，道德是否需要本源，这是一个极富理论意义的伦理学问题。人为什么有价值、有什么价值，需要有一个评判的标准；没有一个标准，价值规定必然带有极大的随意性，就会失去客观性和可比性。同样，道德为什么能够成立并成为人内在的需要，也必须有其理论的根据；否则，道德就会变成一种纯粹的工具。传统道德思想强调天为德之本，在理论上有许多缺失，但却启迪了我们对这一问题的进一步思考与回答。第二，天为德之本，强调了道是必然的觉悟与发展。例如，众所周知，道德是生活中的“应然”，道德高于生活中的“自然”和“实然”，道德是对“自然”和“实然”的完善。那么，“应然”高于“自然”与“实然”的根据何在？显然，这根据不能是任何学者对某一道德体系的肯定或推崇，而只能内在地存在于“自然”与“实然”本身之中。“应然”之所以与“自然”和“实然”不存在根本的冲突，就是因为它们在本质上是有根本的一致性的。确切地说，“应然”揭示了“自然”与“实然”所内含的“本然”；易言之，“应然”是对“自然”与“实然”内在之“必然”的觉悟与发挥。因而，“应然”本质上是对“自然”与“实然”的完善。清初的戴震就已明确指出：“自然之与必然，非二事也。就其自然，明之尽而无几微之失焉；是其必然也，于是而后无憾，于是而后安，是乃自然之极则。若任其自然而流于失，转丧其自然，而非自然也。故归于自然，适完其自然。”① 传统儒学道德学说的这一思想，应当说是相当深刻的，也是其精华之所在。

“天人合德”作为儒学伦理的理论基础，即儒学伦理道德的全部学说都建立在“天人合德”的基础上，无论道德原则、道德规范还是道德实践或道德修养，都以“天人合德”为根据，都必须从“天人合德”来理解。

第一，儒学伦理的整个理论体系都是根据“天人合德”的理论确立的。儒学伦理认为，人类社会的伦理道德本源于天，是天的本质属性在人类社会生活中的表现。《周易》中说“生生之谓德”（《周易·系辞上》），天作为宇宙的本源，在其永不止息的运动变化中繁衍万物，使整个世界呈现出和谐的秩序，以保证万物的生生不息，故上天有好生之德。人类社会作为整个宇宙的一部分，其基本的秩序也由天所规定。然而，人类又和所有其他存在不同，并非盲目、消极地接受

① 戴震．孟子字义疏证［M］．北京：北京图书馆出版社，1975：56.

上天的安排，不是与天混沌未分的自然同一，而是能够发挥自己的主体能动性，认识和把握天的本质，自觉地顺应天，积极主动地按照天的根本秩序建立人类社会自然的秩序，即根据天道来建立人道。孔子讲“唯天为天，唯尧则之”（《论语·泰伯》）。

孟子把仁、义、礼、智等道德原则称之为“天爵”。孟子曰：“有天爵者，有人爵者。仁、义、忠、信，乐善不倦，此天爵也；公卿大夫，此人爵也。古之人，修其天爵，而人爵从之。今之人，修其天爵，以要人爵，既得人爵而弃其天爵。则惑之甚者也，终亦必亡而已矣”（《孟子·告子上》）。他认为，诚者天之道，思诚者人之道，人道（即人类社会伦理道德）就是效法天道而确立的。

董仲舒以天人同类论证天道为人道的根据，把作为人道的伦理道德直接归之于天帝的意志。宋儒则将天解释为“理”，强调天理既是存在的本体，是宇宙万物存在、发展、变化的根据，同时又是人类社会的伦理道德的基本原则。仁、义、礼、智之理，我心中因有之理，也是天地万物共有之理。伦理道德就是天理，是天理在人类社会生活中的具体表现形式。这样，其一，作为人类社会基本秩序和行为规范的道德纲常，是天经地义的，是天之大常即天的运化的客观必然性，和地之精义即地的生长发育的精神实质的深刻体现，因而，它是一种天定的秩序和天定的和谐。其二，人类的社会生活和一切行为都是以天为最根本的法则。君臣、父子、夫妇、兄弟等基本道德关系就是根据天之经地之义来确定的，因此，处理这些道德关系的最基本道德要求，也就直接反映了天地运化的本然秩序。其三，人的道德情感以及由此而产生的道德行为也是以天的气化为根据的。维护社会正常秩序的刑罚威狱、祸福赏罚，即针对人们产生于元气的好、恶、喜、怒、哀、乐而设立的。其四，人类社会道德效法天的“生殖长育”，体现了天的生生之德，符合天的本性，因而维持着社会最稳定、最和谐的秩序。

在儒学的伦理思想体系中，人道本于天道，人性本于天性，人之德本于天之德。儒学伦理理论的整体框架，都根据“天人合德”的观念予以确立，“天人合德”的观念贯穿着儒学伦理的各个理论部分。实际上，人类社会的伦理道德是现实社会生活的反映，而不是某种绝对观念的表现。儒学以“天人合德”来构筑其伦理道德体系，其思辨逻辑是从现实社会生活中抽象出伦理道德的基本原则，把这些原则上升到天（即本源和本体）的高度，然后，再用它来论证人类社会伦理道德的合理性与绝对性，为伦理道德寻找一个客观的绝对根据。在此意义上，天，本身实际上乃是现实社会伦理道德原则的理论抽象，它与人的合德已被预设在其理论前提之中。

第二，“天人合德”的观念确立了人在宇宙间的主体地位，凸显了人道独特的道德价值。“天人合德”从一方面说，是指人道本于天道，人类社会的伦理道德是以天为根据，道德的价值以天为本源；从另一方面说，只有人才能够与天地合其德，与日月合其明，与四时合其序，与鬼神合其吉凶；换句话说，宇宙间只有人才具有道德的自觉和主体的能动性。所谓“合”不仅仅是指天对人的规定，更重要的是，它还确定了人对天的积极顺应。

在儒家学说中，“合”绝非消极的遵从，而是在认识和把握了天的本质之后运用必然性为人类自身服务的一种积极努力。所以，儒学强调人为万物之灵，天地之间人为贵，宣称自然者天地，主持者人。这就是说，在承认天道必然规律不可违背的前提条件之下，也承认了人类可以发挥自己的主体能动性，认识天道之必然，并自觉地运用它为人类自身服务，成为自己的主宰。

儒学伦理认为：天与人有着密切的相关性，人以天的本质作为自己的本质，根据天道而确立人道。天与人，或因同类而相互感应，或因同构而相互贯通，或因同质而相互和谐。由于人在宇宙间具有独特的主体能动性，因而能够认识、把握天道，并主动积极地遵从天道，根据天道来确立人类社会自身的根本原则和行为规范。在这种意义上，儒学“天人合德”的学说凸显了人的主体能动性（在儒学的观念中，它主要是人的伦理道德属性，把人规定为道德的存在，激励人们充分发挥自己的主体能动性，把握天道），实现了人与天的和谐统一。

“立天之道曰阴与阳，立地之道曰柔与刚，立人之道曰仁与义”（《周易·说卦》）。此即所谓天、地、人三才之道，它揭示了天、地、人的基本关系。人与天地处于对立统一之中，人既法天立道，又贯通天地而为天地立极，也就是说，人类的道德本源于天，人的价值就在于他能觉悟天、地、人的本质，在贯通天地的对立统一中形成最合理、最稳定、最和谐的秩序。人的价值就在于他是宇宙中唯一的道德主体，能够与天地相生。

儒学伦理认为，人存在于本体，本性的同一不仅仅是一个存在的事实，更是人的主体性自觉活动。唯穷理，方能尽性、觉悟、理解天的本性。宇宙间唯有人才能够穷理，从而尽己之性、尽人之性、尽物之性、尽“天”之性。换句话说，人类只有把向天道的复归看作是伦理道德的终极追求，才能够在尽己之性的同时尽人之性、尽物之性、尽“天”之性，实现人与万物，乃至整个宇宙的共同完善；人只有超越自我的局限，复归于天道本体，才能实现生命的终极价值与永恒。

在中国传统伦理道德中，道家和佛教也宣扬主体存在与本体之性的合一。例如，道家讲“全真保性”、“返璞归真”，人的价值实现最终也复归于本体大道。佛教讲，“明心见性”、“涅槃成佛”，生命的永恒价值也在于真如本体。①

然而，他们讲的本体都是一种外在的、绝对超越的存在，与现实生活，乃至于人的现实存在着根本的隔绝与对立，人的德性完善与价值实现属于一种外在的超越。而儒学讲的本体，则是现实社会生活的抽象，是社会道德根本原则的理性思辨概括。人与本体的同一是生活实质的本质同一，人的价值实现与德性完善实质上也是社会本身的完善；或者说，是人的自我完善，走的是内在超越之路。此外，儒学伦理对“天人合德”的深入探讨，是在探讨天人之间的伦理关系，认为天与人之间相互联系、相互作用、相互促进、相互依存。儒学伦理强调天人之间的有机联系、和谐统一，反对把人与“天”相互割裂、对立起来。

因此，儒学伦理不仅把对象世界看作是人类生存和发展的客观物质条件，更把对象世界规定为人存在的一个部分，是人的本质的现实表现。儒学伦理认为，人类在宇宙间的使命并非为了自己的一己私利私欲肆意地征服、掠夺自然界，而是要深刻理解宇宙万物的本质，尽自己最大的努力完善我们生存于其中的自然界，实现人与自然的和谐，共生共存、共同发展。

儒学伦理要求人们在处理人与人之间的关系时，在处理人与自然界之间的关系时，不仅要超越小我之私，而且要超越人类的一己之私，把人的生命价值及其完善同整个宇宙的发展与完善融合在一起，在宇宙的完善与永恒之中实现人的生命的完善与永恒，表现出了一种高尚的伦理精神和博大的道德胸怀。因此，儒学伦理“天人合德”的学说，强调天与人之间的相互统一、相互规定，以这种思想为基础建立起来的伦理道德体系，既包含有把伦理道德看作是人类社会之外独立的、绝对的先验原则的唯心理论错误，又包含着许多合理的积极进步因素；这些合理的积极进步因素是被当今人类社会所验证的，是科学的、合理的。

儒学伦理的“天人合德”的理论，规定了人类社会的道德本体根据和价值

---

① 张怀承．试论中国传统文化三教互补的伦理精神［J］．新华文摘，2000（12）：51－53.

本源。儒学伦理认为，人与天地万物具有共同的本质，尽心可以知性知天。按此思维方式，要认识天地万物的本质，不必向外寻求，而只需反身内省；道德并非某种外在于人的规范，而是人的固有本性和内在需要，因此，道德思维并非遵循某种既定的外在原则，而是尽心、扩充本心，即把自己本性中固有的道德推广于外，在与对象的关系中获得其现实性。

第二节 推己及人的思维模式

孔子在建立自己的学说体系时，就已经提出了推己及人这一思维方法。其弟子曾参把推己及人概括为“忠恕”，推己及人的基本精神就是孔子说的“己欲立而立人，己欲达而达人”。“己所不欲，勿施于人”（《论语·雍也》）。此即后儒所说的“忠恕之道”，用今天的话说，即在处理人际关系时要设身处地地为他人着想，即要做换位思考，像对待自己一样对待他人，即帮人如帮己、害人如害己、损人不利己。后来朱熹把推己及人解释为“尽己之谓忠，推己之谓恕”。尽己是推己的前提，正己然后能正人，自性善，然后能与人为善。在现实生活中和现代企业实践中，亦是如此。要想受到别人的尊重，首先要尊重自己、尊重他人。自性善，即心自正、心自诚、心自信，方能与人为善，方能坦诚地交流、沟通、合作。因为，在现实生活中，自己所肯定的东西、想要的东西并不一定应该或能够推及于他人。该不该推，能否推，需要有一个适当的标准，这个适当的标准不仅要符合自己的需要，更要符合企业组织的需要，也要符合社会的道德原则。因此，推己必然要求尽己。而所谓尽己，就是端正自己的道德立场，提高自身的道德修养，培养健康的道德情感，且符合企业组织的伦理道德标准，是情之未发皆中正不二，做到了这一点，才能使情之已发皆中于节，即，使所推之情符合企业道德。另外，推己是尽己的目的。儒学伦理与道家不同，儒学伦理不追求独善其身，而主张兼善天下。儒学伦理以人的完善为道德修养的最终目的，儒学伦理认为，人的完善并非仅仅是对自己本真之性的觉悟，而在于人的价值的实现，特别是社会价值的实现。所以，检验一个人是否真正有道德，不是看他说得如何，也不看他律己是否严格，而是看他能否将自己内在的道德扩充于外，即按照自己完善的本性去对待他人。在现代企业中，一个人只有把自己的德性付诸于实践，使自己的一言一行都符合道德，能够给企业、他人和社会带来利益，才实现了自己的道德价值，也才称得上道德完善。

正是根据推己及人这一思维模式，儒学伦理要求人们像尊敬、孝顺自己的父母一样尊敬他人的父母，像慈爱自己的子弟一样爱护他人的子弟；同时，将“仁”解释为“亲亲”，将“义”解释为“敬长”，认为仁、义、礼、智、信等道德并非由外铄我，而为我固有之。它们就是每个人本性中都具有的恻隐、羞恶、恭敬、是非等仁、义、礼、智的“善性”，只要把它们从本性中发挥出来，就显现了人性之善。①

按照这种思维方法去认识人类社会的伦理道德和协调企业的伦理道德，一切道德和善行都被看作是人的本性的引申，道德修养的实质是发现、觉悟和保存自己至善的本性，而道德实践的实质则是扩充自己的本性，把自己固有的德性施之于他人。因此，忠恕之道的实质即按自己的本性，从而按照人的本性处理人际关系，以实现社会生活秩序和企业经营管理的和谐。所谓道德就是以内德于己的本性之善而外施于人。

但是，任何人作为一个单独的个体，都有着不同于他人的特殊的利益和需要，他的志趣、学识、修养、爱好，乃至喜怒哀乐、好恶欲，都带有鲜明的个性特征。在此意义上，任何人都没有理由把自己的利益和需要强加于人。更何况人以及人的行为都有善恶之分，对于恶人恶行，不仅不能加之于人，而且应予以坚决地拒斥。所以，儒学伦理强调推己及人者只能是指推及自己的本性。然而，在现实生活中，人性也有善有恶，人的本性中所固有的东西并不一定都具有善的价值，因而，不一定要推之于人，而推己及人则是把人性中固有之理推之于他人，按照天理的要求处理人际关系，根据天理的原则对待自己和他人。

儒学伦理推己及人的思维模式要求人们在处理人际关系时取譬于己，要求人们待人如己，以对待自己的行为模式作为对待他人的行为模式。即以自己的本性作为行为取舍的标准。孟子由亲亲敬长引申出仁义道德，主张“亲亲而仁民，仁民而爱物”，提倡“众乐乐”，反对“独乐乐”（《孟子·尽心上》），要求人们以

---

① 唐凯麟，张怀承．成人与成圣：儒家伦理道德精粹［M］．长沙：湖南大学出版社，1999：63－64.

爱己之心爱人，以律人之心律己，并且以“尽心”扩充本心的形式，对推己及人的思维模式做出了初步的理论阐释。可见，推己及人的道德思维模式有一个理论的预设：每个人都具有相同的、至善的道德本性，可以推、能够推，而且必须推。王守仁认为，推己及人的标准和根据不是由外部植入，而应当是由内部发生，是纯乎于己者。因此，针对程派朱熹学说的缺陷，王守仁建立了“致良知”的学说，把人的良知作为推己及人的标准和根据。这是儒学伦理推己及人的思维方法的第二种含义和表现形式，其推己及人的要求是将心比心。

儒学伦理“致良知”的思想将推己及人改造为良知的推演，与孟子“尽心”的思想一脉相承。在王守仁的思想中，推己及人所推的己，已不是个人的喜怒哀乐好恶欲，也不是外在于人的绝对戒律，而是人人先天固有的道德良知。

正因为每个人都有绝对至善的道德良知，人们才可以在社会生活的人际交往中推己及人，使人的伦理符合道德良知的规定。因此，在道德生活中，每个人都必须按照自己的道德良知行事，而不必崇尚、迷信任何外在的权威，人们的行为只有一个标准，那就是自己的道德良知。每个人都是自己的主宰，同时，也是天地万物的主宰，这是一种主体为客体立法的思想。它告诫人们在处理人际关系时，要讲良心，凭良心办事，为人处世时应时刻反省自己，将心比心，不怨天尤人，主动积极地扩充自己的良心。根据这种理论，推己及人不再是其种外在绝对的被动依循，而是人的自我完善的内在自觉。①

儒学伦理以情絜情是推己及人的第三种内涵或表现形式。所谓“絜”，本义为用绳子计量圆形事物的粗细，后引申为衡量、度量、推度。以情絜情，就是在处理人际关系时以人人共有的感性情欲作为行为的出发点和根本原则，以己之情推度他人之情，根据自己的需要认识和理解他人的需要，像满足自己的需要那样满足他人的需要。然而，就推己及人的本意而言，它的本意是承认人类有着共同的利益和需要，并且有着满足这种利益和需要的同等权利，因此，在处理人际关系时，应当像对待自己一样对待他人。

孔子讲立人达人，主要是满足人的实际需要，故孟子强调“好利”、“好色”、“好货”要与民同好，就是要求人们以爱己利己之心爱人利人。《韩诗外传》对忠恕的解释，就与宋儒有很大的区别。韩婴说：“己恶饥寒焉，则知天下之欲衣

---

① 唐凯麟，张怀承．成人与成圣：儒家伦理道德精粹［M］．长沙：湖南大学出版社，1999：68.

食也；己恶劳苦焉，则知天下之欲安佚也；己恶衰乏焉，则知天下之欲富足也。如此三者，圣王之所以不降席而匡天下。故君子之道，忠恕而已矣（《韩诗外传》）。”这种思想是儒学伦理推己及人思维模式的积极内容，正是根据这种观念，儒学伦理强调王道、天理本于人情，要求人们在实际交往中将心比心。

所以，当宋明理学将元典儒学的德性主义倾向发展为禁欲主义思想之后，一直受到开明思想家的纠正和批评。在程朱理学倡导“存天理灭人欲”的思想之后不久，胡宏就提出“天理人欲同行异情”，认为二者并不绝对对立，后来不少学者对他的这一思想进行了进一步的论证和发挥。明代中期的李贽甚至认为“穿衣吃饭即是人伦物理”（《焚书·答邓石阳》）。这种与宋明理学相对立的思想路线，到清初的戴震那里就被概括为“以情絜情”的学说。

以情絜情的道德主张是对元典儒学推己及人思想中所包含的平等意识的积极发挥，它要求做到天下无不遂之情，无不达之欲，从而使“情得其平”，这个“平”就表达了初步的平等思想。戴震指出，在合乎道德的前提下，每个人都应当以同样的态度对待自己和他人，公平、公正地处理人的情欲矛盾。“遂己之欲，以思遂人之欲，而仁不可性用矣；快己之欲，忘人之欲，则私而不仁。”①

当然，他讲的“平”还不是现代意义上的公平、公正，而是将心比心，视人如己，仍然属于传统的忠恕之道。故戴震又说：“圣人顺其血气之欲，则为相生养之道，于是视人犹己则忠，忧乐于人则仁，出于正而不出于邪则为义，恭不侮慢则礼，无差谬之失则智。曰忠恕，曰仁、义、礼、智，岂有他哉!”②

戴震以情絜情的初步平等思想，是儒学伦理推己及人的思维模式、积极精神的集中表现。正是根据这种思想，他极力批判“存天理灭人欲”的禁欲主义道德学说。戴震的以情絜情学说是近代启蒙思想的先声，是基本合理满足每个人的情欲的道德社会学说。总之，儒学伦理推己及人的思维模式，把主体看作是道德行为和道德关系的原点，要求人们根据自己的道德本性决定行为的方式，要求人们在处理人际关系时将心比心，把自己固有的德性或自然、合理的感性需要推及他人，以使自身的德性获得其现实性，实现自己的道德完善。

推己及人这一思维模式的积极因素，在历史的发展中，积淀为中华民族设身

---

① 戴震．原善（下册）［M］．上海：世界书局，2009：10.

② 戴震．孟子字义疏证［M］．上海：世界书局，1982：59.

处地地为他人着想、与人为善、先人后己、宽人严己的优良品格。①

儒学“天人合德”的伦理思想把整个人类，乃至整个宇宙看作是一个有机的整体。道德是世界的本质和根本秩序，人和个体存在，都是这个整体中的一分子、一个环节。根据这种理解，儒学伦理在处理人类的社会关系时，强调以整体为本位，认为个体的价值只能体现在整体之中。确切地说，个体只有把自己融入整体，才能实现自己的价值。在此意义上，全部儒学伦理理论都是为了论证个体必须服从整体，整体的利益绝对高于个体的利益；个人必然归属于关系，只有在特定的关系中才能确定自己的存在，才能明确自己的责任和义务，才能成为真正的道德主体，实现个人的道德价值。

第三节　儒家仁学的核心价值

自从孔子创立儒学之后，他提出的仁学便成为儒学的核心内容，后儒从不同的层面发扬、完善孔子的仁学，不断进行理论建构与提升，凸显了其中所蕴涵的伦理精神，逐渐形成了完整的理论体系。在漫长的中国古代社会，仁学不仅是社会上占主导地位的意识形态，也是社会道德生活的指导思想，还是中华民族一般价值观念形成的理论依据。因此，儒学伦理思想不但影响了中国古代社会生活的发展，还形成了中华民族精神的显著特点，至今仍然在不同程度上制约着人们的行为方式、价值观念。

在儒学伦理思想体系中，人性论占据着十分重要的地位。同西方思想家不同，从早期儒家到历代后儒，在人性问题上他们所关注的不是人性的本体是什么，而是人应当怎样认识自己，人怎样才能实现人之为人的价值。因此，他们致思的取向集中于人性的价值判断上，即所谓人性的善恶问题。自孔子提出“性相近也，习相远也”（《论语·阳货》）的命题以后，孟子学派在孔子的“性相近”的思想基础上，提出了性善论的人性学说；荀子学派在孔子的“习相远”的思

① 唐凯麟，张怀承．成人与成圣：儒家伦理道德精粹［M］．长沙：湖南大学出版社，1999：71－72.

想基础上提出了“性恶论”的主张。

孟、荀两派的人性理论奠定了儒学人性善恶双重设计的基础。后儒在人性问题上虽然提出了各种各样的主张，但始终没有超出这种人性善恶的双重设计的理论格局，其理论主张都旨在弥合两者的理论偏颇，认识和统一两者的关系。一直到宋儒二元论，即义理之性与气质之性提出的时候，可谓从理论上解决了这个问题，但其禁欲主义的倾向又引起了明清之际思想家的激烈反对，因而，这些思想家进一步探讨了成性和成身的关系问题，强调人的道德上的完善和人的物质生活合理满足的不可分割性。

总之，儒学伦理人性善恶的双重设计理论及其历史发展的轨迹，虽然本质上都是一种抽象的人性论，但是，在这种人性论背后所蕴含的深层意义是：人的社会属性和自然属性，人的社会关系、意识形态同人的生理本能、物质生活欲求的关系问题。儒家的人性论曲折地表明，人只有在道德化的过程中才能实现人之所以为人的价值，人也只有在实现其社会价值的过程中才能实现其作为个人的价值。这种思想，虽然打上了农耕宗法自然经济的深刻烙印，本质上是为巩固封建统治秩序设计的，但是它又毕竟历史地反映了人对自身价值的积极探索，和人对自身人格提升的积极追求。

自从人猿揖别之后，人类就开始思索自己是怎样的存在，人的本质是什么，人应该怎样认识自己，如何实现人之所以为人的价值等问题。中国历史上的人性论，就是对这些问题的理论反思。人性问题的提出，乃是人类对自身的觉悟，即把人作为天地间一个独特的族类，并且在分析问题时以此为前提。从人类诞生到觉悟自身的独立，经历了一个漫长的历史过程。在人类早期的相当长的一段时期，我们的远祖还是自然界盲目必然性的奴隶。直到殷商时期，人们仍被至上的天帝主宰，在它的奴役下生活，对自身的力量缺乏应有的自觉，从朝政大事到播种、出行，都要以某种神秘的方式询问上天的旨意。到西周初年，周公以“敬德保民”修改天命，提出“以德配天”，开始注重自身的能动性。历史进入春秋战国时期，随着当时社会的动荡和奴隶的解放，人的力量和作用被凸显出来，人对自身独立性、自主性、能动性的认识与要求也就越来越高。这种历史性的变化反映到理论上，于是，就有了对于人自身本性认识的人性论的提出。

孔子是儒学伦理的开创者，也是首先关注人性问题的思想家。他提出的“性相近也，习相远也”的命题，开启了儒学人性论的研究。他认为，人的本性本来相似相近，不存在本质的差异，只是由于后天环境的不同影响，才出现了人性的种种区别。孔子肯定了人具有共同的本性，并认为人性是可以改变的，但是，他并没有对人性做出具体的阐述。

儒学的人性理论是为了回答善恶的来源问题，通过对人的本质的规定寻找道德的内在根据。实际上，善恶作为人们的一种价值判断，是人类根据某种原则而制定的道德标准，它根源于现实的社会生活和历史发展的客观必然性。因此，人性的善恶问题是个后天判断，儒学的德性主义人性论是一个先验的命题。

然而，这种理论在现实道德生活中却并非是空洞的假设，它为儒学的道德学说提供了理论的基础。正是从对人的本性的这种基本认识出发，儒学把仁义看作是道德的基本原则，把追求人性的道德完善看作人类一切道德活动的终极目的，坚持成性与成人的统一。

孟子首先提出人性修养问题。他的养性方法主要是“存心”和“寡欲”。所谓“存心”，即保存固有的道德本心，启迪道德自觉，并进而把这一内在的道德心扩充，以完善自己，并推衍到他人。所谓“寡欲”，就是限制自己的物质欲望。由于他以仁、义、礼、智为人的本性，因而，他认为，人要达到道德完善，就必须追求道德理性的充实与光大，而不能追求物质上的享乐。相反，感官自然欲望的膨胀将会对坚持道德理性的命令造成妨碍；人之所以有道德，在于自觉地用道德理性来制约自己的感性欲望，从而在根本上把自己和完全听命于欲望冲动的动物区别开来。荀子虽然对人性有相反的评价，但是在成性问题上却与孟子一样，荀子强调以道德制约人的物质欲望；不过，如前所述，他不像孟子那样强调道德修养的自觉性，而较为注重道德教化的必要性。孟子主张的人性修养走的是自律路线，而荀子主张的人性修养走的则是他律路线。

宋儒的人性二元论对善恶的根源的解释比孟子和荀子的人性论更加圆满，而在人性修养上面却与孟、荀的理论没有根本差别，都是强调以善的道德理性来遏制、消灭可能从自然感性中产生的恶。张载提出变化气质，他认为，人虽有天地之性与气质之性，但是，君子不以气质为性，而以天地之性为本性，通过变化气质来复返于天地之性。由于人性具有二重性，因而其后天发展也有两种不同趋势，“上达反天理，下达存人欲”（《正蒙·诚明》），反天理即复返、保存天地之性；存人欲就是屈从人欲，使人受气质的役使，将会妨害天理。因此，要成就至善的人性就必须寡欲，“学者要寡欲”，克制自己的私欲，不以嗜欲蒙蔽其本心，使气质始终受义理的统率。

人是自然存在和社会存在的统一。人的本质，不能离开其自然性却绝不等同于其自然性，而在其社会性。人高于动物的地方、人的本性的完善就是不断地以人类文明克服其自然性，使人的自然属性成为属人的属性，说得通俗一些，就是对人的自然属性进行规范和制约，其中就包含着道德的制约。在此意义上，宋明理学提出的人性修养理论有其合理因素，但是，在理论上又有着难以掩饰的错误：第一，它把人性看作先天命定的，成性实际上是复性，具有道德宿命论色彩；第二，它把天理、人欲绝对地对立起来，对人的感性欲望给予了否定的评价，导致了禁欲主义学说的泛滥；第三，它只注意成性过程中的精神超越，忽略了现实生活对人的本质完善的影响，偏重于观内心的道德修养，轻视客观的道德实践。

成性即是成人，人性的完善即是人的完善。儒家学者尽管提出了各种各样的人性学说，但都是对人的完善的必要性、可能性、内在根据和现实途径的探讨。虽然他们的学说有着种种差别，但却都包含着对人格理想的理解、设计与追求。所谓人，指人在世界中的位格，是人之所以为人的格式和标准，是人生形象的综合描述。伦理学上讲的人格，则指一个人做人的尊严、价值和品格的总和。

儒家以道德作为人的本根，追求人的道德完善，他们设计的理想人格，即是道德完善的人。由于道德境界的差异，因而，儒学伦理的理想人格有君子、豪杰、圣贤三个不同层次，他们都是人生的典范，反映了儒学的道德追求。道德作为一种社会意识，它并非纯粹的抽象思辨，而是一种实践理性。任何道德，只有在实践中得以贯彻，它才能发挥规范人的行为、调节人际关系、完善人的本质的作用。

儒学伦理十分注重道德的实践，把“德”规定为“行道有得于心”，要求内得于己，外施于人，在道德实践中促进人与社会的完善。① 因而，儒学伦理以正心、诚意、修身为本，而以齐家、治国、平天下作为道德实践的基本纲领和目的，形成了尊德重行的优良传统。

道德是人类把握世界的一种特殊的方式，因而，它首先便表现为知识形态，是对客观世界的“应然”存在所做的价值判断体系。这就需要人们积极探索客

① 车载．论孔子的“为政以德”［J］．哲学研究，1962（6）：68－80.

观世界的“实然”存在中所蕴含的“必然”关系，从而在“必然”中去把握“应然”。但是，道德又并非单纯的知识，或者说，道德不仅仅是一种精神意识，不能在意识领域内实现它对客观世界的价值判断。“应然”不等于“自然”，它需要主体通过实践活动去实现自己的价值判断，并且这种价值判断本身就是人们在生活实践中对客观对象的感受的反映。因而，道德又总是具体表现为人们行为的道德选择、道德评价、道德修养、道德教育等实际活动。这就说明，道德包含着知与行两个方面，是知与行的矛盾对立统一。

儒学伦理认为，道德实践包括正己与施人两个方面。正己是施人的基础，推己及人首先要求行为主体自身有完善的道德品质。只有己正，才可推之于人。否则，己不正，所推于人者便会与道德相违背，不仅于人无益，反而害人害己。但是，儒学伦理从不以修身正己为道德实践的主要内容和根本目的。道德之所以有价值，即在于它有利于他人和社会。因此，道德实践的本质在于施人，施人是正己的目的。

孔子说，“修己以安人，修己以安百姓”（《论语·宪问》），即表达了上述思想。在此思想的指导下，儒家以积极的入世态度、昂扬的进取精神，倡导经邦济世，把道德落实到个人生活和社会生活的实践之中。从根本上说，道德的最大价值即在于维护社会整体利益，促进社会的发展与完善。儒学的一切道德理论活动和道德实践活动都以此为最终旨归。儒家反对道家独善其身的避世，更反对佛教超越现实的出世，而主张积极入世，把道德贯彻于现实社会生活之中，并在道德实践中实现道德的价值，完善社会，完善自我；儒家强烈的道德责任感和时代使命感，较鲜明地体现出道德实践的理性。

儒学伦理的核心是价值目标或价值取向，是其整个思想体系的出发点和落脚点，或者是其看待问题、处理问题的基本态度和立场。以下几个方面的内容都属于儒学伦理思想的核心价值的具体体现。

第四节　崇道尚德的思想素质

儒学伦理崇道尚德的思想素质，是儒家伦理精神的反映。在中国传统文化的三大主要内容——儒、释、道各家的学说中，佛家追求的是对世俗社会的超越，对现实生活持否定态度，而以彼岸世界为完善的境界；道家追求的是个人的精神自由和人格独立，对现实生活采取逃避的态度；释家、道家或主张出世，或主张避世，都否定现实的生活。而儒家则主张积极入世，把个人完善与社会完善统一在一起，因而，儒家以道德为安身立命之本，崇道尚德，追求现实生活中和现实社会中的道德完善。儒家伦理的这一基本的倾向虽然在本质上是空想的，但是，其所包含的积极的思想因素，却孕育了中华民族崇道尚德的思想素质。儒学伦理崇道尚德的思想素质，反映在行为选择上，就表现为明义重公的行为价值取向，即以道德作为判断行为价值的最高尺度。

儒学伦理认为，道德是人的重要本质属性，儒学伦理对人在天地间的存在给予了积极的评价。自孟子倡导“性善论”以来，尽管历史上曾经出现过性恶论，性三品论，性、善、恶混合论等主张，但是“性善论”一直占主导地位。为人的本质属性，是人与动物相区别的根本标志。正是因为人有道德，才使得他高于其他事物；因此，道德并非外在于其他事物，道德成为宇宙间最完善的存在。道德并非外在的强制，而是人的本质需要，是人的本性的自我发展、自我完善。仁、义、礼、智、信并非外化于人，而是人之固有的。这是人的本心，义理之性就是气质之本性。这就为人的道德完善设定了内在的根据，凸显了道德理性，促进了人的道德自觉。

以道德为人的重要本质属性，仅表明对道德的尊崇，还只是对人的存在的积极肯定。这种思想特质，与西方文明凸显的精神有着鲜明的区别。西方基督教文化对人的存在和现实生活给予了否定的评价。基督教的“原罪说”渗透到人们的思想深处，认为人一生下来就有罪，这种罪是由人类始祖遗传下来的“原罪”，生活中任何人都无法摆脱它的困扰，人活着的目的就是为了赎罪，只有上帝才是善的源泉，人只有与上帝同在，到彼岸世界才可能实现自己的完善。因而，从根本上说，道德与人的本性相对立，是对人的一种外在强制。尽管西方文化也强调道德的重要性，但是它把人的道德完善引向外在超越之路，而中华民族在儒学伦理思想的孕育下，走的是内在超越之路，人崇尚的是道德，而不是上帝。

追求道德理想是人的精神境界的反映。人们对于自己的未来总是充满着希望，怀抱着某种期待，并根据自己的生活实际和特定的价值观念把希望与期待设定为一种理想，它既是生活的目的，也是精神上的追求与寄托。中国人的理想受儒学影响，无论在个人生活还是在社会生活上，中国人都不仅仅把幸福作为理想，而是把道德完善作为最高理想。

第五节　明义重公的价值取向

崇道尚德的思想素质，反映在行为选择上，表现为明义重公的行为价值取向，即以道德作为判断行为价值的最高尺度。这正是儒学伦理所孕育的现代企业道德理念在民族精神中的积淀。

儒学伦理要求，在处理人的道德需要与物质利益需要的关系时，以道德需要为人的首要的和本质的需要；儒学伦理认为，道德的完善对于人生的价值，要高于物质利益需要的满足。首先，儒学伦理指导人们进行行为选择的价值方针是“见利思义”、“重义轻利”、“以义导利”。这些思想要求人们正确对待个人利益，人们在追求、获取利益时要深明大义，以义为行为取舍的标准；只有符合义的利才是正当利益，才可以追求、获取；否则，就应当舍弃。反对见利忘义，反对不顾道德原则不择手段地追求个人利益。“为富不仁”，在中华民族的精神中一直是受到否定的行为取向。其次，在义与利，即道德与利益发生冲突时，儒学伦理认为，要把道德置于首要的位置，必要时应当以利益服从道德，甚至牺牲个人的利益，以维护道德的纯洁。个人生活，应以道德为根本原则，把道德的完善视为幸福的本质内涵，而不能以物质利益的满足作为生活的主要内容和根本目的。因而，人们应当自觉地用道德去限制、遏制个人的利益和需要，消灭那些与道德直接冲突、不可调和的个人私利和需要。最后，儒学伦理重义轻利的价值取向，并非否定利的价值，并非无原则地消灭利，而是认为要义利相衡，义有更高的价值。这种观点归结于一点，就是行为以道德原则为标准，道德引导、指导利益的追求与满足。

明义重公的价值取向，是儒学伦理对道德的弘扬。尽管有着道义论与功利论的论辩，但它们的价值取向，本质上都具有明义重公的倾向，其现实内容都是服从社会整体利益，它们只是从不同的方面对公利的合理性做出论证，都是在为维护和促进社会整体利益的发展服务，都反对不顾社会公利而追求一己私利。儒学伦理思想历来崇道尚德，把社会整体利益置于个人利益之上，追求人的道德自我完善。

第六节　乐群贵和的心理定式

崇道尚德、明义重公反映了中华民族对道德高度重视的民族精神。儒学伦理把道德视为人的本质属性。崇道尚德、明义重公，即是对社会发展、整体利益的维护，凸显了对人的社会性高度肯定的观念。人是个体存在和社会存在的统一，社会属性是人的本质属性。任何人都只能在社会中，即在与他人的关系中才能生存，任何人对他人和社会都有着必然的依赖。正是出于此种认识，在中华民族中才形成了乐群贵和的心理定式。

儒学伦理认为，人并不是一个单纯的、孤立的人，人和动物的区别在于“人能群”，人是群体中的一分子，具有维护群体生存和发展的需要，具有道德理性；因而，倡导“群居和一”、“乐群”，便是这种思想在人们心理上的积淀。“乐群”是一种强烈的归属心态的表现。“乐群”反对离群索居、独往独来、自我封闭，而主张人要与他人建立友好和谐的关系，在特定的群体中寻找自己的位置、实现自己的价值，也就是说，“乐群”把人与群体的和谐作为人自己安身立命的根本。因此，中国人历来对群体有着浓郁的依赖感、信任感。贵义、重公、崇德，表现在中华民族的心态上，就是乐群贵和，并体现为对家庭、团体、国家、社会群体具有一种强烈的责任感。俗语说：“一个好汉三个帮”，“家和万事兴”，“众人拾柴火焰高”，这些俗语反映了这种心态及对其社会功能的把握。

儒学伦理强调个人对群体的责任感，并把个人对家庭、群体和国家的义务内化为道德良心，将此良心升华为至善的道德理念。如前所述，这种道德认知，即基于对人的社会性的理解。荀子说：“人之生，不能无群。”作为社会性动物，离开了社会群体，任何人都无法生存；这既是人存在的本质，也是人高于动物的根本特性。人“力不若牛，走不若马，而牛马为用。何也？曰：人能群，彼不能群也”（《荀子·王制》）。这就是说，人在自己的类群存在中，才能充分发挥自己的能力、实现自己的价值、完善自己的本质。

因而，传统儒学要求个人认同于社会群体，把维护群体的和谐、促进群体的利益作为自己自觉的道德责任。家庭至上、群体至上、国家至上，是人们基本的道德信念。不同层次的群体间具有递进性，欲平天下者，先须治其国，欲治其国者，先须齐其家。依群体的大小、层次的不同，个人对它们所负的道德责任的重要性也随之不同。总的原则是，小群体服从大群体，低层次服从高层次。故当对家庭责任的“孝”与对国家责任的“忠”发生冲突时，要舍家为国。从当代来看，这种强烈的社会责任感，构成了企业精神的深层内涵，使企业具有强大的凝聚力、亲和力，曾经成为激励人们积极进取、勇于牺牲和奉献的心理机制。

在道德情感上，儒学伦理认为，应从社会责任感、历史使命感与牺牲、奉献精神中体验到荣誉与崇高、充实与幸福。儒学伦理认为，幸福的本质并非物质生活的富足，而是精神的充实与崇高。[①] 与群体和社会相比较，个人是渺小的、微不足道的，但群体和社会又是由个人组成的；因此，只有把个人融入社会，才能充分显示生命的光辉与伟大价值；只有奉献社会，才能超越个体生命的有限而实现永恒。这就是崇高的道德情感体验。

第七节　尊人重命的价值原则

儒家伦理充分地肯定了人存在于现实世界的意义，认为在天、地、人三者之中，人是中心，处于最重要的位置，“天生万物，唯人为贵，吾既得为人，是一乐也”（《荀子·王制》）。中国古代的“天命论”，把包括人在内的世间万物都看成是上天安排的结果，是老天爷意志的体现，这种说法虽然与基督教的上帝创世论有相似之处，但与其他文化中的上帝却有着重要的区别。其表现之一是，儒家思想中的“天”，虽然也有神的含义和成分，但它更多、更主要的是指不以人的意志为转移的客观存在，即我们今天讲的自然、自然界的客观规律。例

① 释果宁．拈花智慧：佛学大师传授和谐之道［M］．北京：机械工业出版社，1999：1－3.

如，孔子就明确地认为："天何言哉？四时行焉，百物生焉，天何言哉？"[①] 意思是，上天是用诸四季的更替、万物的存在和变化等行为来表示它的存在和意志。"天不言，以行与事示之而已矣。"最为重要和根本的一点是，中国古代"天命论"的出发点和归宿并不是要人们去追求天国世界，为"天"献身和殉道（像其他文化中的宗教所宣扬的那样），而是借助"天"来证明在现实世界行为的合理性，和按照天的意志，即客观规律办事，达到天为人服务的目的；天生出各种各样的物品，就是为了满足人们的需要，使人有生存的条件，"天地之生万物也以养人，故其可适者，以养身体，其可威者，以为容服"（《春秋繁露·服制像》）。

"仁"是儒学伦理思想的核心和基础。"仁"的基本含义有：①家族成员间的亲善关系。孔子解释"仁"的根本含义时说："君子务本，本立而道生。孝悌也者，其为仁之本与！"（《论语·学而》）孝，就是指子女要尊敬、顺从父母、长辈，弟对兄须恭顺。反过来，父母对子女必须慈爱，兄弟间要友善和爱护。孔子认为，这是"仁"的出发点，因为，一个连父母、兄弟都不爱的人，是不可能爱其他人的。②"泛爱众"、"仁者人"、"仁者无不爱"，要用对待家庭成员间的友善态度来对待一切人。具体表现就是，要设身处地为他人着想，对他人有理解、宽容的态度和心理，"己所不欲，勿施于人"，"推己及人"；如果有能力，就应该帮助别人，"己欲立而立人，己欲达而达人"。③"仁者爱人"表现在统治者身上，就是要有爱民之心，要实施仁政和德政，为老百姓谋利益，使老百姓能够安居乐业，与民同忧，与民同乐，"乐以天忧以天下"，"省刑罚，薄税敛"，让老百姓能够安心生产，深耕易耨老；百姓所要求的，设法满足他们；百姓不想要的，不要强制他们接受，"得其心有道，所欲与之聚之；所恶勿施，尔也"（《孟子·离娄上》）。这些含义，归纳和概括起来就是，人们要有友善、宽容、助人之心，要设身处地为他人着想，这是儒家思想家所倡导的一种价值原则或价值取向；在不同的条件下，这种价值原则或价值取向的具体形式是有区别的。作为一种价值原则或价值取向，儒学关于"仁"的这些思想，不管是从道德层面来理解，还是从近现代人道主义、人权思想或者政治学的角度来看，其价值和意义依然是巨大的，说"仁"，"微言大义"，并不为过。现代文明社会提倡和鼓励

---

① 王肃等．孔子家语［M］．上海：上海古籍出版社，1990：142.

人们要有爱心，要关爱社会，关爱他人，帮助他人，只是在话语表达方式上有所区别，在精神实质上与儒学所倡导的“仁者爱人”、“泛爱众”是一致的和相通的。“仁”的价值还远不止于此。

儒学伦理所主张的“推己及人”、“己欲立而立人”、“己欲达而达人”，包含着承认和肯定人们基本权利的思想。在今天，人类社会的成员之间，社会成员与社会管理系统之间，相互联系更加紧密，相互依赖空前加强，相互之间在权利、利益上的碰撞、摩擦、矛盾和冲突，远非古代社会可比。因此，不管是个人的立身处世，还是社会管理者的施政立法，在其行为过程中，“推己及人”，设身处地从他人的角度去看待和思考问题，不仅仍然需要，而且非常必要。现代文明社会的种种法律规定，在实质上就是为每一个社会成员如何具体地去“推己及人”划出明确的界限，从而使他们知道如何具体地做到“己所不欲，勿施于人”。

第八节　以人为本的治国思想

“民为贵，君为轻，社稷次之”（《孟子·尽心下》）。对于这句名言，有人认为，是传统文化中民本主义思想的典型表现；有人认为，孟子的根本目的是维护君主的统治，不是把社会大众，即人民的地位放在君主之上。要讨论这一问题，必须明确“君”这一概念的两种不同含义：一是从社会分工的角度来讲，君是社会必不可少的角色，即必须要有“君”这样一个社会职位，其职责是掌握和行使社会的最高管理权。二是处于“君”这个角色位置的某个人，即具体的君主。对第一层意义上的君，在孟子的思想中是以“君道”来表述的。正是从这个意义上，孟子主张和强调，君臣都应该各尽其“道”，“欲为君，尽君道；欲为臣，尽臣道”（《孟子·离娄上》），这里的道就是指职责，君臣都必须按照自己的职责进行活动。对于“君道”意义上的“君”，孟子确实是竭力进行维护的。但是，照孟子的阐释，“君”不仅不具有现今通常理解的与社会大众利益的对立，而且君与社会大众的利益是统一的。

因为，孟子所阐释的“君道”就是贯彻“天意”，而“天意”就是民意，就是老百姓的愿望和要求：“天视自我民视，天听自我民听”（《尚书·泰誓中》）。

对第二层意义上的“君”即处于君这个角色位置上的具体的君主，孟子明确地指出，如果其所作所为违背君道，可以将其更换或者推翻。如孟子与齐宣王谈到公卿对于君主的态度时，孟子认为，君主有重大过错，对其进行劝谏而不听，公卿如果与君主是同一宗室，就应该将其“易位”，即将处于君主这个位置上的具体的君主进行更换；如果不是同一宗室，则可以远离而去。在回答齐宣王如何看待商汤流放夏桀、周武王讨伐商纣的问题时，孟子与齐宣王有过这样的对话。齐宣王认为，汤武的行为是“臣裁其君”。孟子态度鲜明而坚决地指出：“贼仁者谓之贼，贼义者谓之残；残贼之人，谓之一夫。闻诛一夫封矣。未闻弑君”（《孟子·梁惠王下》）。在这里，孟子非常明确地将“君道”意义上的君与具体的君主进行了区别，现代讲的“独夫民贼”，即来自孟子的这段论述。孟子还进一步指出：君主和臣民的权利与义务应该是统一的，“君之视臣如手足，则臣视君如腹心；君之视臣如犬马，则臣视君如国人；君之视臣如土芥，则臣视君如寇仇”（《孟子·离娄下》）。因此，孟子在关于君与臣、君与民的关系问题上，认为“民”是最根本和最重要的，这种“人民主体”或“人民主权”的思想与现代“主权在民”的政治理论可以接轨和融合。

第九节　和谐共荣的价值品质

儒学学者是由以礼为生的知识分子转化而来。礼在西周就是维护以血缘家庭为基础的社会生活秩序的根本制度，其基本精神是营造人与人之间的和谐相处的社会有序结构，从而维护社会的整体利益。这一精神得到了儒学的继承和发展。儒学伦理把“仁”作为最高的德性，就是强调，人与人之间相亲相爱，以人与人之间的亲和性维护社会的安定，促进社会的发展。根据这一认识，儒学学者提出“明分使群”，要求建立“群居和一之道”。他们认为，人与动物的本质区别就在于“人能群”，而动物“不能群”，“力不若牛，走不若马，而牛马为用，何也？曰：人能群，彼不能群”（《荀子·王制》）。人与动物相比，其优越性不在于自然生理能力，而在于结合在一起所显示出的整体的社会力量。在此，群并非简单的聚居，而是按照一定原则建构未来的有序群体，它以“分”为前提，以“礼”为准则。“故人生不能无群，群而无分则争，争则乱，乱则离，离则弱，弱则不能去物”（《荀子·王制》）。所谓“分”不是要分散群体或是共同体相离异，其实质是联系，是建构群体的一种秩序，在儒学思想中，它就是礼义道德。

“夫禽兽有父子，无父子之亲，有牡牝而无男女之别，故人道莫不有辨。辨莫大于分，分莫大于礼”（《荀子·非相》）。这就把道德规定为人类社会生活的基本条件，道德是在群体中处理人与人之间关系的行为准则和根本秩序，它的作用，就是维系群体、维护群体的利益，以发挥群体的力量，这就比较鲜明地提出了儒学伦理的“乐群贵和”道德价值取向。

众人结合在一起，远远比单独的个人强大，团结就是力量。所谓的“众人拾柴火焰高”、“人心齐泰山移”，就是这个道理。宋初大儒石介形象地说：“明堂所赖者唯一柱，然众材附之乃立；大勋所任者唯一人，然群谋济之乃成”（《上范·经略书》）。南宋吕祖谦进一步发挥说：“夫之爪牙之利，不及虎豹；臂力之强，不及熊罴；奔走之疾，不及麋鹿；飞扬之高，不及燕雀。苟非群聚以御外患，则久为异类食矣。是以圣人教人以礼，使知父子之亲，人知爱其父，则知爱其兄弟矣；知爱其祖，则知爱其余族矣。”①

群体的力量就在于和聚、团结，如果人们相互争斗，则不仅不能发挥群体的力量，反而会有害于个体在群体中的存在。因此，乐群必须利群，“人能群”的实质就是人具有道德，而道德必须利群。

儒学伦理认为，道德是维护群体、发挥群体力量的根本保证，是群体的根本利益之所在。群体价值取向必然要求人们把群体的利益置于个人的利益之上，强调小我之私服从大我，于是就引申出了道义主义的公私义利之辨。儒学伦理一贯主张，先公后私、公而忘私，孟子说，“忧以天下，乐以天下”。范仲淹说，“先天下之忧而忧，后天下之乐而乐”。黄宗羲强调，“不以一己之利为利，而使天下受其利；不以一己之害为害，而使天下释其害”（《原君》）。都是宣传这种思想。《礼记·礼运》所描述的“大同”社会，一直是中国儒学伦理道德追求的思想。正是在这种大公无私的群体价值取向的指导下，中华民族出现过无数为了国家民族利益鞠躬尽瘁、死而后已、英勇献身的优秀人物和可歌可泣的故事，孕育

① 吕祖谦．少仪外传［M］．香港：商务印书馆，1997：113.

了中华民族团结奋斗、公而忘私的优秀品格。

儒学伦理的群体价值取向，要求人们在个人利益与社会整体利益发生冲突时，应当牺牲个人利益，维护社会整体利益。儒学伦理认为，人的价值不在于人的个体存在，而体现在个人在群体中的地位与作用，个人只有把自己融合到群体之中，才能实现自己的价值和完善。生命也只有超越其个体存在而融入整体的生命之中，才能获得永恒与不朽。这就是儒学伦理群体价值取向，即“乐群贵和”思想的意义所在。①

儒学伦理把维护社会秩序，建立良好的人际关系当作自己的主要任务。为了使群体价值取向在社会生活实践中得到贯彻与落实，儒学伦理以“贵和”作为其道德上的保证。所谓贵和，是指在人际交往中以和为最高价值，做到和谐相处，即保持群体中良好、和谐的人际关系。儒学历来重视人伦而较为忽略个体，主张在具体的伦理关系中确定个体的存在和价值。《周易·系辞下》讲天、地、人三才之道，就是从总体上把握宇宙的秩序。有天地，然后有万物，有万物，然后有男女，有男女，然后有夫妇，有夫妇，然后有父子，有父子，然后有君臣，有君臣，然后有上下，有上下，然后礼义有所指，整个宇宙就是这种相互对待关系的和谐衍生、相依相成。道德的作用，即在于维护这种根本的宇宙秩序。因此，孔子以“仁”为道德的核心精神，“仁”的实质就是强调人与人之间，乃至人与万物之间的亲和性，以建立主体与客体和谐的关系。

中国是以血缘家庭为基础脱离氏族部落进入奴隶社会的，这种以血缘家庭为基础的社会生活一直延续到中世纪的封建社会。家庭生活的自然亲情被概括为“和合”的原则，成为人们处理人际关系乃至一切主客体关系的基本价值取向。《尚书》有云：“自作不和，尔惟和哉。尔室不睦，尔惟和哉。尔邑克明，尔惟克勤乃事”，“时惟尔初，不克敬于和，则无我怨”（《尚书·多方》）。意思是说，身不和则心不静，家不和则事不顺，邑不和则政不宁。反之，身和则心静，家和则万事顺，邑和则政宁。因此，和是修身、齐家、治国、平天下的根本原则。孔子在总结中国古代道德传统时继承了这一思想。他指出：“礼之用，和为贵。先王之道，斯为美。”② 也就是说，道德的根本作用就在于“和”，和是一切伦理道

① 唐凯麟，张怀承．成人与成圣：儒家伦理道德精粹［M］．长沙：湖南大学出版社，1999：203.

② 叶金宝．儒家和谐思想的价值转换［J］．江苏社会科学，2008（5）：215－218.

德的精髓，也是传统道德的精神实质，正是基于这种认识，孔子从礼中提炼出仁的原则，并把它确立为儒学伦理的核心。

儒学伦理认为人际关系的和谐本于阴阳的和合，所谓“一阴一阳之谓道”，就是说天地万物都由阴阳和合产生，有阴阳和合，方有气之氤氲变化，从而有天地万物的产生与发展变化。宇宙一切存在都处于矛盾对立统一之中，和谐是宇宙间最佳的秩序。“乾道变化，各正性命，保合太合，乃利贞”（《论语·学而》）。这是从本体论的层面论证和合的性质与价值，人类社会和顺的伦理道德的确立，本于天地阴阳的氤氲和合。天地以阴阳的和合生生不息，人类社会道德即是要根据阴阳和合把握天地万物本质的建立、和谐的人际关系乃至一切主客体关系。因此，伦理道德最根本的和合乃是天与人之间的和合：“夫大人者，与天地合其德，与日月合其明，与四时合其序，与鬼神合其凶吉（《周易·象传》）。”

天人合和就是人与天地万物乃至自身的和谐统一，也就是天人合德。后儒特别是宋代以后的儒家学者把它发展为“仁民爱物”、“民胞物与”、“天地万物与吾一体”的道德学说。根据这种贵和的道德价值取向，儒学强调在个人与他人、个人与社会发生冲突时，要采取恭敬、忍让的态度，以群体利益至上的原则协调好各种人际关系，要团结，不要分裂。人和关系睦，家和万事兴，政和国家昌盛。反之，“四马不和，取道不长；父子不和，其世破亡；兄弟不和，不能久同；夫妻不和，家室大凶”(《周易·文言》)。

中国人讲和气生财，团结即是力量，“二人同心，其利断金”(《说苑·敬慎》)。在中国历史上，每当国家处于生死存亡的关头，人心所向总是维护统一，反对分裂。在这方面，儒学乐群贵和的伦理道德思想曾经起过积极的作用。在儒学看来，一个和谐的社会就是理想的道德社会。

人是个体存在和社会存在的统一。人的存在的二重性决定着他的利益和需要也具有二重性。作为个体的存在，任何人都有着与他人不同的特殊利益和需要。从根本上说，社会共同利益与个人利益有着本质上的一致性，这为人们自觉接受和遵循道德的规范提供了可能性。但是，社会共同利益和个人利益毕竟是两种不同的利益，个人利益的特殊性又决定了人类需要用道德来调节个人与他人、个人与社会之间的利益冲突。人类需要认清人际交往中利益冲突的不可避免性与道德制约的必要性。在此意义上，任何伦理道德都是为了协调人际关系中的利益冲突。儒学乐群贵和的道德价值取向，就此而言，具有其积极的理论价值和现实价值。

任何利益矛盾引起的冲突都可能危害冲突双方的利益，导致人际关系的恶化，甚至危害组织的生存，危害社会秩序。人类社会必须解决这些不可避免的各种利益冲突，才能够维持自身的存在和发展。生存是第一位的，发展是第二位的，对于一个企业组织来说，这一点至关重要。一般来说，解决人际关系的矛盾和冲突的方式无非有如下几种：或者一方吞并另一方，为了自己的利益而危害甚至剥夺他人的利益；或者双方各自为了自己的利益进行生死的斗争，最后同归于尽；或者双方相互协调，以合理地满足各自的利益而维持人际关系的和谐。儒学在各种可能的方式中采取的是和谐、协调的方式，它有助于建立良好的人际关系和社会秩序，使人与人之间相互关心、相互爱护，并使群体产生强大的凝聚力以及个体对群体的向心力。千百年来，中华民族尊礼重义，在人际交往中谦恭礼让、严己宽人、洁身自律、仁民爱物，就是在这种价值取向的熏陶下积淀起来的民族精神和优良传统。它是形成中华民族巨大的凝聚力和亲和力的重要思想因素。

儒学伦理强调的“和”并不等于无原则的调和，而是在礼即道德的制约之下的亲和、和合。或者说和是有差别的统一，而不是无差别的同一，前者为“和”，后者则是“同”，儒学主张君子“和而不同”（《论语·子路》）。儒学重要的经传《左传》昭公二十年曾经记载了晏婴与齐景公的一段话，就论述了和与同之间的区别。“公曰：和与同异乎？对曰：异。和如羹焉，水、火、醯、醢、盐、梅，以烹鱼肉，燀之以薪，宰夫和之，齐之以味，济其不及，以泄其过。若以水济水，谁能食之？若琴瑟之专一，谁能听之？同之不可也如是。”

“和”是对不同事物进行协调，利用事物之间的差异和特性进行相互补充，以充分发挥不同事物所结合的整体的功用。而“同”则是相同事物的排比，不可能产生相互补充的调整效应。因此，贵和并非简单地等同和，无原则调和，而是相互配合、融合。

儒学伦理贵和的价值取向，是求大同存小异，同异互补而充分发挥其整体的功效。和并非无原则的同一、调和，而是在坚持原则的前提之下的融合，这个原则就是儒学所倡导的礼。贵和既非无原则的调和，也不能有个人的任何成见，而唯以道德为准。在此意义上，儒学又把“和”称为“中和”。《中庸》曰：“喜怒哀乐之未发，谓之中；发而皆中节，谓之和；中也者，天下之大本也；和也者，天下之达道也。致中和，天地位焉，万物育焉。”和就是中节、中礼，是对人的本性复旧。所谓“未发之中”是指人人都具有至善的本性，而“已发之中”，是指人的行为与自己本性的符合一致。《中庸》把“中和”看作是宇宙的根本和人类社会生活的根本原则。

儒学伦理的和而不同思想与中世纪等级秩序相结合之后，人与人的不同，即群体中人际间的利益关系及其差别都被给予了硬性的规定和绝对的意义。所谓和，也就演变为对既定关系的维护，任何矛盾冲突都不允许破坏这种关系。和，人人相对的融合、人人有差别的互补变成了绝对的秩序，以及在此秩序内的调和。必须承认“和而解”是解决人际关系中矛盾冲突的一种有效方式，这种非爆发式的方式能够保持社会存在和发展的相对平衡与稳定，同时也能够避免解决矛盾冲突所造成的破坏。重视和解体现了一种博大的道德情怀，但以和为解决矛盾冲突的必然和唯一的方式，则反映出儒学贵和的道德价值取向，调和矛盾、维护社会秩序的精神实质。

第十节　修齐治平的道德实践

儒学伦理主张的是积极进取的人生态度。现实世界中的混乱、痛苦、灾难，从来都是很多的。面对这样一个世界，许多文明都是从消极的立场出发，主张和告诉人们如何逃离现实世界。儒家思想从对人的现实价值持肯定态度的前提出发，主张人们应该积极面对现实世界，因为，世界上有许多的混乱、痛苦和灾难，所以，我们就更需要积极有为，奋发向上，去努力消除世界上的混乱、痛苦和灾难。为此，儒学伦理，一方面，主张和提倡人们应该以“治国、平天下”为努力方向，要有为社会大众贡献才智的人生价值取向；另一方面，儒学伦理又主张，人们要不怕艰难险阻，要有坚忍不拔、百折不挠、勇往直前的顽强意志和精神。“君子以自强不息”的积极进取、奋发向上的人生态度和价值观念正是中华民族的精神本质。

伦理学是一种实践理学。任何道德学说，只有落实到实践之中，只有在社会生活中被人们所遵循，才具有实际的意义；否则，无论在理论上多么完善，都只能是动听的空谈，儒学伦理道德也不例外。在中国儒学文化中，注重道德原则在现实社会生活中的应用，注重道德原则维护现成的社会生活秩序，是儒学伦理的一个显著特点。和佛家的出世、道家的避世相比较，儒家主张积极入世，主张把完善人的现实社会生活、造就理想的社会作为自己的历史使命。因此，儒学伦理特别强调实践，这种实践包括修身和处世两个方面，并且儒学伦理能把这两个方面结成一个有机的整体。此即儒学伦理的修身、齐家、治国、平天下的实践操作程序。

元典儒学在孔子创立之初就表现出注重实践的特点。与道家的老子、庄子相比，孔子和孟子的学说都缺乏高度的思辨性，它们都来源于现实生活，是对现实生活的总结，孔子、孟子把将它们落实到现实中去，作为自己的主要任务。孔子、孟子一生周游列国，四处推行和宣传自己的主张，尽管他们最终都没有被统治者所接受，但却矢志不移，“知其不可而为之”。这种精神对儒学后学产生了极大的影响，确定了儒学伦理的思想特点。

关于伦理道德实践的观点，在孔孟的思想中尽管十分突出，但却尚未形成完整的体系。正式提出儒学伦理道德系统的实践操作程序的是儒学重要的经典《大学》。在某种意义上，《大学》可以说是儒学伦理的纲领性文献，它开宗明义地说：“大学之道，在明明德，在亲民，在止于至善……古之欲明明德于天下者，先治其国；欲治其国者，先齐其家；欲齐其家者，先修其身；欲修其身者，先正其心；欲正其心者，先致其意；欲诚其意者，先致其知；致知在格物。物格而后知至；知至而后意诚，意诚而后心正，心正而后身修，身修而后家齐，家齐而后国治，国治而后天下平。自天子以至于庶人，壹是皆以修身为本。”按照八条目的顺序，应当以“格物”为其他条目的起点。但是，为什么强调“修身”为本？这是因为，儒学以道德为安身立命、治国安邦和经世济民的根本。它所讲的实践就是道德实践，把人类的一切活动都赋予了道德的意义；格物致知本来属于认识活动，是主体对对象世界的认识，但是，儒学并没有在纯粹认识论的意义上理解格物致知，而把它规定为道德活动。

因此，朱熹说，格物致知就是“穷理尽性”，认识对象世界并非为了获得关于客体的知识，而是为了主体自身的本性觉证。王守仁则更加明确地指出，所谓“致知”就是“致良知”，即把主体自身固有的良知发露出来，以主体的道德意识去规定客观对象，使事事物物皆得其理，于是，认识活动就成了主体道德修养的一个重要组成部分，道德修养是人类最基本的实践活动。

第八章

中小企业伦理道德问题的剖析

中小企业是中国市场经济的重要主体，企业伦理道德环境的好坏对经济社会的发展与和谐社会的建设都有很大的影响。在中国经济转型发展的改革时期，企业经营的道德危机已经发展到了非常严峻的程度，突出表现为：坑蒙拐骗、制假售假、假冒伪劣、虚假宣传、不正当竞争、污染环境、官商勾结、行贿受贿、偷税漏税、侵犯消费者权益、侵犯员工和他人权利等。对中小企业的伦理道德问题进行剖析，有助于我们深入了解企业产生道德偏离、出现道德缺失的深层原因。

第一节　中小企业概述

中小企业是相对于大企业而言的，是从企业的相对规模角度对企业划分的结果。2002 年 6 月 29 日，中华人民共和国第九届全国人民代表大会常务委员会第二十八次会议公布的《中华人民共和国中小企业促进法》中称，中小企业是指“在中华人民共和国境内依法设立的有利于满足社会需要，增加就业，符合国家产业政策，生产经营规模属于中小型的各种所有制和各种形式的企业”。该法对中小企业的定量划分标准做了指导性规定，“中小企业的划分标准由国务院负责企业工作的部门根据企业职工人数、销售额、资产总额等指标，结合行业特点制定，报国务院批准后实施”。

从个体上看，相对于大企业来说，中小企业规模小，竞争力弱；但从总体上来看，无论个数、产值，还是吸收的就业人员人数，中小企业都占优势，中小企业是推动经济发展的主体力量。无论发展阶段如何，几乎所有的国家，中小企业个数都占到全部企业的90%以上，中小企业创造了过半的产值和就业岗位，在国民经济的持续发展和社会的安定平稳中发挥着举足轻重的作用。

一、美国中小企业发展概况

美国全国独立企业联合会2014年2月11日发布的报告显示，美国约有中小企业2500万家，占全美企业总数的99%，中小企业就业人数占总就业人数的60%，新增加的就业机会中2/3是由中小企业创造的，中小企业的产值占国内生产总值的40%。调查表明，至2014年1月，美国小企业信心指数连续三个月上涨；在其10个分项指标中，与2013年12月相比，3个上涨，2个持平，5个下跌，预期未来销售增长的指数上涨7%，计划增加雇员的指数上涨4%，但预期经济回暖的指数与上月持平，对未来收益状况的预期也下滑了5%。①

美国的中小企业具有很强的创新能力，全国一半以上的创新发明是在小企业实现的，小企业的人均发明创造是大企业的两倍。并且中小企业对科技进步也有很大的贡献，美国的高技术公司在起步阶段通常都是中小企业。

据美国人口统计局、商务部、DIW柏林研究所2008~2010年的统计，美国受到2008年经济危机的影响比欧盟严重，因此，美国中小企业的数量、就业率和增加值呈现出与欧盟不一样的趋势。直到2010年，中小企业的数量依旧在减少——美国中小企业的数量在2010年减少了5%，而欧盟的中小企业数量则有少量增加。

美国中小企业的就业率在2008~2010年呈下降趋势。2009年欧盟流失65万工作岗位，而美国中小企业中有将近280万人失去了工作。

随后几年中，这一趋势同样延续。如果考虑到欧盟和美国的居民数量，可能会更加直观一些：美国的人口数不到3.2亿，欧盟的人口数为5亿。

美国中小企业创造的增加值在2009年出现大幅下降，2009~2010年很快复

① 全球经济数据．美国中小企业有2500多万家，占公司总数的99%［EB/OL］．http://www.qqjjsj.com/mgjjdt/6925.html，2014-02-12.

苏，但是到了2012年又开始下降。美国经济环境的特点从某种程度上促成了美国中小企业数量、就业和增加值的表现。换言之，美国中小企业感受到了金融危机的全部内涵：信贷和金融市场的毁坏、内外需的急剧收缩、35年来较低的企业期望使中小企业陷入了艰难的境地，许多企业已经停止了运营。

从美国的劳资关系体系角度看，同样能够解释中小企业就业率相对急剧下降的情况。在美国劳资关系体系中，就业率根据商业周期的波动情况要比欧洲严重。然而，美国中小企业正处在复苏的进程中，其复苏的步伐要快于欧洲同行，特别是在增加值增长方面。

二、日本中小企业发展概况

据日本经济产业省中小企业厅发布的2011年度日本中小企业白皮书披露，日本约有650万家中小企业，约占企业总数的99%，职工人数4200多万，占全国职工总数的78%。其中，小微企业为469万家，占企业总数的99.7%，占就业岗位总数的70.2%，小微制造业企业创造附加值占制造业总附加值的57.7%。可以说，没有小微企业的繁荣，就没有日本经济的繁荣。因此，日本政府十分重视小微企业的信息化建设。在近20年较差的经济效益、世界金融危机的后续影响、日本大地震的打击等作用下，日本中小企业的数量和就业情况在2009~2012年都呈现出下降的趋势。在2009~2010年，只有大型和中型企业的数量有所增长。从2010年起，中型企业的数量像小微型企业一样，开始减少。中小企业的就业率同样呈现了下降趋势：2009~2010年，只有中型企业的就业率有所增长，而小微型企业的就业率一直处于下降之中。2011年，中型企业的就业率也开始下降，并持续到2012年。

虽然2011年日本大地震在很大程度上导致了日本中小企业的糟糕业绩，但日本经济从1990年起开始经历的相对糟糕的低迷时期，同样影响了中小企业的整体表现。特别是地震、海啸和福岛核泄漏对日本东部地区造成了严重影响，因为有大约10%的日本中小企业位于这一区域。该地区超过6.7万家中小企业的运营活动几乎已经停止。核泄漏的深远影响同样波及到了这些地区之外。除了日本大地震的影响，内需和外需的疲软、日元对所有主要货币的升值同样减缓了日本中小企业复苏的速度。①

另据日本信金中央金库于2014年12月上旬针对1.6万家中小企业进行的问卷调查结果显示，企业从业人员不足状况日趋严重，不足指数已达-18.5，较9月调查结果恶化2.3%，是1992年以来最高值。其中未满20人的企业占7成。从行业来看，建筑业最为严重，不足指数达-37.3，服务业为-25.9，制造业为-14.7，均比9月调查结果有所恶化。经济不景气，加之知名度和待遇方面劣于大企业，中小企业从业人员不足问题严重。②

日本政府为扶持小微企业发展，在经济产业省设立了小微企业厅，还依据《小微企业基本法》设立了具有各种职能的审议会，负责研究审议有关小微企业的政策和法律。政府从财政预算中拿出大量资金，建立了一批自上而下的遍及全国的管理机构网络，形成了完善的管理组织体系。政府对影响某个行业的信息化项目，特别是中小微企业的信息化建设给予一定的资金支持。

政府一般通过三种方式提供补助：一是政府对项目补贴50%，企业自筹50%；二是政府全额支付科研项目的费用，科研成果由政府与开发人员共享；三是政府对项目发放低息或无息贷款。目前，日本企业信息化工作已不是建立信息系统的问题，而是维持信息生态环境的平衡，促进信息化的有序开展。③

三、德国中小企业发展概况

说起德国经济，大家首先会想到德国大型跨国企业，如大众、西门子、宝马和奔驰等。实际上，德国的经济命脉更大程度上依赖于上百万家中小型企业。不管是就业人数、学徒生数量，还是出口比例，它们都不逊色于大型跨国企业。

然而，在德国众多中小型企业中隐藏着一批无名英雄，它们被称为“隐形冠军”。“隐形冠军”这个概念由德国知名管理大师赫尔曼·西蒙教授首次提出。他对“隐形冠军”做了三个定义：第一，该企业所经营的产品不能低于世界市场排名前三或者大洲第一；第二，年营业额不超过50亿欧元；第三，企业的知名度相对较低，不为普通消费者所熟悉。全球目前共有2734家“隐形冠军”，其

① MIc-e-Star、OECD、DIW柏林研究所。

② 《日本经济新闻》，2014年12月31日。

③ 王雄．发展小微企业任重而道远［Z］．2012.

中，德国有1307家，占总数的47%；美国有366家，位列第二。

德国“隐形冠军”企业遍布各行各业。以行业来分类，工业产品占69%，消费类产品占20%，服务型产品占11%。其中，工业产品细分为机械制造占36%，电子行业占12%，金属加工占11%，化工类占7%。德国“隐形冠军”的平均年营业额3.26亿欧元，平均员工数量2037人，CEO任职时间平均为20年（全球公司CEO平均在任时间5.1年），产品领导世界市场平均22年，65%是家族企业，企业平均寿命为66岁，其中有38%的企业拥有100多年的历史。

历史最悠久的“隐形冠军”企业当属创立于1365年的Schw. bischenHüttenwerke（SHWGmbH），它是全球最大的制造工业冷硬铸铁轧轮的公司。[①] 与中国一样，德国经济也是出口导向型。2010年中国出口额首超德国以前，德国一直是“出口冠军”。德国出口贸易乃至整体经济的持续发展，则主要得益于中小企业，它们创造了德国全部利税的50%，雇用了全部职工的2/3以上，培训了全部员工的80%。

开展国际化的营销和销售，是德国中小企业的制胜法宝。德国中小企业市场营销国际化过程始于20世纪50年代。时至今日，那些成功的中小企业平均每家拥有9.6个国外分支机构。与世界其他国家同样规模的企业相比，这个数字很惊人。在国外市场建立自己的分支机构（一般是销售和服务机构），是德国中小企业的特色。德国优秀的中小企业90%以上在美国市场上有自己的分支机构，一半以上在日本建立了自己的全国性服务网络。尽管德国并不奉行大政府管理，但德国中小企业的成绩依然与政府的支持密切相关。

德国联邦政府在金融危机后，提出了约600项扶持中小企业的措施，同时还制定了财政金融政策。主要有一般性财政援助、促进研究并发放贷款、改善地区经济结构补贴、改善环境优惠政策、职业教育资助贷款、促进咨询补贴、新建企业资助七大类，分别由政府有关部门和银行、信贷机构专门负责直接兑现。德国政府还通过制定《反对限制竞争法》，为中小企业自由发展创造公平环境。[②]

---

① 德国中小企业太彪悍 一千多家“隐形冠军”占据全球半壁江山[EB/OL]．欧洲时报（德国版），http：//ouzhou. oushinet. com/germany/20151218/215675. html，2015－12－18.

② 孙春艳．中外管理，2013（10）．

四、韩国中小企业发展概况

在韩国300多万家企业中，中小企业所占比重超过99%，员工人数占就业人口总数的88%。韩国政府充分认识到中小企业对于保持本国经济活力的重要性，在与大企业“共生发展”目标的指导下，发挥政府政策导向作用，不遗余力地促进中小企业发展。比如，韩国《中小企业制品购买促进法》规定，政府采购中，中小企业产品的采购量不得低于采购总额的50%，这项规定是义务性和强制性的。该法案的颁布，标志着韩国政府扶持中小企业的理念从缩小与大企业差距，向激发小企业活力，进而推动韩国经济活力转变。据统计，2011年韩国中央政府采购中小企业产品的比例达到77.6%，地方政府采购中小企业产品的比例达到65.6%，都远远高于50%的标准。①

据韩国中小企业中央会2014年的调查结果显示，在400家被调查中小企业中，有32%的中小企业无进出口、海外技术交流、海外直接投资、外国人投资等海外经济行为，且企业规模越小，海外经济行为越少。导致这一状况的原因包括：49.2%的企业满足于现状，25.8%的企业表示能力不够，8.6%的企业因规定、限制等因素无法开展海外经济活动，8.6%的企业认为即使进行海外发展也收效甚微。

对内部因素做分析表明，资金不足等金融障碍占24%，政府支持不够及通商规定限制占16%。相反，在进行海外发展的企业中有80%的企业称得益于自身产品的优秀技术和价格竞争力。②

据韩联社2015年1月8日的报道称，中国内需市场对韩国中小企业吸引力巨大，分别有42.8%和38.9%的韩国中型企业、小型企业计划未来三年首选中国作为出口目的国和投资对象国，中国位居调查对象首位。

五、印度中小企业发展概况

中小企业在印度经济中占有重要地位，增长速度明显高于GDP（国内生产总值）增速。据印度资诺瓦管理咨询公司公布的资料表明，印度有4880万家中小

① 《经济日报》，2012年7月22日。

② 商务部网站，2014年9月30日。

型企业，解决了8110万人的就业岗位。数据显示，印度制造业产值的39%来源于中小企业，出口金额的45%来源于中小企业。印度95%的企业属于中小企业，就业人数仅次于农业，生产6000多种商品。印度制造业和服务业企业数目分别占企业总数的67%和33%，45%的中小企业位于农村，而55%的中小企业则位于城市。①

印度官方数据表明，印度目前有2980万家中小微型企业，为6953万人提供就业，其中，制造业和服务业企业数目分别占67%和33%，45%的中小微企业位于农村。平均每个中小微型企业有6.24人，平均固定资产投资、工厂和机械原始价值以及产出价值分别为337.8万卢比、96.6万卢比和461.3万卢比。

印度出口部门中，中小企业占主导的行业包括纺织服装、皮革、羊毛制品、加工食品、体育用品、珠宝首饰和手工制品等，其中，腰果和手镯出口则100%来自于中小企业，而电子、工程、橡胶和塑料出口等方面，中小企业所占比重也很大。印度中小微企业部2010~2011财年报告认为，印度中小微企业的优势主要在于产品和流程方面进行创新的潜力；设立中小微企业只需少量资金，并且在选址方面有很大灵活性。印度中小企业增长动力将主要来自于住房、基础设施、白色家电和汽车相关行业，而纺织服装、加工食品和塑料制品则会出现下滑。印度主要评级和研究机构CRSIL最新发布的中小企业年度评级报告列出了中小企业中10个最有希望的朝阳产业，分别为纺织、信息技术和服务、食品加工、旅游、皮革、汽车零部件、制药、制造业、工程、电子设备。

珠宝首饰是印度的优势行业之一，并且主要依靠中小企业。印度的钻石切削成本是比利时的7%，是中国的60%。技术熟练和低成本的劳动力再加上政府以特别经济区等形式进行扶持，这一行业出口金额预计在2015年达到580亿美元。2010~2011财年，印度珠宝首饰出口金额为335亿美元，同比增幅为15.3%。②

六、越南中小企业发展概况

未来5年，越南政府将鼓励中小企业扩大投资、改善竞争力，主要针对成

---

① 印度跻身全球中小企业的大国行列［EB/OL］．中国中小企业四川网，http：//www.smesc.gov.cn/news/show.php？itemid=472，2013-03-27.

② 印度：中小企业发展势不可挡［N］．经济参考报，2011-11-01.

衣、电子、资讯技术、化学、塑胶、橡胶、食品加工、鞋类等行业，其目标是希望这些中小企业协助政府提高工业发展指数，于 2015 ~ 2020 年平均每年达到 7%。根据该政府 2014 年的统计资料，有 97% 以上的工程公司为中小企业，而食品加工行业这一比例为 95%，成衣、鞋类行业这一比例为 88%。①

越南于 2013 年针对河内、海防、胡志明市、河西、富寿、义安、广南、庆和、林同和隆安 10 个省市约 2500 家中小型加工企业的调查显示，3 年前约 95% 的微型企业至今仍是微型企业，经营领域也没有变化；约 92% 的企业继续维持经营，约 70% 的企业认为全球经济危机对 2013 年的经营状况产生消极影响，约 58% 的企业认为要通过削减生产费用来应对经济危机，约 49% 的企业认为要开发新的出口市场来应对经济危机，约 75% 的企业生产效率在 2011 ~ 2013 年期间下降。此外，扩大投资规模的企业数量从 2011 年的 56% 降至 2013 年的 48%。②

七、新加坡中小企业发展概况

据新华网 2014 年 10 月 6 日题为《新加坡如何为中小企业保驾护航》的报道，新加坡企业总数超过 15 万家，其中，1500 家为大型企业，3 万家为中小企业，微型企业多达 12 万家。

新加坡中华总商会于 2014 年 5 ~ 7 月展开了 2014 年中小企业年度调查，来自制造、建筑和服务业的 645 家新加坡企业参与了调查，其中，中小企业占调查企业总数的 97%，88% 的反馈来自企业决策者。调查显示，劳动力短缺，薪资和租金上涨加剧了企业成本问题，新加坡中小企业亟须面对因经营成本增加和盈利能力下滑而产生的严峻挑战。在调查中，90% 的受访企业表示正采取措施积极应对，通过开展员工培训，推进自动化和科技化应用等一系列办法来提高生产力。

在政府援助计划方面，2014 年申请企业数量大幅增加，比 2013 年上升 18%，占全部受访企业的 73%。值得注意的是，2016 年微型企业迎头追赶，取得快速发展，但在提高生产力和参与政府援助计划上，还落后于其他规模的企业。

---

① 越南未来 5 年鼓励中小企业扩大成衣鞋类等投资［EB/OL］. 全球纺织网，http://www.tnc.com.cn/info/c-001001-d-3557931.html，2016-01-14.

② 越南大部分中小企业经营状况无明显改善［N］. 西贡经济时报，2014-11-06.

近年来，新加坡政府积极推动经济转型，重点就是帮助小微企业进行创新和提高生产力，对企业影响最大的是 ICV 和 PIC 计划。2012 年度报告显示，88% 申请 ICV 的企业获批，其中，95% 为中小微企业，50% 为首次申请者。

据统计，在新加坡，中小企业的人力成本占企业成本的比重普遍超过大企业，其中，制造业中小企业的人力成本占比达到 31%，远超过大企业的 20%。服务业所涵盖的六个领域中，五个领域的中小企业人力成本占比比大企业要高，其中，酒店和食品服务中小企业的人力成本占比高达 42%，零售业的为 37%，信息与通信的为 33%。在制造业方面，精密工程、一般制造业和运输工程业中小企业的人力成本占比最高，介于42% ~51%之间。而从事制造业的中小企业租金成本也要高于大企业，租金占制造业中小企业成本的比重为 2.4%，高于大企业的 0.7%。

新加坡是中国大陆市场的重要外资来源地。新加坡在中国的累计投资额 2015 年达到 593 亿美元，同比增加 12%，共有 2 万多个项目。新加坡国际企业发展局于 2013 年进行的一项调查显示，接近一半的新加坡中小型企业选择在中国投资，比上年增加大约 15%。目前，新加坡对华投资有 45% 集中在华东，尤其是江苏和上海。国际企业发展局在中国设有 9 个办事处，2015 年协助了超过 1.55 万家企业，其中，85% 是中小型企业。①

八、中国台湾中小企业发展概况

中国台湾经济主管部门发布的“2014 年中小企业白皮书”公布的数据表明，台湾中小企业家数、就业及受雇人数 2013 年均较 2012 年有增长，中小企业家数达 1331182 家，创历年新高。这份白皮书提供的数据还显示，2013 年台湾中小企业家数占全体企业家数的 97.64%，就业人数达 858.8 万人，占全台就业人数的 78.30%，也是近年新高。不过，2013 年台湾中小企业整体销售值为 3218.42 亿元新台币，占全体企业销售值的 29.44%，较 2012 年减少 0.53%。其中，2013 年中小企业内销值为 98976.17 亿元，年增 2.74%；但出口值为 14242.25 亿元新台币，年减 18.53%，以电子零组件制造业衰退值最高。②

---

① 中国贸促会网站，2016-02-25.

② http://www.ccpit.org/Contents/Channel_4013/2016/0225/585212/content_585212.htm.

《全球商机：探讨小企业的进出口发展趋势》研究报告显示，目前，台湾中小企业中有37%从事出口业务，与亚太区36%以及全球38%的平均数大致相同。[①] 其中，台湾中小企业年平均出口额在280万美元以上，不但居全球之冠，也远远超过亚太区180万美元以及全球150万美元的平均金额。

而在这些台湾企业中，从事出口业务的中小企业的成长率是没有从事出口业务的中小企业的2倍以上。

近年来台湾发展出的生活产业，也得益于中小企业的蓬勃发展。例如，台中春水堂走出来的珍珠奶茶，《纽约时报》推荐世界十大餐厅中的鼎泰丰小笼包，华人来台湾喜欢去的诚品书店。又如台湾最早兴起的婚纱摄影，体谅新人的忙乱、疲惫，婚纱业者一开始就自动整合，将化妆、礼服、摄影集中经营，成为三合一婚纱摄影，还将技术输出到东南亚等地，满足了内需，提升了生活水平。

于2015年11月3日召开的2015两岸企业家紫金山峰会开幕式致辞中，曾培炎理事长把“支持中小企业合作和青年创新创业”列为推动两岸经济合作的四点建议之一。他指出，“中小企业在技术创新和创造就业岗位方面具有无可替代的作用，要继续把中小企业作为两岸经贸合作的重点，帮助他们获得商机、融得资金、赢得成功。中小企业，成就梦想和未来。这些工作做好了，两岸经济合作才能增进民生，赢得民心。”

九、改革开放以来中国中小企业得到了快速发展

据不完全统计，截至2014年末，中国在工商部门登记在册的中小企业4700万家，约占全国企业总数的99.8%。中小企业工业总产值、销售收入、实现利税分别占总量的60%、57%和40%；流通领域中小企业占全国零售网点的90%以上。中小企业大约提供了75%的城镇就业机会。近年来的出口总额中，有60%以上是中小企业提供的。

从行业分布来看，中国中小企业分布范围广泛，几乎覆盖了所有行业，最为集中的10个行业分别是：加工，商务服务，数码、电脑，机械及行业设备，医药保健，礼品、工艺品、饰品，五金、工具，办公、文教，建筑、建材，电子元器件，以上行业涵盖了中小企业总数的近60%。

---

① 华夏经纬网，http：//www.huaxia.com/tslj/lasq/2014/09/4070292.html，2014－09－15.

从创造的产值来看，中国食品、印刷、造纸行业70%以上的产值，服装皮革、文体用品、塑料制品和金属行业80%以上的产值，木材、家具行业90%以上的产值来自于中小企业。

从经营模式来看，中小企业的生产加工位列第一，占46.44%；经销批发位列第二，占38.24%；商业服务位列第三，占11.61%；招商代理位列第四，占3.72%。

从员工人数来看，绝大部分的企业在员工人数上没有超过200人。其中10～100人企业所占比重最大，占比约53%；而500人以上企业占比仅为6.5%。

从年营业额来看，2000万元以下的企业占82.19%，其中年营业额在1000万～2000万元的企业占比最高，为10.85%，年营业额700万～1000万元的占10.01%，年营业额超过5000万元的占5.8%。

从注册资本的分布来看，近半数企业的注册资本都不超过50万元，注册资本少于100万元的企业占67.55%，其中30万～50万元的占34.3%，50万～100万元的占21.88%。注册资金在500万元以上的只占9%。把注册资本和年营业额合在一起看，后者一般是前者的10倍左右。中国中小企业的平均寿命仅为2.5年，集团企业的平均寿命7～8年。①

2014年9月2日，工业和信息化部中小企业发展促进中心主任秦志辉在APEC中小企业工商论坛上发布了《中国中小企业发展报告（2014）》。

报告表明，2013年是中国中小企业数量增长较快的一年，第三产业中小企业增幅居前，产业结构逐渐向好。2013年10月国务院第二十八次常务会议部署推进注册资本登记制度改革后，新登记市场主体加速增长。从新增市场主体数量来看，2013年新增市场主体数量同比增幅为10.33%，注册资本金总量增速为18.21%。

从结构上来看，新登记企业主要集中在第三产业，为191.58万户，占新登记企业总数的76.55%；新登记的第三产业个体工商户占新登记个体工商户总量的65.5%。

电子商务正在成为中小企业拓展市场的重要方式。中小企业是电子商务应用的主力军，2013年，中国电子商务规模突破了10万亿元，2014年达到13万亿元。

综观世界各国中小企业的现状及其发展趋势不难发现，中小企业已经成为促

① 束振．中小企业投资问题研究．

进经济增长、维护社会稳定的主要力量。中小企业在经济和社会发展中的主要作用可以概括为以下几点：①中小企业是促进经济增长的重要力量，创造了大量的增加值；②中小企业能够提供更好的个性化服务，有力地配合了大企业的发展，满足了消费者日益变化的需求；③中小企业促进了技术进步、技术创新；④中小企业提供了数量可观的就业机会，缓解了就业压力；⑤发展中小企业有利于充分利用资源，开发落后地区，促进经济协调发展；⑥中小企业促进了出口贸易的增长。

由于各个国家的经济发展水平、经济制度以及经济结构存在较大的差异，因而，国际通用的界定中小企业的标准并不存在，各个国家根据本国经济的现实，制定出不同的界定中小企业的标准，并且随着经济和社会的发展变化修正这些标准。虽然各国界定中小企业的具体标准不同，但是各国的中小企业的基本特征是相同的。主要表现在：①雇用的员工数量较少；②产品的市场份额较小；③管理结构和产权结构相对简单，所有者通常就是管理者，管理层次较少，规范化程度较低；④经营方式灵活，富于创新；⑤融资能力较弱，主要通过自筹资金经营，竞争力弱，受环境影响大；⑥进入壁垒低，容易创建，但是由于竞争过度，企业容易破产。①

第二节　中国中小企业发展历程

回顾中国中小企业的发展历程可以发现，它们是随着国民经济的增长而发展壮大起来的。中国中小企业的发展历史，也就是中国经济的发展历史。根据中国经济发展的政治环境，我们把中小企业的发展历程分为三大阶段，即民国时期（1910～1948 年）、新中国成立到改革开放时期（1949～1978 年）、改革开放以后时期（1978～2014 年）。

① 陆奇岸．中小企业成长机理与模式研究［M］．南宁：广西人民出版社，2006：9－10.

一、1910～1948 年中小企业的发展

中国的近代工业是随着民族资本主义的兴起而发展起来的。中国民族资本主义近代工业的产生和发展，曾面临着许多障碍，主要是来自帝国主义和封建势力的压迫和排挤。辛亥革命以前，在清朝封建统治下，民间中小资本开办企业面临许多困难。它们不仅在申请开办企业时会遇到官府的种种刁难，在获准开办后，其税收与运费也较那些享有特权的大型企业为重，加上资本薄弱，洋货竞销，难以获得发展。

辛亥革命以后，随着振兴实业政策的颁布，民族工业得以较快发展。从 1912 到 1914 年，新的私人资本企业如雨后春笋般地涌现，几乎每天都有新公司注册。据农商部统计，辛亥革命前后历年设厂数，1910 年为 986 家，1911 年为 787 家，1912 年为 1504 家，1913 年为 1373 家，1914 年为 1123 家，出现了一波开设工厂的热潮。①

从各个具体部门来看，面粉、火柴、卷烟、印刷等轻工业部门都有了比较迅速的发展。民国初年不但涌现了大量的新企业，而且已有的企业的经营状况也大为好转，民族资本企业也由沿海大城市向内地中小城市扩展。民国期间，政府对民间中小资本开办企业，采取了鼓励态度，促使中小工厂大量开设。在这期间，民族工业的一个重要特点就是中小企业增长多、发展快、规模小。从不同行业来看，民国初年增设的小厂，确实不在少数。以上海民族机器工业为例，在民国建立之前，上海一共有 65 家机器厂设立，平均每年创设厂数不足两家。民国建立之后，仅 1912 年一年，上海新创设的民族机器厂就达 15 家，次年为 11 家，1914 年又有 17 家开业，大大超过了清朝时期。不过，这些工厂的规模都很小，除一家达到万元以外，其余各厂资本额多在三五百元之间。据统计，民国以前平均每家工厂的创设资本额是 1159 元，但在民国初期仅为 516 元，资本规模缩小了 1/2。②

随后的一段时间由于军阀混战，阻碍了国民经济和中小企业的发展。1928～1937 年是经济发展的黄金时期，在这段时期国民政府出台了一系列促进企业发

① 孟晋. 民国初年民族工业发展概论［J］. 平顶山师专学报，2000（8）：4－5.

② 上海市工商行政管理局. 上海民族机器工业［M］. 北京：中华书局，1979：196－200.

展的政策法规，极大地促进了企业的发展，如《特种工业奖励法》、《小工业及手工艺奖励规则》、《奖励民营电气事业暂行办法》、《奖励工业技术暂行条例》、《奖励实业规程》，《工业奖励法》等。据统计，1930～1934年，获奖“特种工业”企业如商务印书馆股份有限公司、天原电化股份有限公司、东亚毛呢纺织股份有限公司等，共3批24家公司；1933～1936年，依照《奖励工业技术暂行条例》而获专利奖励者如穆湘玥等的纺纱机构件，共70起；1935～1936年，依照《工业奖励法》而获得专制权、减免税收、减低国营交通事业运输费等奖励的企业，如五洲大药房、大中华橡胶厂、华生电器厂等，共73家；依照《小工业及手工艺奖励规则》获奖的小工厂及个人，仅在规则公布的次年即1932年，就有宋斐卿的发网、华北油漆工厂的磁漆干油等18起。[①] 1938～1949年为抗日战争和内战时期，中小企业的发展受到了极大的阻碍。战争的破坏以及官僚资本的压迫使得中小企业的处境艰难。

二、1949～1978年中小企业的发展

新中国成立给中小企业的发展带来了新的生机。新中国成立初期，由于长期战乱的影响，整个国民经济处于近乎瘫痪的状态，工农业生产凋敝萎缩，失业严重，物价飞涨，人民生活痛苦不堪。为了尽快恢复生产，中央政府没收了外国资本和封建官僚资本，组成了全民所有制经济，保留了大量的中小民族工业，使得中小企业成为国民经济的重要组成部分。

据1949年的统计，在当时的工业企业中，共有私人企业12.3万家，其产值占全国工业总产值的63%。这些企业的状况如何，对整个国民经济起着决定性的作用。当时，一切均处于恢复之中，市场混乱、交通不畅，给这些企业在生产经营上造成许多困难，这些企业产品积压，资金周转不灵，有的企业被迫停工歇业。据调查，1950年4月，在14个城市中有2945家工业企业停工，在16个城市中有9347家商店歇业。为了扭转这种困难局面，更快恢复国民经济，党中央制定一系列的政策措施，促进企业恢复生产。由于政策措施正确、得力，因而很快得到贯彻执行，并取得了显著效果。

据1950年下半年对上海、北京、天津等10个大中城市的统计，中小企业工

---

① 实业部．小工业及手工艺制品给奖一览表［N］．实业公报，1932－10－01.

商户开业的比歇业的多25223户。经过3年的努力，经济恢复时期的任务已经圆满完成，主要经济指标都已超过中华人民共和国成立以前的最好水平。在这一时期，资本主义工商业得到很大发展。这对于国民经济的恢复和发展，活跃城乡物资交流，增加市场供给，改善国家财政状况，提高人民生活水平等，都起到了积极的作用。和1949年相比，1952年私营工业中，中小企业增加了266600户，增长了116.0%；就业人数增加了412800人，增长了210.0%；工业总产值增加了36.98亿元，增长了54.2%。和1950年相比，1952年私营商业中，中小企业增加了280000家，增长了1.9%；从业人员增加了2.2%。在这一时期，手工业也得到了很大发展。1952年手工业产值达到71.1亿元，增长了125.9%，其中，还发展了一批手工业合作社。1952年，全国手工业合作社达到3280家，社员人数达21.8万人，产值达2.46亿元。

“一五”计划时期，国民经济继续健康快速发展，中小企业也有了巨大的发展。在此期间，中国完成手工业、资本主义工商业的社会改造，并且新建了一批国有中小企业。中国工业企业的所有制结构发生了深刻变化，形成了多种所有制并存的格局。随后的“大跃进”和“文化大革命”给中国经济发展造成了严重的损失。“大跃进”时期，在发展工业方面，全党办工业，全民办工业，城乡掀起了大办工业的热潮，造成中小企业过度膨胀。在1958~1960年的三年中，全国共投资工业项目总额为611.5亿元，几乎相当于第一个五年计划投资总和的近2.5倍，施工的大中型项目2200多个，小型项目90000多个，小型项目约占98.6%。到1958年底，全国工业企业数达到26.3万家，比1957年底增加9.35万家；1959年底，工业企业数达到31.8万家，比1958年又增加了5.5万家。在这两年中，所增加的工业企业主要是地方的中小型企业。与此同时，政府也提出了实现农村工业化的口号，大办农村工业，1960年农村社办企业达到11.7万家。①

历时三年的“大跃进”，造成了资源的极大浪费，经济发展路线被迫于1961年进行调整，直到1965年才有所恢复和发展。到1966年，国民经济刚刚恢复元气，便又开始了“文化大革命”。这一时期，由于城市企业，特别是国营企业闹革命，处于半停产状态，因而，市场供应十分紧张，城镇就业压力越来越大。这

① 陈乃醒．中小企业经营与发展［M］．北京：经济管理出版社，1993：15-17.

就为中小企业，特别是城镇集体企业和社队企业的发展带来了机遇。这一时期的中小企业发展可分为两个阶段：1966～1970年是缓慢发展时期，企业数增加了3.73万家。1970～1976年是高速发展阶段，企业数增加了9.9万家，其中，中小企业增加了7.9万家。这一时期中小企业发展的特点是：地方增强经济实力大办“五小”（小炼油、小水泥、小火电、小玻璃、小钢铁）工业，1970年，全国有将近300个县、市办起了小钢铁厂，有20多个省、自治区、直辖市建立起手扶拖拉机厂、小型动力机械厂和小型农机具制造厂，有90%左右的县建立农机修造厂；城镇为安置待业青年大办街道集体企业。

以天津市为例，1965年由于工业调整，街道集体工业企业仅剩下29家，工业总产值仅382万元；到1975年，短短10年时间，发展到1249家，工业总产值15391万元，占全市街道、乡以上集体工业总数的48.6%，占全市工业总产值的6.7%。为转移剩余劳动力，农村社队企业在“夹缝”中发展起来。1965～1976年，全国社队工业企业由1.2万家增加到10.6万家，增加了7.8倍，社办工业总产值由5.3亿元增加到123.9亿元，增长了22.58倍，占全国工业总产值的比重由0.4%上升到3.8%；队办工业产值由1971年的38.8亿元，增长到1976年的119.6亿元。[①]

三、1978～2008年中小企业的发展

1978年党的十一届三中全会召开，中国开始全面推进改革开放。中国迎来了经济发展的最好时机，中小企业也赶上了全面发展的最佳时机。经济体制的改革，改变了单一的所有制结构，促进了私营经济的发展，无论在城市还是在农村，私营企业数量都急剧增加。对外开放不仅带来了资金和技术，而且开辟了巨大的国际市场，为中小企业的发展带来了新的市场和发展机会。

三十多年来，中小企业发展特别迅速。1978～1997年的20年中，全国乡及乡以上工业企业由34.8万家发展为53.2万家，增长了53%；其中，中小企业由34.7万家发展为52.7万家，增长了52%。1994年，国内全部工业企业1001.7万家，其中，小型企业为999.67万家，工业总产值为56228.8亿元，分别占全

① 王慧敏．中小企业的创新与发展［M］．上海：上海人民出版社，2002：7－10.

部工业企业总数和工业总产值的99.8%和73.1%。[①]

到2005年底，全国共有中小工业企业26.38万家，其中，规模以上非国有企业21.96万家，全部中小工业企业的资产合计达149177.8亿元。2005年中小企业创造的总产值达165213.1亿元，实现产品销售收入156158.9亿元，利润7960.8亿元，上缴利税14031.3亿元，从业人员5329.4万人。[②]

到2008年底，中国各地工商部门注册的中小企业970万家，个体工商户2917万家，分布在制造业、批发和零售业、建筑业、采矿业、运输和仓储业、餐饮业、信息传输和软件业等众多行业。其中，制造业222.87万家，占中小企业总数的22.9%。中小企业创造的最终产品和服务价值占全国GDP（国内生产总值）的60%，缴纳的税金占到总量的50%，外贸出口占到总量的68%，发明专利占到总量的66%，研发的新产品占到总量的82%，提供了75%以上的城镇就业岗位。

总结改革开放以来中国的中小企业的发展历程，可以得到以下几点启示：

（1）随着市场经济体制的建立和完善，中小企业日益成为市场竞争的主体。改革开放以前，由于实行的是计划经济体制，企业之间没有竞争或有很少的竞争，但是改革开来以来，企业间的竞争加剧，特别是对于中小企业来说，由于市场份额较少，所面临的竞争压力更大，因而，中小企业不得不在竞争中求生存。

（2）中小企业的所有制结构发生了巨大变化。1978年以前，中国企业基本上是以全民所有制为主体的单一公有制结构。1978年，在全部工业企业中，国营企业占37%，集体企业占62%。改革开放以后，多种所有制形式的企业发展很快，从而改变了企业单一所有制结构的特点。国有中小企业由于自身的经营问题，以及市场经济体制的建立，通过破产、股份制改造、拍卖等方式逐渐从竞争性领域退出，数量和比重不断下降。集体企业在改革开放初期曾获得了较快的发展，新兴的城镇集体企业主要有两种：一种是由各地各级劳动服务公司兴办的集体企业。劳动服务公司是作为统筹劳动就业、开展就业培训的综合机构。到1988年，全国各级各类劳动服务公司发展到6.5万家，举办生产经营和服务性企业达

① 陈乃醒．中小企业经营与发展［M］．北京：经济管理出版社，1993（3）：19－20.

② 陈乃醒，傅贤治．中国中小企业发展报告（2006～2007年）［M］．北京：中国经济出版社，2007：9－10.

24 万家，累计吸收劳动力 1300 万人。另一种是厂办集体企业，主要是由国有大中型企业为安排本厂职工的子女、亲属而兴办的集体企业，如冶金部系统 1986 年厂办集体企业有 3760 家，安排就业人员 81.5 万人。①

进入 20 世纪 90 年代，集体企业发展停滞，再后来很多集体企业通过各种方式实现了私有化。在农村地区，集体乡镇企业也经历了由繁荣到衰退的过程。个体、私营企业不断发展壮大，成为中小企业的主体。据统计，1987 年底，雇工 8 人以上的私营企业，全国已有 22.5 万家，雇工人数约 360 万人。到 1994 年底，全国私营企业发展到 43.2 万家，从业人员 648.3 万人。其中，城镇 24.2 万家，从业人员 332.4 万人；农村 19.1 万家，从业人员 316 万人。

私营企业平均每家的从业人数为 15 人，雇工 20 人以下的大约占 70%，雇工百人以上的不足 1%。② 到 2004 年 12 月底，中国共有注册登记私营企业 36507 万家，占全国企业总数的 47.5%，已经成为数量最多、比例最大的企业群体。2005 年底，中国注册私营企业已达 430 万家，较 2004 年底又增长了 178%。2004 年底，中国私营企业从业人员数量达到 5017.3 万人。另外，2004 年个体工商户为 2350.5 万家，从业人员达 45871 万人。③ 此外，外资企业数量不断增加，在外资企业中，中小企业占 90% 以上。

（3）中小企业从“小而全”向“小而专”发展。过去人们由于受到“自给自足”的小农经济思想的影响，否认商品经济，企业不是搞专业化，而是搞“小而全”。

随着商品经济的发展、企业间竞争的加剧，中小企业开始向“小而专”发展。企业横向联合的发展，打破了地区、部门间的分割，打破了层次间的束缚，使分工越来越细。生产社会化程度的提高使“小而全”越来越不可能，“小而专”成为中小企业发展的必然趋势。④

（4）中小企业在经济和社会发展中地位和作用越来越突出。经过改革开放以来的发展，中国的中小企业已经成为促进经济增长、技术进步，吸收新增劳动

---

① 陈乃醒．中小企业经营与发展［M］．北京：经济管理出版社，1993：29－31.

② 陈乃醒．中小企业经营与发展［M］．北京：经济管理出版社，1993：30.

③ 陈乃醒，傅贤治．中国中小企业发展报告（2006～2007 年）［M］．北京：中国经济出版社，2007：11－12.

④ 王慧敏．中小企业的创新与发展［M］．上海：上海人民出版社，2002：11.

力的主要力量。

（5）推动中小企业改革和发展的政策法律体系逐步形成，中小企业发展的社会服务体系逐步完善。为了更好地促进中小企业的发展，中国于2002年出台了《中华人民共和国中小企业促进法》，为中小企业的发展奠定了法律基础。

此后又推出一系列的相关政策，如2005年的《国务院关于鼓励支持和引导个体私营等非公有制经济发展的若干意见》，2008年财政部、工业和信息化部的《关于印发中小企业发展专项资金管理办法的通知》以及《关于支持引导中小企业信用担保机构加大服务力度缓解中小企业生产经营困难的通知》。

（6）中小企业创新能力和竞争力不断增强，企业的管理水平不断提高。科技型中小企业数量显著增加，科研水平也得到很大提升。中小型企业的发明专利占总量的66%，研发的新产品占总量的82%。

第三节　中国中小企业现状

新中国成立以来，中国的中小企业在曲折中不断发展壮大，特别是改革开放以来的三十多年，中小企业发展迅猛，已经成为推动国民经济发展、构造市场经济主体、促进社会稳定的基础力量，在确保国民经济适度增长、缓解就业压力、实现科技兴国、优化经济结构等方面，均发挥着越来越重要的作用。

目前，中国中小企业发展的基本情况为：截至2014年末，我国在工商部门登记在册的中小企业4700万家，约占全国企业总数99.8%。中小企业工业总产值、销售收入、实现利税分别占总量的60%、57%和40%；在流通领域中，中小企业占全国零售网点的90%以上。中小企业大约提供了75%的城镇就业机会。近年来的出口总额中，有60%以上是中小企业提供的。[①]

2014年9月2日，工业和信息化部中小企业发展促进中心主任秦志辉在APEC中小企业工商论坛上发布了《中国中小企业发展报告（2014）》。报告表明，2013年是中国中小企业数量增长较快的一年，第三产业中，中小企业增幅

① 国务院发展研究中心企业研究所．中国中小企业发展报告（2014）［Z］．2014.

居前，产业结构逐渐向好。2013 年 10 月国务院第二十八次常务会议部署推进注册资本登记制度改革后，新登记市场主体加速增长。

从新增市场主体数量来看，2013 年新增市场主体数量同比增幅为 10.33%，注册资本金总量增速为 18.21%。从结构上来看，新登记企业主要集中在第三产业，为 191.58 万户，占新登记企业总数的 76.55%；新登记的第三产业个体工商户占新登记个体工商户总量的 65.5%。

电子商务正在成为中小企业拓展市场的重要方式。中小企业是电子商务应用的“主力军”，2013 年，中国电子商务规模突破了 10 万亿元，2014 年达到 13 万亿元。在全国很多地方，广大中小企业越来越重视信息化建设，部分中小企业应用电子商务拓展市场的意识明显增强，线上、线下结合已成为一些中小企业顺应发展变化形势的重要举措。①

当前，中国正处于重要的发展战略机遇期，发展中小企业是推动我国经济转型升级、提升经济增长质量、增进社会和谐的重要抓手，也是推动实现国富民强“中国梦”的重要力量。今后一段时间内，促进各种要素加快向中小企业聚集、降低中小企业要素使用成本仍然是改革的重要方向，需要在各个相关领域持续地进行改革创新。

另据国家统计局公布的第三次全国经济普查资料显示，截至 2013 年末，我国小微企业达到 785 万家，与 2008 年相比，增加 300 多万家，年均增长速度在 10% 以上，占全部企业的比重达到 95.6%。其中，2009 ~ 2013 年新开业小微企业合计达到 449 万家，占全部小微企业的 57.2%。

我国小微企业从业人员达到 14729.7 万人，占全部企业从业人员的 50.6%。其中，2009 ~ 2013 年新开业小微企业从业人员达到 5964.6 万人，占全部小微企业从业人员的 40.5%。从年份看，新开业小微企业规模呈逐年增加趋势，占当年全部新开业企业的比重呈现出稳步上升的态势。

2009 年以来，特别是“十二五”期间，各级政府简政放权，逐步消除制约非公有制经济发展的制度性障碍，全面落实促进非公有制经济发展的政策措施，积极鼓励和引导民间资本投资兴办企业，并逐步加大对小微企业发展的扶持力度，促进了私营和混合所有制小微企业的快速发展。

---

① 国务院发展研究中心企业研究所．中国中小企业发展报告（2014）［Z］．2014.

截至2013年末，在我国全部小微企业中，私营小微企业单位数和从业人员分别达到545.5万家和8918万人，分别占全部小微企业单位数和从业人员的69.5%和60.5%；有限责任公司单位数和从业人员分别为139.3万家和3152.2万人，分别占全部小微企业单位数和从业人员的17.7%和21.4%。在我国全部小微企业中，国有、集体小微企业分别为9.5万家和12.1万家，分别占全部小微企业单位数的1.2%和1.5%；国有、集体小微企业从业人员分别为382.5万人和329.7万人，分别占全部小微企业从业人员的2.6%和2.2%。

在我国全部小微企业中，分布在服务业领域的小微企业单位数和从业人员分别达到518.6万家和14729.7万人，分别占全部小微企业单位数和从业人员的66.1%和38.4%。其中，2009~2013年新开业服务业小微企业单位数和从业人员分别为323.7万家和5964.6万人，分别占全部新开业小微企业单位数和从业人员的72.1%和49.4%，分别比全部小微企业相应比重提高6%和11%。分布在制造业领域的小微企业单位数和从业人员分别为219.1万家和6877.1万人，分别占全部小微企业单位数和从业人员的27.9%和46.7%。其中，2009~2013年新开业制造业小微企业单位数和从业人员分别为101.7万家和2422.5万人，分别占全部新开业企业单位数和从业人员的22.7%和40.6%，比全部小微企业相应比重下降了5.2%和6.1%。从开业年份看，新开业制造业小微企业虽然数量在逐年增加，但其占全部新开业小微企业的比重却呈现出逐年下降的趋势。在我国全部小微企业中，布局在东部地区的小微企业单位数和从业人员分别达到485.4万家和8446.8万人，分别占全部小微企业单位数和从业人员的61.8%和57.3%。其中，2009~2013年东部地区新开业小微企业单位数和从业人员分别为271.7万家和3297.1万人，分别占全部新开业小微企业单位数和从业人员的60.5%和55.3%，分别比全部小微企业相应比重下降1.3%和2%。从开业年份看，2009年以来，东部地区新开业小微企业单位数和从业人员占当年全部新开业小微企业比重虽均略有波动，但总体上单位数维持在6成左右，从业人员维持在55%左右。布局在中部地区的小微企业单位数和从业人员分别为134.9万家、3052.8万人，分别占全部小微企业单位数和从业人员的17.2%和20.7%。其中，2009~2013年中部地区新开业小微企业单位数和从业人员分别为80.5万家和1350.6万人，分别占全部新开业小微企业单位数和从业人员的17.9%和22.6%，分别比全部小微企业相应比重提高0.7%和1.9%。从开业年份看，2009年以来，我国中部地区新开业小微企业单位数和从业人员占当年全部新开业小微企业单位数和从业人员的比重虽略有波动，但总体上呈上升趋势。

2008～2013年，我国第二、第三产业企业就业人员由21889.4万人扩大到29123万人，增加了7233.6万人，增长33%。期间，新开业小微企业吸纳5964.6万人，对第二、第三产业企业就业人员增长的贡献率达到82.5%，拉动第二、第三产业企业就业人员增长27.2%。分地区看，2013年末，东、中、西部和东北地区第二、第三产业企业就业人员分别为16729.3万人、5790万人、4736.9万人和1866.7万人，与2008年相比，分别增加4035.7万人、1644.8万人、1390.6万人和184万人，分别增长31.8%、39.7%、41.6%和10.9%。其中，新开业小微企业分别吸纳3297.1万人、1350.6万人、985.9万人和331万人，对东、中、西部和东北地区第二、第三产业企业就业人员增长的贡献分别为81.7%、82.1%、70.9%和179.9%，分别拉动东、中、西部和东北地区第二、第三产业企业就业人员增长26%、32.6%、29.5%和19.7%。

小微企业对东北地区就业人员增长的贡献最高，不仅抵消了东北老工业基地改造造成的老企业就业人员规模缩减的影响，而且保持了东北地区就业人员规模的稳步扩大，促进了社会就业，对保持社会稳定发挥了重要作用。小微企业的快速发展，推动了我国产业结构的优化升级。

2013年末，我国第三产业企业单位数和从业人员占全部第二、第三产业企业单位数和从业人员的比重分别为66.4%和33.8%，与2008年相比，分别提高10.8%和5.7%。其中，2009～2013年新开业第三产业小微企业单位数和从业人员分别为323.7万家和2945.4万人，分别占全部新开业企业单位数和从业人员的72.1%和49.4%，分别比全部企业相应比重提高了5.7%和15.6%。从年份看，2009～2013年，新开业第三产业小微企业单位数和从业人员占当年新开业企业单位和从业人员的比重，均明显高于全部企业相应比重，且呈现逐年提高的趋势。

2008～2013年，我国第二、第三产业企业由496万家扩大到820.8万家，增加了324.8万家，增长65.5%。期间，新开业小微企业449万家，对第二、第三产业企业数量增长的贡献达138.2%，拉动第二、第三产业企业数量增长90.5%，不仅抵消了企业关闭破产影响，而且还保持企业数量快速增长。

2013年，我国第二、第三产业企业实现营业收入228.1万亿元，比2008年增加 123.9 万亿元，增长 118.9%，翻了一番多。其中，2008～2013 年新开业小微企业实现营业收入 26.9 万亿元，对第二、第三产业企业营业收入增长的贡献为 21.7%，拉动第二、第三产业企业营业收入增长 25.8%。

2013 年末，我国第二、第三产业企业资产总计 466.8 万亿元，比 2008 年增加 259 万亿元，增长 124.6%。其中，2008～2013 年新开业小微企业资产总计 50 万亿元，对第二、第三产业企业资产总计增长的贡献为 19.3%，拉动第二、第三产业企业资产总计增长 24.1%。①

2008 年以来，中小企业的主要发展特点和变化体现在如下几个方面：

（1）数量多，行业分布广。截止到 2014 年中国经工商部门注册的中小企业有 4700 万家，小微企业 449 万家。从行业分布来看，我国中小企业分布范围广泛，几乎覆盖了所有行业，最为集中的 10 个行业分别是：加工，商务服务，数码、电脑，机械及行业设备，医药保健，礼品、工艺品、饰品，五金、工具，办公、文教，建筑、建材，电子元器件，以上行业涵盖了中小企业总数的近 60%，约占全国企业总数的 99.8%。以 2014 年中小型工业企业为例，中小企业工业总产值、销售收入、实现利税分别占总量的 60%、57% 和 40%；在流通领域中，中小企业占全国零售网点的 90% 以上。中小企业大约提供了 75% 的城镇就业机会。近年来的出口总额中，有 60% 以上是中小企业提供的。

（2）创造产值和经营模式的变化。我国食品、印刷、造纸行业 70% 以上的产值，服装皮革、文体用品、塑料制品和金属行业 80% 以上的产值，木材、家具行业 90% 以上的产值来自于中小企业。从经营模式来看，生产加工位列第一，占 46.44%；经销批发位列第二，占 38.24%；商业服务位列第三，占 11.61%；招商代理位列第四，占 3.72%。

（3）员工人数、年营业额和注册资本分布变化。中小企业绝大部分的企业员工人数没有超过 200 人。其中 10～100 人企业所占比重最大，占比约 53%；而 500 人以上企业占比仅为 6.5%。中小企业年营业额 2000 万元以下的企业 82.19%，其中的年营业额在 1000 万～2000 万元的企业占比最高，为 10.85%，700 万～1000 万元的占 10.01%，年营业额超过 5000 万元的占 5.8%。

从注册资本的分布来看，近半数企业的注册资本都不超过 50 万元，注册资

① 工业和信息化部．中国中小企业发展报告（2014）［Z］．2014.

本少于100万元的企业占67.55%，其中30万~50万元的占34.3%，50万~100万元的占21.88%。注册资金在500万元以上的只占9%。把注册资本和年营业额一起看，后者一般是前者的10倍左右。而我国中小企业的平均寿命仅为2.5年，集团企业的平均寿命7~8年。①

（4）小微企业增长速度加快。截至2013年末，我国小微企业达到785万家，与2008年相比，增加300多万家，年均增长速度在10%以上，占全部企业的比重达到95.6%。其中，2009~2013年新开业小微企业合计达到449万家，占全部小微企业的57.2%。我国小微企业从业人员达到14729.7万人，占全部企业从业人员的50.6%。其中，2009~2013年新开业小微企业从业人员达到5964.6万人，占全部小微企业从业人员的40.5%。从年份看，新开业小微企业规模呈逐年增加趋势，占当年全部新开业企业的比重呈现出稳步上升的态势。2013年新增市场主体数量同比增幅为10.33%，注册资本金总量增速为18.21%。从结构上来看，新登记企业主要集中在第三产业，为191.58万家，占新登记企业总数的76.55%；新登记的第三产业个体工商户占新登记个体工商户总量的65.5%。

（5）电子商务正在成为中小企业拓展市场的重要方式。中小企业是电子商务应用的主力军，2013年，中国电子商务规模突破了10万亿元，2014年将达到13万亿元。在全国很多地方，广大中小企业越来越重视信息化建设，部分中小企业应用电子商务拓展市场的意识明显增强，线上、线下结合已成为一些中小企业顺应市场发展变化形势的重要举措。

（6）投资主体和所有制结构发生重大变化。国有、集体投资中小企业的比重仅为7.5%，非公有制经济所占的投资比重为92.5%。2014年非公有制经济中小企业4620万多家，占全部中小型工业企业数的93.8%，占全部规模以上工业企业的85%；其中，私人控股的中小企业数约为4600万家。

（7）投资结构的变化。中小企业主要从事第三产业和第二产业，少量从事第一产业。到2013年，新增市场主体数量同比增幅为10.33%，注册资本金总量增速为18.21%。从结构上来看，新登记企业主要集中在第三产业，为191.58万家，占新登记企业总数的76.55%；新登记的第三产业个体工商户占新登记个体工商户总量的65.5%。

---

① 束振．中小企业投资问题研究．

（8）地区发展不平衡，优势中小企业主要集中在东部沿海地区。从地域分布来看，以湖北省、四川省为分界线，东部30%的省份包含了80%的企业，而西部70%的省份只拥有20%的企业。其中，广东、浙江和江苏三省中小企业数量最多，分别占比26.01%、10.57%和8.09%。

（9）中小企业从业人员素质变化。改革开放以来，中小企业虽然取得了进步，但是整体而言，改革开放初期由于从业人员的知识结构和知识水平限制，中小企业的整体素质不高。中国中小企业的员工的文化素质普遍较低，多数企业的经营者文化素质普遍不高，知识结构老化，经营管理水平较低。尤其是小微企业的职工基本是由农民、市民中的失业者构成，文化水平低，技术水平无从谈起。但是近年来，中小企业的投资创业者和经营管理者的管理水平、知识结构、文化素质、专业技能都有质的提高和飞跃，中小企业员工的文化水平和工作技能等总体水平也都有很大的提高。

（10）中小企业的技术设备更新和创新能力有很大提高。近年来中小企业技术设备更新意识和速度有很大提高，东部地区中小企业生产技术设备总体接近国际水平，中部地区中小企业生产技术设备接近国内先进水平，西部地区中小企业生产技术设备相对落后于国内一般水平。中东部地区中小企业科技创新能力有很大提高。

目前，中国中小企业发展中还存在许多问题，如中小企业不能享有与国企和外资企业同等优惠的政策支持，中小企业普遍存在资金困难，由于贷款难，中小企业融资的渠道较少，担保体系不健全且问题、障碍多，因而，中小企业发展受到较大影响；一些地方政府对中小企业还存在偏见和歧视，只重视和支持国企、外资企业、外埠企业，不太重视也不愿支持本地中小企业发展，中小企业合法权益得不到有效保护，中小企业仍是市场竞争中的弱者。

中小企业的税负太重，税费高于世界发达国家标准，中小企业经营管理成本、融资成本过高，正如2016年3月4日习近平在全国政协十二届四次会议民建、工商联界联组会议上的讲话中所言："市场准入限制仍然较多；政策执行中'玻璃门'、'弹簧门'、'旋转门'现象大量存在；一些政府部门为民营企业办事效率仍然不高；民营企业特别是中小企业、小微企业融资渠道狭窄，民营企业资金链紧张，等等。对目前遇到的困难，有的民营企业家形容为遇到了'三座大山'：市场的冰山、融资的高山、转型的火山。"

当然，目前中国中小企业还普遍存在现代企业的管理制度不够健全，企业伦理道德体系还没有全面构建，一些中小企业存在无序恶意竞争，存在偷漏税、制造假冒伪劣产品、浪费资源、污染环境、不讲诚信及侵犯消费者和职工权益等现象也较为普遍，以上这些问题都是影响、制约和阻碍中小企业持续、健康、和谐发展的重要因素。

第四节　企业伦理道德评价

企业道德评价是根据一个国家、地区、民族的传统文化、道德规范，对企业活动参与主体的道德活动或行为所做出的善恶价值判断。企业道德评价是企业伦理道德活动的重要组成部分。从某种意义上说，企业道德评价是企业伦理道德活动的基础核心，体现着企业伦理道德活动的特点，指导着企业经营管理活动的伦理方向。企业道德评价对于中小企业经营管理活动主体道德品质的形成，对于中小企业与员工、与消费者、与政府等各方的关系协调，对于中小企业行业风气、市场环境以及社会不良风气的改善，都具有重要的现实意义。

一、评价的意义

伦理道德评价在中小企业经营管理活动中是各利益攸关方都能感受到的精神力量。企业伦理道德评价是企业道德规范向企业主体良心或内心信念转化的重要杠杆，是企业道德意识转化为企业伦理道德行为的重要推动力量。其重要作用表现在：

第一，促进社会主义市场经济制度下的企业与全球市场化国家企业平等参与全球化大背景时代条件下的市场竞争。社会主义市场经济体制是中国经济体制的特色，是中国新时期对马克思主义政治经济学的一大创造性发展。实践证明，市场经济有利于进一步解放和发展生产力，有利于激发人的积极性和创造性。但是，市场经济要健康有序地运行，充分发挥其真正价值作用，就必须在法律和道德的约束规范之中；否则，它就会危害人民，危害社会，进而阻碍经济的发展和社会的进步。总而言之，中国特色社会主义市场经济不仅要和社会主义法制相结合，更要以德治国。与刚性、冰冷、无情的法律规范相比，道德当然是一种柔性文化，更多地依靠社会舆论和个体的内省与感悟，是他律与自律的统一。在现实的社会生活中，法律和道德就是一种有机互补的协同关系，法律是强制外化，道德是自觉内化，二者互融，缺一不可。通过企业道德评价，树立正确的企业伦理道德观，启发个体的道德自觉性，在市场经济条件下、在法律的规范下以德治国、治企可以超越“经济人”的局限性，从而实现社会全面和谐发展。

第二，引导企业在复杂的市场环境中和企业经营管理活动中明辨善恶，增强其社会责任意识和企业道德责任感。企业道德评价的特点，是借助于人的内心道德信念和社会舆论的影响，促进内化于人的“致良知。”① 进行企业道德评价，首先要判明主体行为活动的善恶属性，唤起人的主体普遍的道德良知和社会责任感。在此意义上，人们通常把道德评价比作“道德法庭”。

现实生活告诉我们，这个无形的法庭通常比有形的法庭更有震撼力，因为它所触及的是人的灵魂。企业道德评价诉诸是与非的界限，以唤起主体的自觉为前提。通过道德评价，人们可以认识到哪些行为是可行或被认可的，哪些行为是被禁止或否定的，并感受到在道德评价所肯定的行为上社会舆论和内心信念的赞许美誉，在道德评价所否定的行为上社会舆论和内心信念的压力。

企业道德评价对负面的不道德现象的否定，本身就是对正面的崇尚道德的弘扬。同样，它对崇尚道德行为的肯定，本身就是对负面的不道德行为的价值取向的鞭挞。目前，中国经济正处于全球化大背景时代条件下的经济新常态和经济结构、供给侧改革的转型攻坚时期，全面深入地开展企业道德评价活动，有助于引导和规范企业的主体行为，从而能够有效地克服企业道德伦理丧失现象，增强企业主体的道德责任意识，强化企业主体的社会责任感。

第三，协调企业与员工、企业与消费者、企业与政府、企业与社会、企业与环境的关系，提高人的生存质量。人际关系是一切社会关系的基本核心内容，是人的精神生活的重要方面。追求一种和谐共处、互助互谅的人际关系是社会和个体的价值目标之一。企业道德评价是调节和完善企业人际关系的重要手段。

正确的企业道德评价，会促使企业主体在经营管理活动中学会如何做人，如

---

① 徐平，秦龙. 王阳明“致良知”哲学思想探微［J］. 大连海事大学学报（社会科学版），2009，8（6）：98－100.

何处事，如何处理企业活动中人与人、个人与集体、企业与社会的关系，从而不断地按照道德伦理的要求调整自己的行为处事方式，使利润攸关各方携手共赢，为和谐社会的建立创造良好的企业经营环境。

第四，激励、鼓励企业经营主体，发挥其主体的主观能动性。在企业的经营管理主体活动中通过作用于人的内心道德世界，企业道德评价能够激发企业主体的道德责任心或道德荣誉感，唤起企业主体的强大道德动力。在人的内在良心机制的作用下，企业道德评价将促使企业主体发挥最大的道德主体能动性。

二、评价的标准

进行企业道德评价，首先需要建立统一的企业道德评价标准体系。[①] 无企业道德评价标准体系，企业道德评价标准各异，则社会舆论无从监督，褒善贬恶功能很难发挥，于是道德评价的社会作用就会丧失。

企业道德评价标准指的是那些判断企业活动行为善与恶、是与非、对与错的一般的和具体的价值取向的尺度。要把握好这个道德评价尺度，理解其合理性，必须和它的历史性、民族性、相对性结合起来。

人类道德评价的合理性标准，只能根植于人类社会文化生活习俗之中，任何道德评价都是关于一个社会中存在的道德理论客体对于道德主体，即对某个具体社会或具体群体有道德价值的表述。

不同的社会存在不同的道德主体需要，其善恶尺度是不一样的，善恶标准的历史性、民族性、相对性，决定了道德评价的合理性也是历史的、民族性、相对的。从根本上看，人们构建和调整企业道德体系，进行企业道德评价，最终是以合理地处理和协调参与企业活动的各利益相关者之间的关系，以促进经济的发展为基础。因此，可以根据这一基础来构造确定评价的标准，把那些可以正确处理好各方利益的、推动经济发展的企业现象视为道德的。反之，则视为不道德的。

企业道德评价的一般标准也就是善恶标准。善恶标准是适合于一切道德行为评价的基础标准。作为判断人的伦理行为价值的最一般的标准，善是指一个人或一个群体的行为或活动符合一定社会或阶级的道德原则、规范的要求；恶是指一个人或一个群体的行为或活动违背一定社会或阶级的道德原则、规范的要求。善

---

① 周利国．中小企业伦理与道德建设五日通［M］．北京：经济科学出版社，2007：124.

和恶既是一种评价，又是一种关于个体或群体的行为、活动有无道德价值的一种价值判断。

善和恶是一对历史范畴，其内涵随着社会生活的变化而变化。历史表明，不同的时代、不同的社会利益需要，道德评价的善恶标准是不同的。由于民族、地域和文化的差异，各个民族对善恶也有着不同的理解。正如恩格斯所说的："善恶观念从一个民族到另一个民族、从一个时代到另一个时代变更得这样厉害，以至它们常常是直接矛盾的。"①

善和恶是相比较而存在的，在相互斗争中不断发展的。在人类社会生活中，人们总要谴责那些不利于社会发展利益的行为，赞扬那些有利于社会发展利益的行为。从这个意义上看，正是因为有了善，才有了恶，或者说，正是因为有了恶，才有了善。运用历史标准进行企业道德评价时，不能持简单化的态度。历史标准对于企业道德评价的终审裁决权威，是从最终目标上来立论的；如果涉及历史发展的具体环节时，必须考虑到企业行为在历史发展总链条中的具体地位和具体道德性质。具体事件，还需要对其做具体的分析。因此，运用历史标准进行企业道德评价时，必须考虑到企业行为在历史发展总链条中的具体地位和具体道德性质。

企业道德评价的任何阶级利益标准都必须经受历史标准的检验，以确定自己在社会历史中的合理性。社会主义市场主体的企业活动及其道德标准更应该自觉地以有利于社会的进步、大多数人的幸福、社会物质文明和精神文明的发展为根本标准。企业道德的善恶标准在根本上表现为义利关系标准。义，即道德规范。其含义包括：①不自私、不侵占别人利益；②有利于别人；③舍弃自己的利益以成全别人；④超越直接的人际关系，为社会利益服务。利，即利益，指个人物质财富利益和社会地位。长期以来，企业活动中对道德和利益的关系问题，是评价企业活动或行为是否符合道德的核心问题。

在西方企业活动中，参与者追求自身利益的合理性，最早起源于亚当·斯密的"经济人"观点。亚当·斯密在《国富论》中就曾分析到：经济现象是由具有利己主义的人们的活动所产生的，人们在经济行为中追求的是私人利益，人是一种经济动物。以这种对人的经济本性的假设为基础，出现了一些较为极端的思

① 马克思，恩格斯·马克思恩格斯全集（第3卷）［M］．北京：人民出版社，1971：101.

想，认为企业活动中的道德观可以建立在自私自利的基础上，放弃道德束缚，追求私利是人之天性，所谓“无商不奸”。后来，芝加哥大学的米尔顿·弗里德曼也强调，企业的唯一任务就是赚取利润，只要是在法律允许的范围内，企业就应在经营中谨慎地使用有限的组织结构资源为股东带来最大利润。

亚当·斯密是第一个旗帜鲜明地提倡保护私人利益的人，其“经济人”的观点在西方世界产生了深远影响。多少年来，西方社会里拜金主义到处泛滥，人际关系唯利是图，公司竞争尔虞我诈，这一切都在“经济人”观点的合理解释下变得理所当然起来。①

中国古代商德也认为好利欲富是人的本性，司马迁指出自天子王侯到庶民百姓，都是有利欲的，揭示出“求利”是“自然人”千古不变的自然律，说：“天下熙熙，皆为利来，天下攘攘，皆为利往”（《史记·货殖列传》）。而且指出不仅都有利欲，而且心贫求富。“富者，人之情性，所不学而俱欲者也”，“夫千乘之王，万家之侯，百室之君，尚犹患贫，而况匹夫编户之民乎?”（《史记·货殖列传》）人性的这种好利求富是包括经商在内的一切行为的驱动力。“利之所在，天下趋之”（苏洵《上皇帝书》）。“有利则竭蹶而趋，无利则掉臂而往”（乾隆《宣化府志》，卷37）。商人经商的目的是要获利，没有利益驱动，就没有人经商，所以管仲学派认为，商人不辞辛苦，不远万里从事贸易，就是因为有利益吸引。

从本质上讲，企业追求利润最大化是无可厚非的。市场经济是利益驱动机制，没有对利益的追求，也就没有市场经济。因此，利益原则是市场经济的一个基本原则，社会主义市场经济的企业道德也不否定人们对正当利益的追求。在市场经济条件下，企业是以盈利为目的而从事生产和经营活动、向社会提供商品或服务的经济组织。所以，凡是独立从事生产和经营活动的企业和个人都是市场的主体。而经济利益——尤其是最大经济利益和最高利润，乃是市场得以运行的原动力。

但是，企业单一追求利益至上，把企业利益的最大满足作为企业追求的价值目标，把索取物质财富的数量多少作为衡量企业主体价值实现的唯一标准；只看到企业利益的至上性，看不到在享受企业权利、利益的同时，应当承担对社会和

① 周利国．中小企业伦理与道德建设五日通［M］．北京：经济科学出版社，2007：125－126.

利益相关者应有的义务和责任；只看重企业经营的经济效益，忽视社会效益，甚至将消费者的利益和生命财产看作儿戏，不择手段、唯利是图；只想索取，不思奉献，总是希望以最少的成本或不正当的经营手段获得更多、更大的财富，而不管是否符合伦理道德标准，是否正当索取，是否违背法律，这种人性的内在要求，在企业活动过程中如果任其发展，必然导致各种不道德行为的泛滥，从而侵害社会整体利益，破坏市场经济秩序。

由此应将儒学伦理的以义取利、义利并举、先义后利作为现代市场经济条件下对企业道德评价的基本善恶标准，其明确了社会主义市场经济条件下的利益与道德不是对立的，既讲企业伦理道德又讲经济利益，提倡义利结合。否则，重义轻利，则与市场经济的效益原则相背离，不利于社会主义市场经济的快速发展；而重利轻义，又会造成如上所述的种种危及企业、社会道德原则和各种社会秩序失衡的丑恶现象，同样不利于社会主义市场经济的快速发展。义利结合是社会主义市场经济的本质特征之一，“共同富裕”实际上就是这种道德标准的一种体现。在义利结合的基础上，还要以义取利，即在义和利发生矛盾时，必须让利尽义。只有这样的行为或活动才是道德的，否则，则是不道德的。

事实上，当今国内外所有业绩卓著、基业长青的企业，都是反对“见利忘义”，主张“先义后利”的。这不仅体现在它们一般都重视做善事和促进地区与全社会发展、繁荣，更主要体现在它们的生产和经营活动都十分注意不损害消费者和社会的利益。相反，那些“见利忘义”的经营者，哪怕一时能聚敛一大笔不义之财，但最终必然“以不义得之，必以不义失之，未有苟得而能长也”（黄石公《素书注》）。

因此，在市场经济条件下，企业追求利润时，应奉行、遵循义利两全、先义后利、见利思义的企业道德准则，摈弃那种认为只有损人才能利己的极端利己主义的道德意识，在义利两全中实现企业的发展目标。

从道德评价的学理要求上讲，规范往往被理解为指导社会成员行为的某种准则，其中还包括标准的意思。就如同《辞海》所解释规范这一词语那样，“规范是指标准、法式等”。这里的标准，指的是衡量事物善恶的准则或楷模。由于一定的利益标准在道德领域内具体化为一定的道德规范标准，因而在具体的道德评价中，行为善恶与否，首先要看看是否符合一定的道德规范。利益标准在总体上是一切道德评价尺度的最终源泉，而道德评价标准则是利益标准在伦理道德领域的具体化。

要确定评价企业经营活动是否道德的具体标准，我们首先来看一下企业经营活动的进行、企业经营行为的发生所要涉及哪些环节，进而可以把评价的具体标准渗透到各个环节之中去比较对照，以便更好地做出正确的评价。市场经济中企业经营活动或行为所涉及的主要环节有：①

（1）生产环节，主要是指作为利益主体的厂商在生产和提供满足社会及消费者需要的各种商品和服务时的活动或行为。

（2）流通环节，主要包括在商品购销和商品存储过程中的活动或行为。

（3）营销环节，主要涉及商品定价、商品宣传（广告、促销等）过程中的活动或行为。

（4）服务环节，主要是指在生产销售商品过程中提供各类服务的活动或行为。

市场经济的企业道德，其核心是从消费需求出发，为用户服务，遵纪守法，文明经商，维护国家、企业和消费者的利益。因此在进行企业道德评价时，在义与利互补的基础之上，提出了企业道德评价的具体标准，这些标准同样属于企业道德规范的范畴，正如上面所提到的，标准和规范是可以相互表述的，它们具有统一性。

这些具体标准包括：

（1）讲求效益。市场经济之所以终被中国采纳，是因为它具有经过历史和实践证明的、迄今为止其他各种经济类型社会所无可匹敌的效率优势和效益优势，亦即我们通常所说的生产力优势，所以市场经济社会的一大终极价值目标就是效率和效益。由于效益意味着社会财富的快速积累和增加，我们有时也可以把这个社会终极价值目标表述为富裕。但在此我们还是要强调，在追求效益的提高和财富的积累时，不能以道德的沦丧为代价，而是要义利结合，先义后利。

（2）讲求公平。公平即公开、公正、平等。公开，指商品交换活动公开，商品质量和价格公开，市场规则和管理公开。没有公开，是非曲直难辨，真假善恶难分。公正是一种品德，是讲公道、讲正气的品德。公正，保证市场的平等性、秩序的权威性和严肃性。古今中外，凡是公正的商人，由于本人的品德高

---

① 周利国．中小企业伦理与道德建设五日通［M］．北京：经济科学出版社，2007：127.

尚，经商活动中必然是以顾客的利益为重，主张公道、公正的行为，把公道、正义的行为看作道德的行为而加以推崇。坚持以消费者为中心，维护消费者的正当权益，全心全意为顾客服务，是企业道德的一项根本要求。平等是市场经济的内在要求和运行基础，没有平等的市场主体，就不可能发挥市场机制的作用，使市场充满活力，平等是效率的保证。以竞争的方式实现社会资源的配置和社会利益的初次分配，是市场经济社会所特有的激励机制。这一机制必须按照所有竞争者包括商品生产者和经营者在地位平等、机会均等、公平交易的原则来设计建构，方能实现其对每个社会成员都起作用的最佳激励效果，从而实现市场经济社会的高效率。

市场主体不因其身份的差异、经营规模的大小、所有制形式的不同而形成市场地位的不平等，他们在市场活动中根据价值规律的要求平等交易、自主经营，绝不能以大欺小、恃强凌弱。

只要经营者合法经营，守法致富，就能充分进行无为管理，为经营者的市场活力释放创造最佳的管理环境。①

（3）讲求诚实。诚实作为一种企业道德，得到了古今中外的公认。中国古代的商德规范就以“诚实守信、市不豫贾”（晏子《春秋·问篇》）最为基本，是支配其他商德规范的两大商德原则。现代市场经济，诚招天下客，诚实服务是企业成功之路。诚实的实质是货真价实，童叟无欺，待客平等，优质服务。厂商不虚定高价，不愚弄、诓骗顾客以牟取暴利；保证商品货真量足，不以次充好、缺斤短两。对待顾客，无论年龄长幼，相貌如何，穿戴好坏，都应真诚、友好、热情相待。要时时处处为顾客着想，认真了解和解决顾客在购物过程中遇到的各种难题，真正做到售前、售中、售后始终如一，让顾客感觉便利满意。

（4）讲求信誉。企业信誉是在相同条件下能影响企业获得高于一般利润水平的能力而形成的价值。信誉是企业的名声、形象和生命，是无价之宝。企业的信誉好，就有强大的生命力，就能不断地发展；企业的信誉不好，就没有生命力，就会陷入困境，甚至破产。由此可见，信誉是企业成败的关键。“信”作为一条重要的道德原则，是人立身处世、自我修养的基本准则，也是人们进行市场活动的基本准则。“信”是市场主体立足市场、开发市场的重要资源，“人无信

① 周利国. 中小企业伦理与道德建设五日通［M］. 北京：经济科学出版社，2007：128.

不立，店无信不开”。“信”就是要遵守诺言，讲求信誉，说话算数。“言必信，行必果”，这是做人最起码的道德要求，也是市场契约的内在道德要求。

“人而无信，不知其可也。”中国传统文化儒学伦理思想中，“信”有着崇高的道德地位，在今天，“信”仍然是市场经营者和管理者的人之所立，是市场秩序的重要保证。因此，要继承历史优良道德传统，以“信”为核心来弘扬市场经济道德。由此可知，中国目前统一的企业道德评价具体标准实际上是个标准体系，它由效益、公平、诚实、信誉四项基本原则构成。

道德评价标准确定，评价的操作化便变得可行。简单说来，就是用效益、公平、诚实和信誉这四项基本评价标准对企业活动或行为进行评价。经评估，凡是与四大评价标准相符的，就是好的、善的，否则，就是坏的、恶的。不过，大量的实际评估肯定远比上述过程复杂。在用评价标准体系评价某一问题时，有时可能会出现结论不一的情况，如“允许一部分人先富起来”的政策方针，虽有利于社会生产效率的提高，可同时也导致了个人在财富拥有方面的不平等。因此，要深入地理性分析并根据二者利弊大小的权衡计算才能决定对二者的取舍。①

三、评价的形式

道德评价的主要形式有自我评价和社会评价这两种，企业道德评价也不例外。这是因为几乎任何一种道德都是自律性与他律性的统一。

道德不只是一种外在的约束力量，就其本性而言，它更是一种内在的自律性力量。道德自律性相对于道德的他律性，意指道德主体为自己立法。道德立法不同于法律立法，道德的立法就社会而言，表现为社会关系中引申出来的种种道德规范，因而具有外在于个体的制约性质，这也是我们所说的道德规范的他律性。就个体而言，道德主体自己为自己立法，是把这种外在的道德要求内化为心中的道德法则。道德主体为自己立法，一方面把基点建立在对道德他律性的认同上；另一方面又是对这种认同的进一步发展，即不但敬畏和服从道德，而且主动给自己制定具体的行为准则。道德主体的行为既要受自身的意志约束，又要结合道德规范的外在他律性来评价。

---

① 周利国．中小企业伦理与道德建设五日通［M］．北京：经济科学出版社，2007：129，136－138.

（1）企业道德的自我评价和社会评价。

企业道德的自我评价，就是企业活动的参与主体对自己行为所做的一种善恶上的自我认识，是依据自身的价值取向，对自身行为所做的道德判断。它依赖于道德主体的内在约束力量，即主体的理性自觉、良心机制、积极主动性，这也是儒学伦理致良知思想。其主要特点，就是行为者既是评价的客体，又是评价的主体。主体要评价的客体就是主体自身。[①] 其目的主要是要正确地认识自己并了解自己的道德品质和道德行为，从而能够不断提高自身的道德品质。

企业道德自我评价依据的是企业活动主体的内心信念机制，也就是良心。良心是对自身道德行为的自我认识、控制、调节和评价的综合体。良心在道德自我评价中总是同责任感、荣誉感和羞耻感结合在一起的，对于自己做出的符合社会道德规范要求的善的行为，感到光荣、崇高，并带着精神上的欣慰感；反之，对自己做出的不符合社会道德规范要求的恶的行为，则感到羞愧、卑劣，并对自己进行道义上的谴责。良心在对自身的行为进行评价的过程中，总伴随着一种对自身行为的价值导向。

当企业活动主体对某一行为认为符合企业伦理道德标准时，他就会对自己发出指令，在今后遇到类似的处境时，就应当做这样的选择；当他对某一行为感到道德缺失时，他就会对自己提出告诫，在今后遇到类似处境时，避免犯同样的道德错误。

由于人们对自身道德行为的评价，总是要受自己的利益、感情等影响，因而往往很难做到客观地、正确地认识自己。

因此，“人苦于不自知”这条古老的道德格言，应该成为人们在道德自我评价时所特别注意的戒律。老子认为：“知人者智，自知者明；胜人者有力，自胜者强”（《道德经》第三十三章）。从道德修养的角度来看，能够正确地认识和评价别人，不过是一种机智，只有能正确地认识和评价自己，才能算高明。而且，只有能够战胜自身弱点的人，才算是最坚强的人。因此，在道德自我评价中，不仅需站在自身的立场上进行道德自我评价，而且要能够站在顾客、企业团体、社会的立场上，从顾客、企业、团体、社会的利益出发，对自身的行为进行客观分析和评价。

---

① 彭希林．论社会道德舆论的形成与作用［J］．湖南社会科学，2003（2）：23－24.

企业道德的社会评价，是社会对企业活动参与主体的行为所做的价值评判或道德判断，它依赖的是道德主体之外的外在客观约束力量。道德的社会评价的最重要的方式，就是社会舆论。①

社会舆论包括口头议论和大众传播媒介两个方面。因而道德社会评价既可以是评价者依据道德评价标准，通过口头议论的方式，对被评价的人或事进行评论、指责、贬斥或赞扬、肯定，并通过人们彼此相传的形式，对被评价的行为施加影响；也可以是通过大众传播媒介，即通过报纸、广播、电视、互联网等方式，对某一个体或群体的行为进行善恶评价，并对被评价行为施加影响，从而在更大范围内或在全社会中起到抑恶扬善的作用。个体或群体的行为，在自我评价的同时，必然受到社会评价的导向。

道德规范之所以具有约束力，一个很重要的方面，就在于有社会舆论这一强大的力量。主体的自我意识、良心并不是天生的，而是一定历史和社会的产物，社会舆论在主体良心的形成过程中，有着特殊的作用。在日常生活中，人们都会随时随地感到，社会的共同舆论具有的权威性。对于某些人来说，他们之所以不愿做或不敢做不道德的事，往往就是由于惧怕社会舆论的谴责。

社会舆论之所以具有权威性，就在于它代表着广大群众的一种意志、感情和价值取向，并能给人以荣誉感或耻辱感，迫使人们在行为选择时，不得不考虑社会舆论对自己的评价。社会舆论作为社会成员表达他们自己意志和意愿的一种特殊方式，总是与社会上长期形成的、传统的价值观念联系在一起的。因此，我们在对待社会舆论时，必须区别正确的舆论和错误的舆论，并努力消除、减少错误舆论在社会道德评价中的影响。对于一个时代、一个社会来说，由于在一定经济基础上形成的社会舆论和道德评价，反映着一定的利益关系和道德准则的要求，由此，基本来说，这一社会舆论体现着它的总的价值取向，是维护社会安定的巨大力量。

加强企业道德的社会评价作用，对规范企业行为、纠正企业行业不正之风以及改善社会风气、培养企业从业人员良好的企业道德品质、抵制种种不道德的企业行为，都具有十分重要的作用。企业道德的社会评价，能够造成一种特殊的善恶分明的氛围，使不道德的行为者受到强大的精神压力，感到羞愧、内疚甚至无

① 彭希林．论社会道德舆论的形成与作用［J］．湖南社会科学，2003（2）：23－24.

地自容，使那些合法经商、诚实服务于大众、造福于社会的行为得到尊敬。

中央电视台每年一次的“3·15”晚会以及各大报刊对企业无德不法行为的曝光，就是较好地发挥了社会舆论的道德评价作用。可以说，社会道德评价的强弱，往往形成一个社会道德水平的试金石，与社会道德水平的高低成正比关系。强有力的、正确的社会舆论，代表着一个社会大多数人道德上成熟的善恶判断，反映着人们共同的感情、意志、信念和愿望，体现着社会进步的要求。这种社会舆论，通过口头议论和大众传播媒介的信息传递，形成了一种独特的社会力量，使不道德行为犹如过街老鼠，人人喊打，使道德行为能够广为扩散，对社会成员产生强烈的感染作用。

这样，一个社会的道德水平和道德风尚就会不断进步、不断升华。①

（2）企业道德的自我评价与社会评价的统一。

人们在道德上的自我评价，要受社会评价的制约；而道德的社会评价，只有为该社会成员的自我评价所认同，才能发生有效的作用。因此，使道德的自我评价和社会评价统一起来，是道德自律性与他律性统一的体现。

道德的自我评价，作为良心的自我评价，是人的自我意识的一种表现，取决于个人的生理心理机制、个人的性格特征及所受教育和所生活的环境。可以说，不同阶级的人有不同的良心，甚至每个人都有各自不同的良心。因而，道德自我评价具有主观性和随意性。

道德的社会评价（或社会舆论），基本上代表了一个社会的道德原则和规范的要求，体现着社会的利益，因而对于每一个人来说，它是一种不以个人的意志为转移的、客观存在的、具有约束性的力量。因而，道德社会评价具有客观性和普遍性的特点。尽管自我评价必须受社会评价的制约，但它也常常会同社会舆论产生矛盾。由于社会中总是存在着个人利益同群体利益的矛盾，因而道德的社会评价同自我评价之间，也经常发生这样那样的矛盾。社会中正确的、进步的社会舆论，将不断地发挥其价值导向的作用，逐渐改变那些不适应社会评价的自我意识，并逐步形成符合社会道德原则、道德规范的自我意识。同时，随着社会的发展和道德观念的变化，道德的社会评价也必将在这一过程中发生变化。由于企业道德自我评价和社会评价各有特点，需要互相补充、取长补短。一般来说，自我

① 周利国．中小企业伦理与道德建设五日通［M］．北京：经济科学出版社，2007：139－140.

评价应该主动适应社会评价，与社会评价保持一致，并通过自我评价实现社会评价的约束作用。但在某些特殊情况下，可能会相反。比如，在社会剧烈变革时代，特别是在旧观念已经不能适应社会的需要而亟须变更的时期，社会的道德评价，社会舆论的导向，往往既可能显示出正确的一面，又可能显示出与时代精神相违背的一面。

在这种情况下，自我道德评价，不但不应当受到旧的社会评价的约束，而且应该坚持正确的自我评价，根据自己的价值判断去改变环境以至改变社会。所以，道德的自我评价与社会评价统一的关键，在于自我评价与社会评价是否反映了时代的意志，是否反映时代的本质。如果社会舆论反映着时代的意志或本质，个人的道德自我评价就应当受这种意志或本质的制约，并服从这种意志或本质的召唤。相反，如果社会舆论所表现出来的只是错误，而道德上的自我评价体现着时代的意志或本质，那么，人们就应当不对那种偏见的舆论做任何让步。总而言之，道德上的自我评价和社会评价，必须以时代的意志或本质为转移，以社会发展的客观需要为准则。

另外，由于真正有道德的道德主体所尊重的是那种表现了时代的意志和本质的社会舆论，藐视的是那种非时代的意志和本质的社会舆论，因此，如果道德主体能够确信自己所认定的社会舆论真正是时代的意志和本质，代表着社会道德发展的未来方向，那么，即使这种社会舆论在眼下还不为人们所重视、所服膺，甚至由于“人微言轻”而受贬斥，他们也仍然坚信它最终必将冲破旧的社会舆论的藩篱，成为社会中占主导地位的新道德舆论。社会舆论在人类道德生活中的生命，终究还是由它所依附的社会生活来决定的。

中国正处于改革攻坚克难的经济新常态和供给侧经济结构转型调整时期，市场经济中企业活动领域也存在大量的伦理道德问题，为规范企业伦理行为、提高企业产品和服务质量，提高企业作为市场主体经营活动的全面参与必须自觉接受社会企业道德评价，依据有关企业法规和道德要求从事企业活动；在企业法规和道德要求还不够完善、详尽，甚至还有很多漏洞、空白存在的现阶段，还需要充分发挥企业在市场主体中的能动性和创造性，通过正确的自我道德建设来规范、约束企业自身的经济管理活动。

第五节　企业伦理道德缺失表现

中国的中小企业伦理道德缺失表现在企业经营活动的方方面面。既表现在企业内部，又表现在企业外部；既发生在生产环节，又发生在营销环节。中国中小企业伦理道德缺失的现象和行为主要有以下几个方面：

一、产品质量与安全问题频发

一些中小企业为了节约生产成本忽视产品质量和产品安全，使用劣质甚至有毒有害材料进行生产，致使假冒伪劣产品、有毒有害产品充斥市场，极大地破坏了市场秩序，危害了人们的生命财产安全。统计数字表明，从 1992 年到 2002 年这 10 年间，全国累计查获假冒伪劣商品货值达 300 多亿元。仅从 2000 年 10 月到 2002 年末，全国质量技术监督系统共出动执法人员 300 万人次，捣毁制假售假窝点 28000 个，查获假冒伪劣商品 47 亿元，立案查处 22 余万件。

2008 年，全国工商行政管理机关公平交易执法系统共查处各类违法违章案件 641800 件，其中违反产品质量法规案件 64643 件，制售假冒伪劣商品行为案件 89361 件，在立案查处的案件中，个体工商户案件 211700 件，占查处案件总数的 47.02%。2009 年第一季度，全国工商行政管理机关执法系统共查处各类违法违章案件 68202 件，其中，违反产品质量法规案件 6760 件，制售假冒伪劣商品行为案件 10343 件，在立案查处的案件中，个体工商户案件 22142 件，占查处案件总数的 44.59%。①

假冒伪劣产品往往出自规模不大的中小微企业和私人作坊之手。食品安全近年来成为一个严重的问题，有毒猪油、有毒白酒、有毒饼干、有害大米、病死猪肉、劣质奶粉等一系列令人担心害怕的食品在市场上不断出现。

案例 1：商品房质量问题

近年来，随着房地产市场的发展，中国的商品房价格不断上升。然而，在价

① 国家质量监督检验检疫总局. http://www.aqsiq.gov.cn，2009-07-09.

格上升的同时，房屋的质量并没有相应的提高。最近出现一系列有关商品房质量的事件，引起了社会各界的广泛关注。2009 年 6 月 27 日，上海市闵行区莲花南路莲花河畔景苑一幢在建 13 层楼房倒覆，一名工人被压致死。“莲花河畔景苑”的开发商——上海梅都房地产开发有限公司成立于 1995 年，当时是上海市闵行区梅陇镇的镇集体企业，2001 年，梅都公司转制为民营企业。转制后的梅都公司有 24 名自然人股东，开始的注册资本为 800 万元，后逐步增资到 1070 万元、1800 万元，增资资金均来自公司盈利。①

案例 2：致癌仿瓷餐具事件

2009 年 4 月 12 日，央视曝光了一些企业竟然使用国家禁用的工业用料——尿素甲醛树脂生产仿瓷餐具，据介绍，尿素甲醛树脂在相对较高的温度下，遇到水就会溶解出甲醛，而甲醛是一种公认的致癌物质。“合顺”、“进宝”两个产自广东东莞的仿瓷餐具进入“黑名单”。这两家生产企业都在使用尿素甲醛树脂（也称为脲醛树脂）来生产仿瓷餐具。和国家允许使用的密胺树脂相比，尿素甲醛树脂价格只有前者的一半。央视记者调查发现，用尿素甲醛树脂违规生产仿瓷餐具几乎是业内公开的秘密，这种仿瓷餐具在市场上占的比例可谓触目惊心。②

案例 3：瘦肉精中毒事件

2009 年 2 月 18 日始出现的广州市“瘦肉精”中毒事件，事件累计发病人数 70 人。本次“瘦肉精”中毒事件发生的原因是由于个别不良生猪养殖户使用违禁“瘦肉精”喂养生猪，生猪经销者伪造检疫合格证逃避检验，导致含“瘦肉精”残留的猪肉流入广州市零售市场，最终导致大范围的中毒事件。③

2011 年央视“3·15”特别节目曝光，双汇宣称“十八道检验、十八个放心”，但猪肉不检测“瘦肉精”。河南孟州等地添加“瘦肉精”养殖的有毒生猪，顺利卖到双汇集团旗下公司，而该公司采购部业务主管承认，他们厂的确在收购添加“瘦肉精”养殖的所谓“加精”猪。遭曝光后，因流入含有“瘦肉精”生猪的济源双汇食品有限公司已经被停产整顿，紧急召回涉案的肉制品和冷鲜肉，

---

① 上海在建住宅楼倒塌［EB/OL］. http://h. house. sina. com. cn/2009 - 06 - 30/104719237. htm, 2009 - 06 - 29.

② 吴柳丽. 两品牌仿瓷餐具进“黑名单”［N］. 莆田晚报, 2009 - 05 - 15.

③ 广州 46 人食物中毒［EB/OL］. http://news. sina. com. cn/h/2009 - 02 - 20/114717255207. shtml, 2009 - 02 - 20.

预计全部直接和间接损失将会超过100亿元，甚至可能接近200亿元。①

案例4："苏丹红"食品添加剂事件

2005年2月18日，一种叫作"苏丹红"的食品添加剂引起了全球关注。几百种品牌食品因含有致癌色素"苏丹红一号"而被查封。中国在1996年食品添加剂卫生标准中就明令禁止使用苏丹红，英国食品标准署发出警告时中国许多企业异口同声说"我们没有苏丹红"，可是经检测，因苏丹红而被勒令下架的产品数量与日俱增，给消费者带来了空前的恐慌。食品安全谎言堆成的大厦顷刻倒塌，企业诚信问题又一次被提上日程。②

案例5：安徽阜阳劣质奶粉伤害婴儿事件

2004年，安徽阜阳出现的劣质奶粉伤害婴儿的事件引起了人们的广泛关注。据初步调查，自2003年5月份以来，已有170多名婴儿因食用劣质奶粉而患上重度营养不良综合征，其中最严重的13人因并发症死亡。这次发现40家劣质奶粉生产厂家既有无厂名厂址的黑窝点，也有证照齐全的合法企业，超过一半是恶意造假。河北唐山市田力乳业有限公司就是一家恶意造假的正规企业。据当地质监部门介绍，该厂生产的婴儿奶粉蛋白质含量仅为4%，但其包装袋上却注明是18%。据分析，制造劣质奶粉毛利率高达70%。阜阳发现的劣质奶粉伤害事件令人震惊，人们都在问，是不是其他地方也存在这样的奶粉呢？最近，《生活》记者在浙江温州采访时就发现了类似的可疑奶粉，这些奶粉的包装都很精美，名称也很诱人，上面还写着"ISO9001认证、100%纯鲜奶制造、来自内蒙古天然牧场"，等等，可这些奶粉的品质真的像它们包装上写的这样吗？在某个乳品厂的一个加工车间，记者看到几个工人正在分装奶粉，车间的外面还堆放着很多袋子，袋子上写着"麦芽糊精"的字样。食品专家告诉我们说：麦芽糊精是一种由淀粉经低度水解、净化、喷雾干燥制成，不会游离淀粉的淀粉衍生物。简单地说，麦芽糊精是一种淀粉。但在这家厂里，这种淀粉类的物质却成了生产奶粉的主要原料。据奶厂的负责人介绍说，他们造的1000公斤的奶粉里也就掺上300斤的奶粉，剩下就是香精、香乳精、乳清粉、油、白糖以及糊精粉等别的东西

① 2005~2015十年食品安全大事件盘点［EB/OL］. 搜狐网，http://learning.sohu.com/20160319/n441131322.shtml，2016-03-19.

② 苏丹红事件食品添加剂问题敲响警钟［EB/OL］. 中国网，http://www.china.com.cn/news/zhuanti/2010lianghui/2010-03/15/content_19613757.htm，2005.

了，而主要的还是麦芽糊精占多数。①

案例6：山东潍坊剧毒生姜事件

2013年5月9日，山东潍坊农户使用剧毒农药“神农丹”种植生姜，引发全国舆论哗然。调查发现，当地违规使用神农丹的情况比较普遍，田间地头随处都能看到丢弃的神农丹包装袋。

神农丹主要成分是一种叫涕灭威的剧毒农药，50毫克就可致一个50公斤重的人死亡。当地农民对神农丹的危害性都心知肚明，使用剧毒农药种出的姜，他们自己根本就不吃。据称，当地生产姜本身就有两个标准，一个是出口国外的标准，绝对不使用剧毒农药，因为检测严格骗不了外商；另一个是国内销售的标准，可以使用剧毒农药。当地农民说，只要找几斤不施农药的姜送去检验，就能拿到农药残留合格的检测报告出来。②

案例7：洋快餐使用过期劣质原料事件

2014年7月20日，麦当劳、肯德基等洋快餐供应商上海福喜食品公司被曝使用过期劣质肉，在全国引起轰动。这家公司被曝通过过期食品回锅重做、更改保质期标印等手段加工过期劣质肉类，再将生产的麦乐鸡块、牛排、汉堡肉等售给肯德基、麦当劳、必胜客等大部分快餐连锁店。调查表明，当年6月11日和12日，该公司加工的迷你小牛排使用了10吨过期的半成品，这些材料原本都应该作为垃圾处理掉，但经过处理后，保质期又重新打印延长了一年。6月18日，18吨过期半个月的冰鲜鸡皮和鸡胸肉被掺入原料当中，制成黄灿灿的“麦乐鸡”。而对于这起事件，该公司工作人员甚至侃言：“过期也吃不死人。③”

案例8：“毒大米事件”再度发生

2013年5月，湖南省攸县3家大米厂生产的大米被查出镉超标。广东佛山市顺德区通报了顺德市场大米检测结果，在销售终端发现6家店里售卖的6批次大米镉含量超标；在生产环节，发现3家公司生产的3批次大米镉含量超标。

---

① 安徽阜阳毒奶粉事件［EB/OL］. 人民网，http://www.people.com.cn/GB/shehui/8217/33048/index.html，2005-01-07.

② 潍坊部分农户用剧毒农药种姜“自己不吃”不出口专内销［N］. 新京报，http://news.xinhuanet.com/fortune/2013-05/06/c_124666110.htm，2013-05-06.

③ 过期也吃不死人［N］. 羊城晚报，http://news.ifeng.com/a/20140721/41243638_0.shtml，2014-07-21.

2013 年 5 月 16 日，广州市食品药品监督管理局在其网站公布了 2013 年第一季度抽检结果，不合格的 8 批次原因都是镉含量超标。“毒大米事件”的升级，让消费者手里的饭碗端得愈加沉重。①

案例 9：药品假冒保健食品事件

2015 年 3 月，根据群众举报，陕西省西安市食品药品监管局对陕西秦晋中医糖尿病研究所进行现场检查，当场查扣兴胰粉胶囊、森健降糖冲剂、天富菊花玉竹片、天富生茨实片等多种标注了保健食品批准文号的可疑产品。经检验，兴胰粉胶囊、森健降糖冲剂含有格列本脲和盐酸二甲双胍，属于在食品中违法添加药物成分。

自 2014 年 11 月以来，犯罪嫌疑人张泽安家族利用陕西秦晋中医糖尿病研究所和其在全国 20 多个省市开设的诊所作为掩护，以看病开处方的形式，销售其违法生产的森健降糖冲剂等 10 种假冒保健食品，这些产品均标注虚假保健食品批准文号，在 11 批次产品中检出化学物质格列本脲、盐酸二甲双胍等药物成分。涉及假冒保健食品 35000 余瓶，金额 1700 余万元。②

案例 10：山东“毒疫苗”事件

2016 年 3 月，山东济南警方披露了一起特大非法经营人用疫苗案，引起社会强烈关注。2010 年以来，庞某卫与其医科学校毕业的女儿孙某，从上线疫苗批发企业人员及其他非法经营者处非法购进 25 种儿童、成人用二类疫苗，未经严格冷链存储运输销往全国 24 个省区市的 193 个下线人手中，涉案金额达 5.7 亿元。

专家分析称，接种未经 2℃～8℃存储冷链运输的疫苗或过期疫苗，首要风险是无效免疫，例如狂犬病这类致命性传染病，本可通过接种疫苗免疫来避免死亡，而接种问题疫苗还会导致接种者面临因感染发病、瘫痪或因感染致死的风险。③

---

① 2013 年食品安全十大事件［EB/OL］. 中国湘西网，http://www.xxz.gov.cn/zfxxgkzl/ggjgxx/syaq/fxjs/201412/t20141208_150014.html，2014-07-15.

② 食药监总局公布 2015 年食品安全十大案例［N］. 中国消费者报，http://www.ccn.com.cn/330/566678.html，2016-03-16.

③ 母女作案涉案金额达 5.7 亿！上亿元疫苗未冷藏流入 18 省：这是杀人［EB/OL］. 中国江苏网，http://news.365jilin.com/html/20160318/2215169.shtml，2016-03-18.

二、虚假宣传侵害消费者权益

为了增加销量，中小企业往往在广告中，夸大或虚构产品的功能，隐瞒产品的缺陷，致使消费者对产品的购买做出错误的判断，购买后才知道上当受骗。产品销售活动中，虚假广告、名不副实、欺诈骗销，极大地伤害了消费者与企业之间的契约关系。尤其是通过各类专家、名人、明星所进行的造势，使消费者的消费意向受到牵制，而产品本身的功效却同广告上的说辞相去甚远。

近年来，电视购物成为消费者投诉的一大热点，就是因为广告夸大宣传。据统计，2008 年共查处虚假广告 14150 件。企业在产品外观和价格策略上也存在弄虚作假。在产品外观上，对国家质量认证标志的滥用以及假借“金奖”、“银奖”招摇过市的现象十分令人担忧。

案例 11：中国证券市场研究设计中心发布虚假广告案

北京市工商局朝阳分局在检查中发现，中国证券市场研究设计中心在其主办的《证券市场周刊》“红周刊”2007 年第 27 期、第 28 期和第 29 期上，为上海盘口网络信息公司发布了三则题目为“权证一哥”的广告。

广告内容主要含有：打造“权证一哥”盛大的利润蛋糕等待与您一同分享，前期一哥率众“权迷”10 天拿下 400%疯狂利润；新会员承诺：交易日指导买入卖出，传达迅速，一周获利 20%以上；加盟“权证一哥”，实现从容获利等用语。上述广告内容没有任何依据，广告主“上海盘口网络信息公司”未经工商部门登记注册。当事人的上述行为，违反了《中华人民共和国广告法》的相关规定，属于发布违法广告的行为，北京市工商局朝阳分局依据《中华人民共和国广告法》的相关规定责令中国证券市场研究设计中心立即停止发布违法广告，没收广告费用 9000 元，并处以 4.5 万元罚款。①

案例 12：聚御堂（北京）医学研究院发布虚假广告案

聚御堂（北京）医学研究院将北京创飞科技有限公司生产的“新英”牌阻鼾器包装盒、产品简介、说明书，改为“聚御堂”阻鼾器包装盒、产品简介、说明书，并称“聚御堂阻鼾器是国家专利产品，是一种小型可调式口腔矫治

---

① 李玉新. 中国证券市场研究设计中心等单位发布虚假广告被查处［EB/OL］. http://www.bj.xinhuanet.com/bjpd_sdzx/2009-03/13/content_15946519.htm，2009-03-13.

器”，“应用口腔矫治器治疗鼾症的方法已被中国医学科学院北京协和医院、中国人民解放军三零三医院、北京友谊医院等八家医院采用”。

当事人利用互联网宣传的方式销售聚御堂阻鼾器，并使用“该产品是唯一与通过国家医疗器械监督管理局批准的国家保护品种”、“唯一在国内多家权威机构进行三年临床使用”、“连续三年获得全国各地打呼噜患者好评的仪器”、“唯一与协和医院等多家著名医院联合推广的阻鼾器”、“使用方便、见效快，使用当天就不打呼噜，有效率100%，治愈率98.8%”等虚假、夸大用语。

经北京市工商局西城分局核查，中国医学科学院北京协和医院、北京友谊医院等医院从未使用和购买聚御堂阻鼾器及未应用口腔矫正器治疗鼾症的方法。聚御堂（北京）医学研究院的以上行为违反了《中华人民共和国广告法》和《中华人民共和国反不正当竞争法》的有关规定，北京市工商局西城分局依法对当事人罚款15万元。①

案例13：冒充注册商标，发布虚假广告事件

2016年1月，宁波85后老板靠做微商卖药膏，用不到一年的时间，将一家注册资本原本只有5万元的小公司做到了销售额过亿，一时间红遍网络。然而，不久之后却被爆出，其公司在销售“老倪膏药”过程中涉嫌虚假宣传，已被立案调查。该公司销售、宣传的“老倪膏药”实为电极贴片，在宣传中称“药膏为百年传承秘方加以现代工艺加工而成，在象山已有三十余年历史，具有国家正规的批文”，实际上，他只是在2000年开过推拿康复馆，经营范围为保健推拿服务，后于2004年7月22日被注销，不存在“三十余年实体店历史”的说法。

因为涉嫌未经审查批准发布医疗器械广告、发布虚假广告、冒充注册商标等违法行为，该公司在2015年12月17日被立案调查。②

案例14：夸大宣传售卖未经认证药品案件

2016年2月24日，一则名为“世界首创外部涂抹型细胞修复技术，将彻底消除近视”的文章出现在网络新闻上，很快就获得了各大知名网站的疯狂转载。这则报道宣称，有一种叫作“明眸霜”的产品，不开刀、不吃药，只要把产品

---

① 张威．聚御堂（北京）医学研究院等单位发布虚假广告被查处［EB/OL］．http：//news.xinhuanet.com/newscenter/2009-03/12/content_11000927.htm，2009-03-12.

② 全是假的！给员工发11辆玛莎拉蒂的微商被罚80万元［EB/OL］．浙江在线，http：//zjnews.zjol.com.cn/system/2016/03/22/021076664.shtml，2016-03-22.

涂抹在眼睛四周，就可以让患有近视、青光眼、白内障等一系列眼科疾病的患者摆脱痛苦。

北京市食品药品稽查总队执法人员调查后表示，该产品不仅没有药品注册信息，也没有保健食品的注册信息，甚至连化妆品的注册信息也没有。全国政协委员眼科专家徐亮认为，这是一种典型的虚假宣传，因为从目前的技术来讲，除了手术以外，一般的近视都是不可逆的，这种宣传是不恰当的。① 然而，就是这样一种尚未取得认证的涂抹型的化妆品，当它披上了可以治病的外衣之后，就会让很多不明真相的百姓信以为真而延误病情。诚信是构建良好社会秩序的支柱，是市场经济繁荣的基石，个别企业靠虚假宣传可能会一时得利，但最终必将会受到法律的制裁和市场的抛弃。

三、伪造账目和偷税漏税常现

一些企业为了利润不择手段，偷税漏税就是其重要的表现。2001 年 1 ~9 月，全国共发生危害税收征管案件 10041 起，涉案金额 4618 亿元。同期，公安部处理亿元税案 20 多起。

在层出不穷的税案中，倒卖、虚开增值税发票的占 59.5%。2004 年，财政部对具有证券业从业资格的会计师事务所和 13 家中小会计师事务所的执业质量进行了重点检查，并抽查了 55 家相关企业的会计信息质量。抽查发现，10 家上市公司为粉饰业绩不同程度地存在会计信息质量问题，为其提供审计服务的会计师事务所在审计中也存在审计程序不到位、收集审计证据不充分的问题。有的为了偷税漏税不惜违法做假账，使财务报表、会计表册失去可信度，甚至有的还在企业会议上研究如何对付工商、税务以及审计部门的检查。②

案例 15：湖南新化县云峰金锑矿业有限公司偷税案

2007 年 5 月，娄底市新化县地方税务局稽查局对新化县云峰金锑矿业有限公司 2005 年 1 月 ~2006 年 12 月纳税情况进行了检查。经查，新化县云峰金锑矿业有限公司是从事黄金、锑开采的有限责任公司，2005 年 1 月 ~2006 年 12 月该公

① 央视曝光明眸霜虚假宣传：号称能治百病［EB/OL］. 东方财富网，http：//finance. eastmoney. com/news/1365，20160321606028430. html，2016 -03 -21.

② 赖文忠，林伟东. 视点观察——击溃逃避债务的“恶招”［N］. 福建日报，2005 -04 -15.

司利用黄金销售免征增值税机会采取以个人名义销售黄金入“账外账”的方式逃避纳税义务，偷逃企业所得税 815.3 万元、印花税 0.9 万元，账外分红少代扣代缴个人所得税 346.2 万元，共计 1162.4 万元。税务机关除追缴偷逃税外，并处罚款 347 万元。此案已移送公安机关，刑拘犯罪嫌疑人 5 人。①

案例 16：金荔科技上市公司财务造假欺骗股民事件

2005 年 1 月 31 日，金荔科技（600762）发布预亏公告，公告称，中国证监会湖南监管局于 2004 年底对公司进行了专项核查，初步查明公司 2003 年度虚假收入 13207.61 万元，虚转成本 502845 万元，虚增利润 817916 万元，2004 年 1～10 月，虚假收入 11009.5 万元，虚转成本 3738.52 万元，虚增利润 7270.98 万元。

公司将对以前年度虚假收入、虚增利润的情况进行追溯调整，2003 年度业绩将出现亏损。同时，经公司财务部初步测算，公司 2004 年度业绩也将出现亏损。2005 年 2 月 2 日又发布大股东及其关联方资金占用情况等有关事项的补充公告，公告称，近期发现大股东及其关联方通过往来占用公司资金 3898.37 万元。②①衡阳市金荔科技农业股份有限公司对大股东广东金荔投资有限责任公司及其关联方占用资金情况进行了自查。②大股东以公司名义为其他单位提供担保，并直接占用 4750 万元的资金，使公司形成了约计 4750 万元的账外负债。③公司资金大量用于工程项目支出，但大部分项目尚未决算，且形成的资产远低于实际支出。目前，经初步调查，工程款支出及预付账款总额为 16029.92 万元，涉嫌被公司大股东及关联方占用。④大股东关联方涉嫌侵占公司两个农场的经营收益。自 2003 年以来，公司金荔苑、金荔庄两个农场（公司收入的主要来源）被大股东关联方全权负责并控制，收支均未纳入公司，收益也未上缴。此前的 1 月 11 日，公司发布对外担保补充公告称，中国证监会湖南监管局于 2004 年 12 月 6 日～12 月 24 日对本公司进行了专项核查，发现公司存在违规担保。

经公司自查，发现公司于 2003 年 12 月和 2004 年 3 月两次为武汉巨力投资有限公司共 4000 万元银行借款提供担保；2003 年 6 月为广东劲业科技开发公司

① 新化云峰金锑矿业有限公司偷税案［EB/OL］. 湖南省地方税务局网，http：//dsj.hunan.gov.cn/jdzb/tzgg/200803/t20080328_ 12136.htm.

② 崔学刚. 财务舞弊识别与中小股东利益保护——基于金荔科技财务舞弊案的启示［J］. 会计学习，2006（7）：12－15.

3792 万元银行借款提供担保；2004 年 5 月为广州博澳医疗电子发展有限公司 2990 万元银行借款提供担保。以上担保均未按照有关程序提交董事会审议，亦未履行信息披露义务，在此向投资者致歉。截至 2004 年 12 月 31 日，本公司担保余额为 18482 万元，占本公司 2003 年末净资产的 67%，其中为关联公司担保 3792 万元，为其他企业担保 14690 万元，逾期担保为 11792 万元。

金荔科技原名飞龙实业，是一家典型的民企借壳上市公司。湖南证监局接到内部举报后对该公司进行专项核查，发现其 2003 年及 2004 年 1～10 月共虚增收入 24217 万元、利润 15450 万元，而该公司 2003 年及 2004 年 1～9 月总收入只有 28197 万元，利润更只有 2918 万元，其造假程度之疯狂令人无法相信，而且这只是 2003 年及 2004 年度造假金额，有充分证据证明，自从金荔入主飞龙实业那一天起，就开始疯狂地造假，包括其 2000 年、2001 年、2002 年度业绩都是假的，可湖南证监局手下留情，只给它一个追溯调整后二连亏的处罚，该公司实际上早应该退市，这是民企借壳掏空上市公司又一典型案例，时下该公司声称引进战略投资者进行重组注定也是场骗局，因为该公司截至 2004 年第三季度末名义上有资产近 9 亿元，可这 9 亿元资产之水分令人怀疑其实际能否值 1 亿元，9 亿元资产构成中，货币资产有 1.2 亿元，可公司已公告称银行单证不实，这 1.2 亿元是虚的；最主要的资产中，无形资产 2 亿元、长期待摊费用 2 亿元也是虚的；其他应收款 1.1 亿元、预付账款 0.6 亿元、固定资产 1.5 亿元，这些资产或为虚构、或被大股东及关联方所占用，究竟能收回多少？剩下的就是存货 0.23 亿元及应收账款 0.26 亿元，这块资产就更虚了。而负债摆在那边就有 6 亿多元，亏空这么大，怎么重组？除了在二级市场上再兴风作浪外，还能有什么实质性重组进展？

案例 17：冒用其他纳税人名头开具发票偷税漏税事件

哈尔滨“天价鱼”涉事饭店被游客投诉，存在餐饮许可证过期，使用手撕发票真伪不明、公章不全等问题。不少游客反映，在涉事饭店消费几千上万元却难以拿到发票。2016 年 2 月 8 日 19 时，消费者赵先生在涉事饭店消费了 9526 元，收银员说网上支付只打 9.8 折，刷卡和支付现金可以抹掉零头，但不能开发票。双方交涉后，饭店给了 9600 元的手撕发票，但上面的公章很模糊，密码区很难刮开。赵先生询问为何没有机打发票，收银员表示哈尔滨餐饮业统一使用手撕发票。哈尔滨市地税局工作人员调查后认为，饭店开具的发票上，纳税人名称为“百胜餐饮（沈阳）有限公司哈尔滨分公司”，是另一餐饮公司，该公司工商登记信息与涉事饭店不符。①

案例18：开假发票偷税漏税涉案过亿元

2016年1月7日，四川省南充市国家税务局稽查局在调查中发现，该市一家建材经营部因少缴税款487万余元、偷税59万余元，被处罚款50.6万余元。这家建材经营部成立于2011年4月，属增值税小规模纳税人，登记注册类型为个体工商户，主要经营范围为建材、五金批零兼营。该经营部2011年5月~2012年3月销售钢材，实现销售收入1.67亿余元，应纳增值税487万余元，该经营部采取“头大尾小”开具发票等方式仅申报缴纳增值税6861.87元。

同时，执法人员还发现其购买并开具假发票239份，合计开具金额1.22亿余元。②

案例19：骗取反担保逃避债务案例

2014年5月7日，湖北警方接到上海鄂武实业有限公司报案称，武汉市的丁某与其妻子冯某以虚假的担保申请、虚假的采购合同、虚假的资产负债和损益表以及用虚假的房屋所有权证作质押骗取该公司为丁某做出的反担保函、骗取银行贷款1000万元。丁某2005年在武汉市成立了武汉宸大科贸有限责任公司，2011年，该公司开始严重亏损。2012年，丁某和冯某靠从银行和私人借款来支付利息及一些费用，借款金额高达2000万元。2013年，为偿还借款，丁某和冯某在上海鄂武实业有限公司吹嘘其公司效益非常好，以致该公司在市中小企业融资公司为其作反担保，后凭借一系列虚假的资料成功地从武穴市农村商业银行骗取1000万元贷款。据丁某交代，该公司总负债近4000万元。

为了逃避债务，丁某和妻子冯某在2014年3月份就商量办假离婚，将个人及公司的资产全部处置变成现金，导致其没有任何能力偿还贷款及个人债务。③

案例20：走私进口物品偷逃税款案例

2009年2月，王某、石某以他人名义注册成立了个人独资企业北京渤雅润佳

---

① “天价鱼”涉事饭店停业［N］. 大河报，http://newpaper.dahe.cn/jrab/html/2016-02/19/content_1364736.htm，2016-02-19.

② 开假发票偷税漏税　南充一建材经营部被罚50多万［EB/OL］. 四川新闻网，http://scnews.newssc.org/system/20160108/000637836.html，2016-01-08.

③ 企业信用缺失有何表现［N］. 市场报（第7版），2008-09-01.

服装服饰贸易中心。2011 年 4 月 ~2013 年 5 月，二人指使贾某、步某在渤雅润佳贸易中心委托代理公司进口意大利 Brioni SPA 系列品牌服装服饰过程中，通过低报货物进口价格的方式，走私进口上述物品 43 票。经北京海关关税处计核，偷逃应缴税款共计人民币 1082 万余元。①

四、合同违约和逃避债务严重

据工商部门不完全统计，目前全国每年订立合同有 40 亿份左右，合同标的 140 万亿元。1990 年以后的 10 年，合同履约率只有 50% 左右。有些地区的履约率甚至才 30% 左右。有的专家估计，市场交易中的无效成本占国内生产总值的比重至少为 10% ~20% 。企业之间相互拖欠货款，逾期应收账款居高不下，已成为经济运行中的一大顽症。

中国企业 80% 以上长期受“三角债”困扰。有资料显示，在发达的市场经济中，企业间的逾期应收款约占贸易总额的 0. 25% ~0. 5% ，而中国这一比率高达 5% ~10% ，这也就是说，中国企业的坏账率达到了美国的 20 倍。不仅如此，“美国企业的账款拖欠期平均是 7 天，中国平均却有 90 多天”。据新华网报道，到 2002 年 3 月止，“三角债”的总量已从 1989 年底的 1240 亿元上升至 15000 亿元。

案例 21：恶意注销逃避债务

两被告厦门航空开发股份有限公司、厦门市威龙贸易有限公司于 1994 年 11 月投资成立厦门鹭燕贸易有限公司，注册资本 200 万元。1997 年 5 月，原告广东省江门市新会区华侨旅游侨汇服务公司石油化工部与鹭燕公司进行贸易活动时，因鹭燕公司履行合同违约，原告向厦门中院提起诉讼，厦门中院判令鹭燕公司返还原告货款 195 万元，但原告至今未收到鹭燕公司的任何款项。1999 年初，两被告作为鹭燕公司的股东对该企业进行清算。

1999 年 7 月，鹭燕公司清算组负责人在向工商部门申请公司注销登记时确认，公司债权、债务已全部结清。

同年 9 月，鹭燕公司登记注销。两被告作为鹭燕公司的股东，在明知公司尚

① 四人成立空壳公司进口奢侈品偷税千万终获刑［N］. 北京晨报，http：//news. xinhuanet. com/fortune/2016 -03/07/c_ 128778520. htm，2016 -03 -07.

有未了债务的情况下，向工商部门编造公司债权、债务已清理完毕的事实，导致企业法人被注销，并接受鹭燕公司全部资产，其行为严重侵害了原告的合法权益。[①]

五、员工利益常受到严重侵害

主要体现在员工基本权益无保障、劳资关系紧张、生产生活条件差、违法侵权行为等方面。目前，在中国中小企业员工权益得不到保障的现象主要表现为：

（1）签订劳动合同比例低，简单且不规范、流于形式，甚至出现与《劳动法》相违背的情况。大多数企业签订的劳动合同中没有规定雇工雇用期限，没有涉及与工伤处理相关的诸如发生工伤后的工资发放、医疗、抚恤等事项。有关劳动标准的规定较为模糊，如对最低工资、安全保障等劳动标准的规定不具体，很难把握，在减少劳动争议、和谐劳动关系方面起不到应有的作用。企业不遵守与员工签订的劳动合同，许诺给员工的工资待遇不能兑现或者百般克扣，不按国家规定为员工缴纳“四险一金”，甚至有意隐瞒特殊工作的高危险性，员工因工受伤时，企业极力推卸责任。

（2）工人工资待遇低，随意克扣、拖欠工资情况严重，工人工资水平与劳动时间和劳动强度以及与社会经济发展水平不相协调。

据统计，2008 年北京全市用人单位克扣、拖欠工资的违法案件依旧占到全年查处各类劳动保障违法案件数量的首位，达到 13435 件，占违法案件总数的 52.9%。特别是拖欠农民工工资案件尤为突出，占到查处克扣拖欠工资违法案件数量的 69%。武汉市总工会 2007 年 7 月 23 日发布的针对在武汉农民工生存状况的调查结果显示，该市 35% 的农民工日工作时间在 12 小时以上，34.9% 的农民工没有领过加班工资。就最低工资而言，劳动密集型产业聚集的福建莆田市、泉州市的最低月工资是 350 元；就工资的增长而言，珠三角地区 12 年来外来务工人员月工资只提高了 68 元。同时根据中华全国总工会对广东的外企所做的调查，25% 的员工不能按月领取工资，50% 的工人被迫每天工作在 8 小时以上，62% 的工人一周工作 7 天，20% 的工人经常受到身体或精神上的骚扰，以上的工人收入

① 为逃避债务恶意注销公司，股东被判赔偿［EB/OL］. 日照法律网，http：//www. rz148. com/alzn-show. asp？ id =700.

低于当地的最低工资水准。①

（3）妇女权益保障问题。企业在保护妇女权益方面做得很差，一些企业，只要妇女一怀孕，就逼迫她离开。这样，企业就逃避了妇女“三期”保护的问题；有些工种明明有毒，却让年轻的女孩子去做，结果使她们出现中毒，染上职业病，导致婚后生育畸形。

（4）生产安全、职业健康问题。据统计，目前中国正处于在新中国成立以来第五个安全事故频发高峰期，近几年，全国每年死于安全责任事故的人数高达13 万人，也就是说平均每天有300 多人因安全事故而死亡，各种职业病严重危害着职工健康。②

根据国家安全生产监督管理局的统计，从2001 年到2004 年10 月底，共发生一次死亡10 人以上的特大煤矿事故188 起，平均每7.4 天一起。而且，煤矿事故造成的死亡人数也较多，2003 年煤矿事故死亡总数约8000 人。根据统计，2006 年全国共发生各类安全生产事故627158 起，死亡112822 人，煤矿事故死亡人数为4746 人。2007 年中国共发生煤矿矿难160 多起，死亡3770 多人。据中国煤炭工业协会提供的数据，2006 年产煤21 亿吨，真正在安全生产保障条件下生产的是12 亿多吨，8 亿吨煤炭是在没有安全保障的情况下开采的。2008 年1 月1 日～12 月28 日，全国煤矿共发生重大事故31 起，死亡和失踪503 人，特别重大事故5 起，死亡174 人。每年事故死亡中约90%是民营企业的农民工。可见，中小企业仍是安全事故高发主体，农民工仍是安全事故的主要受害人群，相当一部分民营企业单纯追求经济效益，没有尽到最基本的社会责任。③

案例22：拖欠农民工工资

2008 年11 月16 日，沈阳市农民工维权中心通报了沈阳建筑领域部分开发单位和施工单位拖欠农民工工资的情况，金马（沈阳）皮革鞋材国际交易市场有限公司等16 家建筑项目开发单位和19 家施工单位被公开曝光。

在此次被曝光的欠薪建筑企业中，大多出现过动辄拖欠几十万甚至上百万元工资的情况。这些企业不按时足额发放农民工工资，个别违法行为恶劣的分包主

① 陈杏头．中小企业伦理责任［J］．现代企业，2008（10）：19－20.

② 宋佳佳．论中小企业发展中的伦理问题［J］．无锡南洋学院学报，2008，7（1）：63－69.

③ 尹凤婷．民营企业社会责任缺失的根源［J］．中国民营科技与经济，2007（9）：42－43.

甚至卷款逃匿，严重损害了农民工兄弟的合法权益。

在这些欠薪“大户”中，拖欠农民工工资数额最高的是金马（沈阳）皮革鞋材国际交易市场项目，拖欠903名农民工的血汗钱812万元。排第二位的是“顺风新未来”项目，拖欠农民工工资额达700万元，涉及农民工800人。就连拖欠人数最少的东方威尼斯二期项目，也欠了16名农民工10万元工资。所有欠薪企业共拖欠农民工工资总额超过3200万元，涉及4659名农民工。这样平均算下来，每位农民工6800多元。①

案例23：工人为证明患职业病坚持开胸验肺事件

新密市一企业（振东公司）工人张海超工作3年多后，被多家医院诊断为尘肺，但企业却拒绝为其提供相关资料，在向上级主管部门多次投诉后，他取得了去做正式鉴定的机会，但郑州市职防所为其做出了“肺结核”的诊断。为寻求真相，28岁的他跑到郑大一附院，不顾医生劝阻，坚持“开胸验肺”，结果胸部一打开，医生就发现了他肺上的大量粉尘，肉眼可见。医生还为张海超做了肺部切片检验，排除了肺结核的可能。在郑大一附院出具的张海超的“出院诊断”中载明：“尘肺合并感染。”医嘱第一条就是：“职业病防治所进一步治疗。”②

案例24：河南省郑州登封新丰二矿“9·21”特别重大煤与瓦斯突出事故

2008年9月21日，河南省郑州市登封市郑州广贤工贸有限公司新丰二矿发生特别重大煤与瓦斯突出事故，造成37人死亡、7人受伤，直接经济损失1766万余元。郑州市副市长胡荃等22名事故责任人受到党纪、政纪处分。新丰二矿为当地民营煤矿，事故发生时，井下当班作业共有108人，有68人升井脱险。经调查组初步调查认定，事故的主要原因是：①该矿没有采取“四位一体”综合防突措施，编制的各种作业规程没有防治煤与瓦斯突出的内容；②冒险作业，在多次出现煤炮、夹钻、喷孔、瓦斯浓度升高等煤与瓦斯突出征兆后，仍未采取有效防治措施继续冒险作业；③矿井通风系统存在重大安全隐患；④现场管理混乱，井下多头作业，井下采掘作业多个承包队施工；⑤矿井安全监测监控系统不完善，传感器数量不足，发生事故的工作面未按规定装设传感器，故障处理不及

① 高薇．沈阳35家企业上黑榜，共拖欠农民工工资3200万［N］．沈阳晚报，2008－11－17.

② 工人为证明患职业病坚持开胸验肺事件［EB/OL］．http：//www. ynet. com/view. jsp? oid = 53838698&pageno = 2，2009－07－10.

时；⑥违规组织生产，整合技改期间边技改、边生产，未执行“停工停产进行整顿”指令；⑦地方政府及其有关部门监管不到位。①

案例25：拖欠员工工资40余万元法人逃跑

2015年2月，广州市新塘镇某制衣厂的57名工人集体上告，工厂老板雷某已经拖欠他们4个月的工资，而且拒不支付。从2014年10月起，雷某便以货款未结为由拖延发放员工工资，直至2015年2月，工人们被拖欠的工资合计401213元。其间由于年关将至，工人代表提出由雷某先行垫付部分生活费，遭到雷某拒绝。之后劳动保障部门多次致电雷某要求其前来协商，雷某均以在外收取货款为由推诿。

2015年2月10日，当劳动保障部门再次致电雷某时，电话显示无法接通，而他在广州的住处也早已人去楼空。②

案例26：逃匿拒不支付员工工资，侵害员工利益

李某自2009年起在石狮湖滨街道无证经营一家服装加工厂。2015年6月~10月，因为经营不善，李某拖欠了5名员工的工资，共计55684元。当年10月20日，石狮市人社局发出限期整改指令，但是李某还是拒不支付，并采取关闭手机的方式逃匿。2015年11月11日，被列为网上在逃人员的李某在石狮某商务酒店内，被湖滨派出所民警抓获。③

六、生态环境污染和破坏严重

近几年中小企业的污染物排放总量增长较快，在全国污染物排放总量中的比例迅速升高，并成为中国环境污染的主导因素，如中小型煤炭、冶金、电力、建材、焦化、印染等企业。据国家统计局和国家环保总局2005年11月的调查，在2900多万家中小企业中，80%以上的工业生产存在污染问题，占中国污染源

---

① 新华网．河南登封新丰二矿发煤与瓦斯突出事故37人遇难［EB/OL］. http：//news. xinhuanet. com/newscenter/2008－09/21/content_ 10086591. htm，2008－09－21.

② 老板付不起工资跑路一年后自首［N］．南方都市报，http：//epaper. oeeee. com/epaper/G/html/2016－03/18/content_ 19102. htm，2016－03－18.

③ 石狮一男子无证经营并恶意欠薪被判拘役4个月［EB/OL］．闽南网，http：//www. mnw. cn/shishi/news/1128735. html，2016－03－19.

的 60%。[①]

改革开放以来，中国企业在地方保护主义和“GDP”的指引下，无视环境的破坏对人类生存和生活空间的压迫，竭泽而渔式的开发资源、污染物的直接排放等屡禁不止，造成了严重的社会后果。环境污染间接地使很多地方的各种传染病和高危病种比以前多发，大量矿产资源被掠夺开采，大量土地被挤占或抛荒，河流被污染，大量野生动物死亡，植被破坏，正常的生态系统运作受到严重干扰和破坏，可持续发展战略受到严重挑战。

案例 27：湖南浏阳镉污染事件

2009 年 7 月，湖南省浏阳市镇头镇双桥村发生镉污染事件，当地部分群众被检出尿镉检不同程度超标，浏阳市有关方面迅速介入，妥善处置。据调查，镉污染源来自长沙湘和化工厂。当地环境监测部门的监测结果和专家调查咨询意见认为，长沙湘和化工厂是该区域镉污染的直接来源，非法生产过程中造成多途径的镉污染是导致区域性镉污染事件的直接原因，该厂周边 500 米范围内的土壤已经受到明显的镉污染；厂区周边 500 ~ 1200 米范围属轻度污染区；1200 米以外的土壤镉含量基本符合《土壤环境质量标准》。长沙湘和化工厂位于浏阳市镇头镇双桥村，其主要生产工艺为次氧化锌和硫酸，通过湿法化学合成生产硫酸锌。2004 年 4 月该厂建成投产以来，缺乏有效的环境保护措施，固体废物堆存不规范，没有初级雨水收集处理系统，环境管理不善，于 2007 年发生一起非法炼铟事件被查处。2009 年 3 月，因各种环境问题相继爆发，该企业被浏阳市环保局责令停产。[②]

案例 28：矿厂排污导致水体受污染事件

2013 年 7 月，广西贺江水体遭受重金属污染，110 公里被污染河段局部镉浓度超标 5.6 倍、铊超标 2.14 倍。而此次水污染事件主要肇事企业正是贺州市汇威选矿厂。由于毒水入江，下游流域 3.5 万群众饮水受到影响。在对贺州市沿河段污染源展开拉网式大排查时，却发现部分企业虽然流出来的污水中仍重金属超

---

① 陆兴发，李鹏，提瑞芳．中小民营企业社会责任体系的建构［J］．商场现代化，2007（10）：352 - 353.

② 湖南浏阳数千人上街抗议化工企业污染［EB/OL］．http：//news. sina. com. cn/c/2009 - 08 - 01/014016047310s. shtml，2009 - 08 - 01.

标，但早已“人走厂停”。[①]

企业频繁成为水体污染事件的“元凶”，在触痛了社会公众神经的同时，也在拷问我们的经济发展方式和良知：是要以牺牲环境为代价去换取一时的经济增长，还是在经济发展中把生态环境建设好，为子孙后代留下一条永续发展之路？

企业作为一个经济组织，不仅要有经济利益的追求，还要有企业伦理的约束。企业的商业伦理要求企业利益与社会利益的协调统一，反对损人利己的不道德行为。企业道德行为是目的和手段的统一，体现着行为主体对企业道德义务良心的认知和把握。在企业的经营活动目的上，企业伦理要求企业不得以牺牲他人利益、破坏生态环境和社会公共利益来追求公司利益；在企业的经营活动行为中，企业伦理要求企业要承担相应的社会责任和义务。企业要以诚信公平为本，公正合理定价，公开相关信息，公平竞争，自愿平等契约，自由交易，互利互惠，信守合同。

以上这些案例足以说明中国中小企业伦理道德问题的严重性已很普遍，中小企业的生存和发展已面临困境和危机，创新和建设中小企业的伦理道德体系建设已迫在眉睫。

第六节 伦理道德缺失原因分析

20 世纪 90 年代以来，作为管理学科中的整合管理理论——战略管理理论在中国学术界普遍受到了学者们的青睐。但是，中国中小企业在进行战略管理的过程中往往只是照搬国外的战略管理理念，却忽视了企业伦理的战略建设。更没有继承中国优秀传统的儒学伦理思想，且不重视自身的道德修养和企业伦理道德体系的建设。企业的社会责任意识淡化，因此，在企业的生产经营管理过程中出现了众多伦理道德问题，造成了一些负面社会的影响，同时也阻碍了企业自身的发展。中小企业伦理道德的缺失既有经济制度、社会文化和政策体制等宏观环境方

① 贺江污源肇事贺州市汇威选矿厂已被查封［EB/OL］. 新华网，http：//gx. sina. com. cn/news/b/2013 -07 -08/1822113. html，2013 -07 -08.

面的原因，又有企业管理者价值取向、企业内部组织结构、员工素质等微观环境方面的原因。①

一、经济学分析

企业具有经济性和社会性双重属性，现实中的企业在其进行的经济活动中常常会面临复杂的价值冲突且必须做出自己的选择，比如，在一个为了经济业务而必须找关系请客送礼、回扣“润滑”的普遍背景下，企业是否应不做任何特殊的“公关”而按规矩办事；在整个企业界均通过对环境的原始掠夺加速资本原始积累，且没有明确有效的法律约束情况下，企业是否在资金极其紧张的背景下投入巨资进行环境保护等。

伦理道德是一种稀缺资源，为了实现其效用的最大化，必须进行选择、优化和合理配置。运用斯密的经济人假设，把企业看成以理性选择为前提的经济人，可以从理论上很好地解释中小企业伦理道德缺失的原因。在斯密看来，追求自身利益是驱使人的经济行为的根本动机；“经济人”能根据自己所处的市场环境，采取适当的经济行为使所追求的利益尽可能最大化。② 从经济学上分析，企业的失德行为也是有成本和收益的。不过，企业失德行为的成本和收益既有经济上的，又有心理上的。

经济收益是指企业实施反伦理行为相对于不参与任何反伦理行为从中得到的有形的货币收益。如企业假冒伪劣，以劣质产品欺骗消费者而多得的销售收益；企业为了单纯追求经济利益，污染环境，并不承担环境质量下降的治理成本的治污费用等。收益可以是现时、直接的，也可以是长远、潜在和间接的。经济成本是指企业实施反伦理行为的直接支出，包括人力、财力的支出以及被发现后的经济处罚和损失。

心理收益是指企业实施失德行为而没有被发现，从中获得大量经济收益而带来的满足感。心理成本是指企业实施反伦理行为后所产生的一种负疚感、羞耻感。心理成本和收益与所处的环境密切相关，并有可能随着环境的变迁或强化或弱化。边际心理成本将随着败德行为次数的增加而逐渐减少，体现为边际递减。

---

① 陈爱清．浅论中小企业伦理道德缺失的原因和解决途径［J］．管理世界，2009（6）：1－3，51.

② 夏绪梅．转型经济条件下的企业伦理问题研究［D］．西北大学博士学位论文，2006：125－128.

企业中失德行为的决策者和操作者对其失德行为承担的责任不同，其心理成本也有别，许多事实上的失德行为，只有决策者知道而操作者可能一无所知或知道甚少。决策者较操作者心理成本与收益体现得更为强烈，具有与自然人大致同等的心理成本，操作者大都没有或具有较为微弱的心理成本感觉，企业失德经营行为的心理成本在操作者身上更多的是体现在经济层面，而非心理层面，只要能给操作者带来实实在在的货币收益或非货币收益，一般都会选择执行法人（企业）制订的反伦理行为计划。

经济收益成本和心理收益成本之间具有替代性和补偿性，所以行为主体在实施败德行为时，即使遭受良心的责备，心理成本很高，但诱人的经济收益则有可能弱化心理成本，驱使败德行为的发生，特别是制定主体是组织而非个体时，败德行为发生的概率将更大。企业的反伦理行为是企业理性之为。企业作为理性的经济人，在实施败德行为的过程中，会测算败德行为的收益与成本之差，如果收益大于成本，就会实施败德行为。

二、宏观原因

改革开放以来，中国的经济社会处于不断改革、转型的进程中。在改革转型过程中人们的价值观、道德观发生着变化，这些变化必然会影响企业的经营理念。几千年来，中国占据统治地位的价值观儒学伦理思想，在对待义利关系上，主张“重义轻利、义利互补”。这种价值观渗透到企业当中，便发展成儒商思想，经世济民的伦理思想是其重要特征之一。而市场经济主张自由竞争、公平交易、独立自主、自负盈亏，肯定了人们追求利益的合理性，调动了人们追求利益的内在动力。

当前中国社会正处于全面深化改革阶段的经济新常态下供给侧结构调整时期，利益关系的复杂化和利益主体的多元化，带来了价值观念的多样化。在对待义利关系问题上，传统的儒学伦理价值观受到冲击，新的与市场经济相适应的价值观尚未完全建立，由此带来了价值观的混乱和道德上的真空，造成了人们行为选择的困惑。

企业由于受到“重利润、轻伦理”的不良社会文化影响，不少企业无限制地追逐利润最大化，很少关注和承担应尽的社会责任，从经济利益的角度出发来决定产品的产量和质量，无视消费者的利益。在这种不良的社会文化背景下形成的企业价值观必然误导企业的发展方向，使企业通过有形或无形的东西指引员工重利轻义，导致员工为了追求利益，不再重视产品质量。[①]

在经济社会发展的调整转型期，市场经济体制尚不成熟，法制法规尚不完善、健全，国家层面的企业伦理道德体系还未真正建立，一些企业便趁机不择手段牟取利润，忽视对利益相关者利益的考虑，而利益相关者又缺乏对企业的影响力和谈判权，致使企业承担社会责任的动力机制不足；另外，地方政府为了当地的财政税收，对于不负责任的企业姑息迁就，缺乏有效的监督和惩罚。再者，立法具有跟不上经济发展的滞后性特征，使得企业行为无章可循。这些都纵容了企业失责事件的发生。[②] 目前中国市场经济体制不成熟，法制法规不健全主要表现在以下几个方面：

（1）市场规章制度不健全，法律建设滞后。从目前的整体情况来看，中国中小企业的法律、法规还不健全，约束机制的弱化使得中小企业处于不同程度的无法可依、有法不依、执法不严、违法不究的状态。现代市场经济体制尚未完全建立起来，许多新事物、新问题、新情况需要探索，这样就不可避免地出现法律建设滞后于改革实践，导致一些不良行为得不到及时治理。有些中小企业，特别是有的小微企业钻国家经济法规和制度不健全的空子，偷税、漏税，挖国有大企业的墙角，在沿海地区甚至利用走私等不正当的手段，进行资本的原始积累。

（2）有关法律操作性不强，原则性条款较多，操作起来弹性较大，使一些经营者钻法律的空子，从事违法活动。

（3）管理部门分工不明，职责不分，遇到有利可图的事情相互插手，利益均沾；遇到棘手的事，则相互推诿都不负责。

（4）部分管理人员法治思想及业务素质不高，执法不严，办事讲究人事关系、权钱关系，或有法不依，有章不循，执法犯法，营私舞弊等，助长了不良行为的扩展。

（5）地方保护主义严重。现存的税收和政绩考核机制使得地方政府与企业间存在密切的利益关系，由此导致某些地方政府对企业社会责任监督滞后，监督失灵。一些地方政府为了本地利益，不惜对非法或道德缺失企业进行掩饰包庇，

---

① 陈爱清．浅论中小企业伦理道德缺失的原因和解决途径［J］．管理世界，2009（6）．

② 孙丰云．当前中国企业社会责任的缺位与重构［J］．世界经济与政治论坛，2007（6）：74－79.

使违法和不道德行为更加有恃无恐。[①] 一些政府官员为了个人利益，或是谋取所谓的“政绩”，如或明或暗地袒护一些中小企业制造假冒伪劣的产品，甚至对国家明令禁止、关系人民生命健康的药品、食品也加以支持保护；对污染环境、破坏资源的经营不但不制止，反而百般袒护，更有甚者，官员、执法人员同黑势力勾结。典型的比如明知某些中小企业存在产品不合格、排污不达标、劳动条件差等问题，但为了累积数字业绩，保证税收，当地的领导以优化经济发展环境为借口，为这些企业撑起了保护伞，造成了严重的社会后果。

（6）企业因违法违规行为受处罚的成本过小，降低了企业履行社会责任的约束力。比如一些中小企业宁愿被罚款处理，也不愿安装排污装置，因为一旦被发现，只不过罚个几万元，并不会伤筋动骨，但安装一套排污设施至少需要几十万甚至上百万元。

（7）中小企业面临激烈的市场竞争。在市场竞争方面，市场如战场，总是存在着弱肉强食的局面。随着市场经济的发展和经济全球化的发展，中国的中小企业不仅要面对国内大型企业的竞争，而且要面对跨国企业的竞争。

中小企业可使用的资源比较匮乏，属于竞争中的劣势方，由于市场竞争不同情弱者，所以那些本身经济比较薄弱的中小企业不得不重新考虑自己的生存，任何事物总是在生存的基础上去发展，这些中小企业面对市场的激烈竞争，只有铤而走险地去做那些违背伦理道德的事情。与此同时，制度结构中又缺乏中小企业伦理道德的约束和激励机制，因而在人的机会主义倾向普遍存在的情况下，人们会在非均衡市场上追求收益内在化与成本外在化，逃避经济行为的责任。

（8）市场经济中，普遍存在信息不对称。在市场活动中，中小企业往往处于信息优势的一方，在利益的驱使下，中小企业可能出现“道德风险”问题。大量的虚假广告就是其表现。

在经济制度方面，市场经济在各种经济制度中是最有效率的，市场经济可以最大限度地调动社会经济活动的创造性潜力，实现对社会资源的合理配置，能够遵循等价交换的原则参与市场交换。但是，同其他事物发展一样，市场经济制度在伦理道德上也存在负面效应，市场经济的正义性并不能代表道德的正义性，在

① 沈运红，王恒山，鲍林．中小企业营销道德失范的原因与对策［J］．统计与决策，2006（8）：151－152.

经济合理性中隐藏着伦理道德的风险。[①] 例如，由于信息不对称可能使企业隐瞒自身的信息而获取对方的信息，再者，市场经济作为竞争经济，企业会在竞争中降低自己的道德标准。在社会文化因素方面，企业由于受到“重利润、轻伦理”的不良社会文化影响，不少企业无限制地追逐利润，很少关注社会责任，从经济利益的角度出发来决定产品的产量和质量，无视消费者的利益。在这种不良的社会文化背景下形成的企业价值观必然误导企业的发展方向，使企业通过有形或无形的东西指引员工重利轻义，导致员工为了追求利益，不再重视产品质量。在市场竞争方面，市场如战场，总是存在着弱肉强食的局面。

由于市场竞争不同情弱者，所以那些本身经济比较薄弱的中小企业不得不重新考虑自己的生存，任何事物总是在生存的基础上去发展的，这些中小企业面对市场的激烈竞争，只有铤而走险地去做那些违背伦理道德的事情。在政策体制方面，由于社会主义正处在初级阶段，市场经济还不完善，政策体制还没有完全有效地建立，部分市场机制运行不规范，对市场缺乏有力的约束，这给少数企业带来可乘之机，那些钻着市场的空子到处行骗的企业仍然在市场上存在。

三、微观原因

中小企业自身经营过程中也存在许多缺乏诚信、背弃道德的事情，构成了中小企业伦理道德缺失的微观原因。具体表现在以下几个方面：

（1）中小企业处于低层次的生产经营状态，诚信缺失。[②] 中小企业的生存和发展也有自己的生命周期，从低到高可分为创立、成长、成熟和飞跃（或衰退）阶段。根据管理学原理，人们的道德发展可分为前惯例水平、惯例水平及原则水平三个阶段。前惯例道德水平的特点是仅受自身利益的影响，按怎样对自己有利制定决策，规则只在符合直接利益时遵守。中国中小企业中相当一部分处于低层次的原始资本积累创立阶段，因而自然其道德水平处于前惯例水平阶段，在市场竞争的压力下、在市场利益的驱动下，一些企业唯利是图，甚至于诚信缺失，对社会造成了严重的影响。

---

① 孙晓娟，冯尚春．市场经济视域中的道德层次分析［J］．东北师大学报（哲学社会科学版），2010（1）：45－48.

② 陈敦旭，朱元双，龚新湘．我国中小企业诚信缺失的成因及治理策略［J］．科学与管理，2006（4）：55－56.

（2）中小企业经营管理者思想道德素质不高，伦理道德观念淡薄。[①] 企业的伦理道德水平很大程度上还有赖于企业经营者的思想观念、思想境界、受教育程度、管理水平等。

中国中小企业大多采取家族式、小作坊式、劳动密集型、技术含量低的生产方式，他们主要凭自己的实干苦干和个人经验来开办企业、管理企业。许多企业主没有受过什么正规教育或高等教育，科学管理知识和法律知识欠缺，管理中情感因素、随意性、短期性强。由于眼界及素养的局限，许多企业经营者只注重短期利益，没有树立伦理经营的理念，导致生产经营过程中忽视员工、消费者以及其他利益相关者的利益。

（3）中小企业片面追求"利润最大化"。[②] 企业有逐利的天性，企业家往往把利益放在第一位，追求利益的最大化成了他们投资经营的基本目标；缺乏社会责任意识，不把改善员工的工作条件和安全保障当作企业的社会责任。他们把企业营利与企业伦理道德对立起来，在利润最大化经营目标的驱使下，失去理性，走上唯利是图的道路。在许多企业的传统经营理念中，目标始终定位于刺激消费、追求消费数量的增长与利润的最大化；尤其是在市场经济条件下，企业为求得生存和发展，为追求经济效益，始终将提高生产效率放在第一位，而很少考虑环境问题，认为环境保护与治理主要是政府和社会的责任，企业生产发展与环境保护是难以做到合理兼顾的。加上环境问题一般具有潜伏性和滞后性的特点，故针对那些投入较大而无助于降低成本、增加利润的污染治理项目，在没有外界压力的情况下，难以主动去实施。

（4）中小企业员工的素质普遍较低。[③] 在员工素质方面，员工素质的高低直接决定了员工的个人价值观和员工对伦理道德的认知水平。员工的道德缺失会导致企业道德的缺失。比如员工对产品质量的忽视，通过不正当手段销售产品，都会对企业的形象造成影响。

高素质的员工能够进行良好的自我管理，能够知道应该做什么而不应该做什么，同时自觉地维护企业的整体形象，自觉地加强企业伦理建设。另外，中小企

---

① 王凤霞，许海燕．浅谈中小企业道德建设［J］．商场现代化，2007（7）：311－312.

② 李志伟．中小企业营销伦理的实现途径［J］．经营管理者，2008（14）：32－33.

③ 李碧珍．企业社会责任缺失：现状、根源、对策——以构建和谐社会为视角的解读［J］．企业经济，2006（6）：12－15.

业员工缺乏基本的法律知识，维权意识太差，纵容了企业主侵害员工权益的行为。大多数企业员工，尤其是外来打工者，文化程度不高，缺乏基本的自我保护意识，更不了解职业中毒和职业病的识别与危害，所以，很多员工都是在超过了投诉时间期限的范围才报案，有些甚至在一两年之后才意识到自己中毒或得了职业病，造成严重后果。

（5）中小企业缺乏核心竞争力。[①] 中小企业由于规模小、资金缺乏、设备陈旧、产品质量低、经营者的道德素质不高、经营管理机制落后等方面的问题，加之企业对企业文化的认识存在着不足，导致企业缺乏核心竞争力。因而只能跟在别人后面生产低附加值的产品，利润空间狭窄，陷入失范、违规的恶性循环。于是有一部分企业为摆脱困境，采取不道德的行为，为接一份订单，到处拉关系走后门，进行权钱交易，甚至为了节省成本，而将大量污染物随意排放，严重破坏了生态环境。

（6）中小企业管理机构结构简单，缺乏有效的监督机制。中小企业由于规模小，所有权和经营权往往是统一的，普遍存在“一人多职”现象，致使个人权力不断膨胀，企业又没有建立一整套规范的制度，对职权的划分不明、界定模糊，因此存在个人滥用权力的个人伦理问题。

在企业管理者价值倾向方面，企业行为是否合乎道德，关键在于管理者是否具有正确的价值观。处于较高道德发展阶段的人更易于做出符合伦理道德的决策，而企业发生道德问题在很大程度上是因为管理者处于较低的道德发展阶段，因此，企业伦理道德缺失也可以从管理者的个人价值倾向中找出原因，特别是那些较高或最高层次的管理者。

如果管理者个人盲目追求利润最大化，只关注企业的利润，其结果往往是个人伦理丧失，在这种个人伦理支配下做出的战略决策必将使企业步入伦理危机的困境。在企业内部组织结构方面，由于企业组织结构规定了人们在企业中的角色，限定了人们思维的方向，因此组织结构的某些弊端也不可避免地引发中小企业伦理道德的缺失。例如中小企业由于规模小，普遍存在“一人多职”现象，致使个人权力不断膨胀，企业又没有建立一整套规范的制度，对职权的划分不

---

① 倪中莉．论社会主义市场经济下的中小企业伦理建设［D］．重庆师范大学硕士学位论文，2007：19-20.

明、界定模糊，因此存在个人滥用权力的个人伦理问题。在员工素质方面，员工素质的高低直接决定了员工的个人价值观和员工对伦理道德的认知水平。高素质的员工能够进行良好的自我管理，能够知道应该做什么而不应该做什么，同时自觉地维护企业的整体形象，自觉地加强企业伦理建设。

第七节　伦理道德缺失背景剖析

中国的中小企业是在曲折中发展壮大起来的，要想真正理解和把握中小企业伦理道德缺失的现象，就必须分析中国中小企业发展的背景。中国中小企业发展最重要的背景就是经济社会的转型。改革开放以来，中国的经济体制逐步由计划经济体制向市场经济体制过渡，社会也由农业社会向工业社会转变。经济社会转型带来的影响是深远的。

（1）在经济转轨、社会转型的大变革背景下，人们的价值观念发生了多维度变化。受西方价值观念的影响，中国的价值体系、观念也随着市场经济的发展进程而发生变化。在计划经济时代，个人利益与物质利益并没有放在最重要的位置。而在市场经济时代，交换机制支配着人们的生产关系和交换关系，人们开始追求市场经济中自由交换、功效和趋利避害的原则，开始重视和肯定个体利益。在利益的驱使下，人们的伦理意识日渐淡薄，部分企业的道德自律性也正在丧失，传统的价值观念受到严峻的挑战。

（2）市场经济体制的建立和完善是一个渐进的过程。在转型过程中，许多新现象、新问题出现，而相关的制度和法律并没有建立，不道德行为就有了可乘之机。中国的法律体制的完善程度远未跟上市场经济发展的要求。

（3）随着经济社会的发展，中小企业面临的环境发生了变化。中国的一般商品市场已经从卖方市场转变为买方市场，中小企业面临严峻的生存压力。中小企业多数是从事一般商品的生产和销售，在激烈的市场竞争过程中可能发生违反伦理道德的行为。

（4）政府对经济增长的过度关注，导致对违反伦理道德行为处理不当。为了快速实现工业化、城镇化，缓解就业压力，政府部门尤其是地方政府往往对企业给予保护，使得违法及违德行为得不到合理的处理。对违法与违德行为持纵容或包庇、保护态度，必然会加剧及扩大企业的非道德行为。

（5）在经济转型中，缺乏中小企业发展的支持体系。中国的金融体系由大银行主导，不利于中小企业的融资。中小企业由于资金问题，不能吸引优秀的人才和引进先进的技术，这些都制约着中小企业的发展。在市场竞争中，中小企业的资金、技术和人才都处于劣势，如果缺乏有效的支持系统，中小企业必然难以生存和发展。为了生存，他们才不择手段，做出一些违背企业伦理道德的行为。

第九章

中小企业道德的儒学伦理体系

儒学伦理崇道尚德、明义重公体现了对道德高度重视的精神，把道德视为人的本质属性。崇道尚德、明义重公即是对社会发展、整体利益的维护，凸显了对人的社会性高度肯定的观念。人是个体存在和社会存在的统一，社会属性是人的本质属性。任何人都只能在社会中即与他人的关系中才能生存，对他人和社会有着必然的依赖。

第一节　儒学伦理与企业道德选择

企业管理的道德选择是管理学理论从科学管理、行为管理发展到伦理管理阶段出现的必然趋势。企业管理的道德倾向是社会压力增大、竞争加剧、提高管理有效性的内在要求，是管理学理论从科学管理、行为管理发展到伦理管理阶段出现的必然趋势。[①]

① 关培兰，申学武．企业管理的道德选择［J］．武汉大学学报（哲学社会科学版），2004，57（1）：18－23.

一、企业道德选择的重要意义

道德离不开行为个体的自由选择，也只有以自由选择为前提，我们才能评判某一行为该不该做，是否道德。如果没有个体行为的自由选择，那就没有伦理的该怎样或不该怎样；任何人都只能必然如此，无可选择，那么也就不存在道德的问题了。

儒学伦理认为，人并不是单纯的、孤立的，人和动物的区别在于“人能群”，人是群体中的一分子，具有维护群体生存和发展的需要，具有道德理性，因而倡导“群居和一”、“乐群”便是这种思想在人们心理上的积淀。乐群是一种强烈的归属心态的表现。它反对离群索居、独来独往、自我封闭，而主张与他人建立友好和谐的关系，在特定的群体中寻找自己的位置、实现自己的价值，也就是说，它把与群体的和谐作为自己安身立命的根本。因此，中国人历来对群体有着浓郁的依赖感、信任感。贵义、重公、崇德，表现在中华民族的心态上就是乐群贵和，并体现为对家庭、团体、国家等社会群体具有一种强烈的责任感。俗话说，“一个好汉三个帮”、“家和万事兴”、“众人拾柴火焰高”等，就反映了这种心态及对其社会功能的把握。

儒学伦理把个人对家庭、团体和国家等社会团体的义务内化为道德良心，并将此良心升华为至善的道德理念。如前所述，这种道德认知即基于对人的社会性的理解。荀子说：“人之生，不能无群”（《荀子·富国》）。作为社会性动物，离开了社会群体，任何人都无法生存。它既是人的存在的本质，也是人高于动物的根本特性。人“力不若牛，走不若马，而牛马为用。何也？曰：人能群，彼不能群也”（《荀子·王制》）。这就是说，人在自己的类存在中，才能充分发挥自己的能力、实现自己的价值、完善自己的本质。因而，传统儒学要求个人认同于社会群体，把维护群体的和谐、促进群体的幸福作为自己自觉的道德责任。家庭至上、团体至上、国家至上是人们基本的道德信念。

不同层次的群体间具有递进性，欲平天下者先须治其国，欲治国者先须齐其家。群体的大小、层次不同，个人对它们所负的道德责任的重要性也随之不同，总的原则是小群体服从大群体，低层次服从高层次。故当对家庭责任的孝与对国家责任的忠发生冲突时，不仅要移孝为忠，更要舍家为国。这种强烈的社会责任感，构成中华民族精神的深层内涵，使得中华民族具有强大的凝聚力、亲和力，曾经成为激励人们积极进取、勇于牺牲和奉献的心理机制。

在道德情感上，从社会责任感、历史使命感与牺牲、奉献精神中体验到荣誉与崇高、充实与幸福。儒学伦理认为，幸福的本质并非物质生活的富足，而是精神的充实与崇高。与群体和社会相比较，个人是渺小的、微不足道的，但群体和社会又由个人组成，因此，只有把个人融入社会，才能充分显示生命的光辉与伟大价值，只有奉献社会，才能超越个体生命的有限而实现永恒。古人追求的立德、立言、立功之“三不朽”，就是一种崇高的道德情感体验。

人们总是生活在一定的客观环境中，其思想和行动都要受到主客观条件的制约，从这个意义上讲，人们的行为选择是不自由的，但在同样的条件下，人们的行为选择总是不同的，这种不同则取决于人们对客观条件的不同认识和不同的价值取向，因此，从这个意义上说，人们的行为选择又是自由的。总之，只讲选择的自由，不承认客观条件的决定，是主观主义和唯意志论，自然也就否认了企业活动存在的必然性。只讲客观条件的决定，而不承认选择的自由，也就否认了企业活动中道德存在的必要性，自然企业道德也就不存在了。因此，我们承认企业活动中道德选择的自由，而这种自由又是有条件的，相对的。

正是因为我们承认，企业可以是有相对的、有条件的选择道德的自由，所以才能进一步追问或评价人们行为自由的道德选择，或者说人们的自由选择是否符合道德的问题。恩格斯指出：“自由不在于幻想摆脱自然规律而独立，而在于认识道德规律，从而能够有计划地使自然规律为一定的目的服务。这无论对外部自然的规律，或对支配人本身的肉体存在和精神存在的规律来说，都是一样的。”①

因此只有建立在对客观规律、社会基本趋势和人类发展命运深刻洞察的基础上的人的行为选择才是真正意义上的自由的道德选择。意志自由只是借助于对事物的认识来做出决定的能力。因此，人对一定问题的判断越是自由，这个判断的内容所具有的必然性就越大；而犹豫不决是以不知为基础的，它看来好像是在任意不同的和相互矛盾的可能的决定中任意进行选择，但恰好由此证明它的不自由，证明它被正好应该由它支配的对象支配。② 只有建立在对客观规律、社会基本趋势和人类发展命运深刻洞察的基础上的选择，才是自由选择的道德最高境

① 马克思，恩格斯．马克思恩格斯全集（第3卷）［M］．北京：人民出版社，1995：455.

② 马克思，恩格斯．马克思恩格斯全集（第3卷）［M］．北京：人民出版社，1995：455－456.

界。正因为如此，自由选择的道德行为，说到底是对他人以至整个人类存在状态的一种责任。

企业的道德选择应偏向节约资源，保护环境，促进人与自然的和谐发展。企业是社会财富的提供者，同时又是资源的消耗者和生态环境的影响者。企业在企业活动中一方面创造着社会财富，另一方面又利用着资源和生态环境。但是自然资源是有限的，生态环境的承载功能是脆弱的。如果企业在企业活动中不注意资源的节约和生态环境的保护，掠夺性地耗费资源，肆意排放“三废”，并且提供的产品和服务在人们的消费或享用中破坏了资源和生态的平衡，那么将会对人类生存和发展的自然环境带来日益严重的威胁，最终会危及人类生存和发展，影响人们的生活质量的提高和福利的增进。因此，节约资源，保护环境，注重生态效益，促进人与自然的和谐发展，也是企业道德中的不可忽视的责任。①

二、影响企业道德选择的因素

企业道德选择同人的其他任何选择一样，都不是孤立存在的，而是受到许多条件的制约。影响企业道德选择的因素大致如下：

（1）企业利益。毫无疑问，企业的存在和企业活动，离不开企业自身的利益。没有利益的存在，企业的存在和企业活动就会失去了依托，而变得毫无意义。企业之所以存在并展开其企业活动，总是以其自身利益的实现为保证的。因此，企业的存在和企业活动，都要受到自身利益的决定和制约。一个没有自身利益并为之不断追求的企业就不成其为企业，当然这样的企业也是不存在的。但是，这并不意味着企业可以置关联各方特别是服务对象的利益和整个社会利益于不顾，甚至损害它们的利益，一味追求自身利益。当然，这样的企业也不成其为企业，而是盗贼或匪帮。而企业作为利益主体，其存在和企业活动要追求自身利益的实现，在道德选择上，抹杀这一点是不可能的，但道德的选择毕竟不是以个体自身利益为中心的，而是以他人利益、社会利益和社会所有主体利益的和谐为着眼点，所以，企业道德选择还要受其他利益因素的制约。

（2）市场交易规则。正是企业在其存在和企业活动中的逐利倾向，构成了企业发展的内在动力。而企业是在市场中存在的，其交易活动是在市场竞争中进

① 周利国．中小企业伦理与道德建设五日通［M］．北京：经济科学出版社，2007：102－103.

行和实现的，因而市场规则也不断影响着企业的企业道德选择。市场交易规则就是在市场竞争中自发地形成的企业交易活动必须遵循的规范和准则，如诚信自愿、平等互利等。没有这些规范和准则，交易就无法长期进行。

然而，这种自发地形成的市场交易规则，并不带有强制性，因此，它不能完全避免企业在某些交易活动中的投机欺诈行为。而且，市场自发竞争所形成的垄断，也会使居于垄断地位的企业凭借其垄断地位，控制供给或需求，为本企业或少数企业的利益，破坏公平竞争原则，侵损其他主体（企业和消费者）以及整个社会的利益。因此，企业道德选择还必须受到法律的制约。

（3）市场法规和法律。市场法规和法律是国家根据市场交易规则，为维护市场公平竞争和正常交易秩序，以法的形式而规定的法律制度。因为法律制度具有强制性，所以它在企业的企业道德选择中起着重要的制约作用。

（4）社会舆论导向。社会舆论赞成什么，反对什么，往往会对企业的企业活动形成强大的动力或压力，引导着其企业道德选择。一个在企业活动中得到社会舆论赞誉的企业不仅会赢得人心，也会赢得市场；相反，受到社会舆论谴责，不仅会失去人心，也会失去市场。因此，社会舆论导向对企业的企业道德选择有着不可忽视的影响。

（5）企业自身的道德意识。道德行为的一个最重要特点应当是社会个体发自其本身意愿的活动，所以它必须是一种自愿选择，即康德所说的“绝对命令”。正因为如此，影响企业道德选择的上述外在因素，最终必须“内化”为企业的自身意愿，使企业自身的道德意识不断得以强化或提升，才能真正变为企业个体的道德行动。因此，企业自身的道德意识是企业道德选择的根本的内在因素。①

第二节　基于儒学道德的价值取向

企业的道德责任，决定着企业的价值取向与经营观念。如果企业充分认识到

① 周利国．中小企业伦理与道德建设五日通［M］．北京：经济科学出版社，2007：100－101.

自己的企业道德责任，那么它就会在其企业活动中以通过造福于他人、贡献于社会来取得企业的生存和发展为价值取向，采取对他人对社会极端负责的经营观念。相反，如果企业无视或蔑视自己的道德责任，那么就会在其企业活动中以不顾他人利益和社会利益，见利忘义、不择手段、唯利是图为价值取向，采取损人利己、以邻为壑的经营观念。

企业的价值取向与经营观念，笼统地讲是一个意思。它是指企业在经营活动中以什么样的理念和取向来赢得自己的生存和发展。但是二者又有细微的差别，企业的价值取向是企业的最终价值，即企业是仅仅为自己还是为他人为社会而存在；企业的经营观念就是企业的经营指导思想或经营哲学，它是指由企业的价值取向所决定的在经营活动中企业的根本指导思想，是企业价值取向在经营活动中的实际体现。一般来说，企业有什么样的价值取向，就有什么样的经营观念，企业的经营观念总是体现着其价值取向。正是二者的这种密切联系和一致性，人们通常把企业的价值取向和经营观念合而为一，当作一个事物。因此，我们将二者合起来作为一个概念来阐述。以企业利润为中心的唯利是图是企业价值取向与经营观念。毋庸讳言，追求利润是企业存在和发展的内在动力，也是企业存在和发展的应有之义。不追求利润，企业就不成其为企业。

追求利润是企业生存和发展的必要条件，而不是充分必要条件，更不是唯一的条件。但是，也确有一些企业主，特别是在市场经济初期，信奉唯利是图的企业价值取向和经营观念，他们见利忘义、利欲熏心、弄虚作假、掺杂使劣、坑蒙拐骗、囤积居奇、投机倒把、损人利己、敲诈勒索，甚至谋财害命、作奸犯科。

正是在这样的企业价值取向和经营观念的支配下，马克思说到资本时指出，“如果有100%的利润，为了100%的利润，它就敢践踏一切人间法律；有50%的利润，它就铤而走险；有300%的利润，它就敢犯任何罪行，甚至冒绞首的危险。”① 恩格斯说：“英国资产者对自己的工人是否挨饿，是毫不在乎的，只要他自己能赚钱就行。一切生活关系都以能否赚钱来衡量，凡是不赚钱的都是蠢事，都不切实际，都是幻想。”② 这种以企业为中心的，唯利是图、不择手段、见利忘义的价值取向和经营观念，随着市场经济的发展，交易的频繁和交易的扩大，

① 马克思，恩格斯．马克思恩格斯全集（第23卷）［M］．北京：人民出版社，1972：.829.

② 马克思，恩格斯．马克思恩格斯选集（第2卷）［M］．北京：人民出版社，1957：565.

由于它在追求利润时不顾他人和社会的利益，失信于他人和社会，在企业活动中无法建立起大家以及全社会公认的统一的交易规则，所以它为社会所不齿，也渐渐地被大多数企业所抛弃。

以市场为中心的顾客至上的企业价值取向与经营观念。信奉以企业利润为中心的唯利是图的企业价值取向与经营观念，既为顾客所反感，为社会所不齿，同时也使企业失去了顾客，失去了市场，阻塞了企业生存和进一步发展的空间。以市场为中心的顾客至上的企业价值取向与经营观念是大多数企业求得生存与发展在企业活动中所推崇的。特别是在商品供过于求、卖主之间竞争非常激烈、买方处于优势地位的“买方市场”形成以后，这种企业价值取向和经营观念更成为企业追捧的法宝。在这样的企业价值取向和经营观念的指导下，大批企业在企业经营管理活动中，把市场需要作为出发点，把顾客满意作为归宿点，以人为本，诚信经营，从而为企业的生存和发展开辟了广阔的前景，同时也规范了市场秩序，推动了市场经济的健康发展。

以社会为中心的可持续发展的企业价值取向与经营观念。这是在以市场为中心、顾客至上的企业价值取向与经营观念基础上形成的一种新的企业价值取向与经营观念。随着经济的发展和人口的增加，资源和生态环境的问题越来越受到人们的重视，人们对生活质量的提高，生存和发展环境的改善，以及经济社会的长远发展越来越关注，于是人们对企业的价值取向与经营观念就有了新的要求。在这样的背景下，企业的企业活动不仅被看作是关乎企业与其服务对象的事情，而且被看作是关乎整个人类社会发展的事情。这就要求企业在企业活动中要以社会为中心，顺应经济社会可持续发展的趋势。“绿色浪潮”、“循环经济”、“生态效益”等就是这种要求的体现。因此，企业在以市场为中心、顾客至上的基础上纷纷开始确立以社会为中心的可持续发展的价值取向与经营观念。①

在市场经济条件下，有企业就有企业的价值取向与经营观念，企业的价值取向与经营观念随企业的产生而产生，随企业的发展而演变。企业的产生、存在和发展，离不开社会的外在环境，因而企业的价值取向与经营观念也决定于社会外在环境的状况。

企业是商品经济或市场经济的产物，因而商品经济或市场经济的运行机制必

① 周利国．中小企业伦理与道德连建设五日通［M］．北京：经济科学出版社，2007：108－109.

然决定着企业价值取向与经营观念的形成和内容。商品交换是商品经济或市场经济的基本存在方式，交换的发生或形成机理以及其实现的过程特点，对于企业价值取向和经营观念的确定起着初始的引发和决定作用。商品交换作为商品经济或市场经济的基本存在方式，之所以发生或形成在于社会的分工，也就是说，只有分工，社会主体才有将自己的产品或劳动进行交换的必要，即任何社会主体都不能靠自己的产品或劳动来满足自己的需要，而是必须将自己的产品或劳动与其他社会主体进行交换，来满足自己所不能满足的各种需要。

而要实现这样的目的，首先，就要求每一个社会主体自己的产品必须适应和满足社会主体的需要，自己的产品不能适应他人的需要，自己的需要就无从满足。其次，社会分工决定社会产品在不同的社会主体之间的交换，又是以承认交换主体之间各自存在着自己的独立利益和相互尊重其所有权为前提的。因此，不同社会主体之间的交换的原则是等价交换。没有社会主体之间的利益的独立性和对其所有权的尊重，就没有等价交换，没有等价交换也就没有商品交换。对社会产品的贡赋、馈赠、霸占、掠夺都不是商品交换。正如马克思所说，“商品交换领域”是“天赋人权的真正乐园”，在这个乐园中，“占统治地位的只是自由、平等、所有权及利益”。[①] 也就是说，自由选择、平等交换、利益独立、互利互惠是商品交换的普遍原则，也是对交换主体的基本要求。

虽然商品交换是以自由选择、平等交换、利益独立、互利互惠为原则，但它本身暗含着对交换主体追求自身利益的肯定和鼓励。这就会使交换主体形成自我利益膨胀而不顾或损害他人和社会利益的可能。要求他们所做的事情是对他们自己有好处的，那他就有可能如愿以偿。任何想要同他人做买卖的人都是这样提议的。“给我那个我想要的东西，就能得到这个想要的东西，这就是每项交易的意义；正是用这种方式，我们彼此得到了需要的帮助的绝大部分。不是从屠夫、酿酒师和面包师的恩惠，我们期望得到自己的饭食，而是从他们自利的打算。我们不是向他们乞求仁慈，而是诉诸他们的自利之心，从来不向他们谈自己的需要，而只是谈对他们的好处。[②]” 正是他指引这种劳动产品使它具有最大的价值，也只是为了自己的利得；在这种场合，也像在许多其他场合一样，他被“看不见的

---

① 马克思，恩格斯．马克思恩格斯全集（第23卷）［M］．北京：人民出版社，1972：199.

② 亚当·斯密．国富论（上卷）［M］．杨敬年译．西安：陕西人民出版社，2001：18.

手”引导着，去达到他无意追求的目的。

虽然这并不是他有意要达到的目的，可是对社会来说并非不好。他追求自己的利益，常常能促进社会的利益，比有意这样去做更加有效。”①

虽然亚当·斯密怀着极大热情肯定“自利之心”在商品交换以及促进社会利益中的积极作用，但这未免过于天真和简单。在交换主体之间利益不一致以及他们以实现自己的利益最大化为目的的条件下，就有以牺牲或损害他人和社会利益来追求自身利益的可能性。如果交换主体不能正确认识自己的利益与他人和社会利益之间的相互依存、相互促进和一致性，在没有伦理道德和社会政治法律制度的约束条件下，一味地追求自身利益，由于交易本身的复杂性和交易客体的多维性以及交易主体的知识的局限性等所导致的交易各方之间所存在着信息的不对称性，就会使具有信息优势的一方欺骗不具有信息优势的其他各方，从而将交易主体以牺牲他人或社会利益来追求自身利益的可能性变为能够付诸实施的现实性，使商品交换中的形式上的自由选择、平等交换、利益独立、互利互惠变成了实质上的尔虞我诈、坑蒙拐骗、侵害他人和社会利益的手段。

因此，在现实的市场经济舞台上，既存在着信守自由选择、平等交换、互利互惠，通过为他人和社会提供货真价实的商品和服务，增进他人和社会的福利而实现自身利益，追求以诚信为本，对他人和社会利益高度负责的企业活动主体，也存在着打着平等交换、互利互惠的旗号，而利用自己的信息优势，实际干着坑蒙拐骗他人，侵蚀损伤社会利益的勾当而一味追求自身利益最大化的企业活动主体，它既体现着企业不同的价值取向和经营观念，又反映着商品交换所赖以实际存在的社会外在的客观环境。可见，企业的价值取向和经营观念不可避免地由社会外在环境所决定。

实际上，企业的价值取向和经营观念的确定，不仅由社会外在环境所决定，而且受着社会思想文化氛围的影响。在既定的相同社会外在环境条件下，营造不同的社会思想文化氛围，对企业价值取向与经营观念的选择和确定，具有重要的引领和导向作用。

在西方，随着资本主义商品经济的统治地位的确立，最大限度地追求企业利润成为企业经营活动的唯一目标，金钱是衡量经济行为主体价值的唯一标准，这

---

① 亚当·斯密．国富论（下卷）［M］．杨敬年译．西安：陕西人民出版社，2001：502－503.

虽然推动了资本主义经济的发展，但也造成了社会的丑恶、道德的沦丧和公共利益的动摇。特别是20世纪60年代以及之后，消费者权益、生态环境、自然资源受到严重侵害和破坏，企业信用缺失、不道德行为泛滥，市场秩序和社会公共利益受到尖锐的挑战。这既反映了资本主义旧有社会思想文化氛围对企业的价值取向及经营观念的负面影响，也促使了人们对市场经济条件下企业伦理的关注，引起了对企业追求利润的目标与企业价值取向和经营观念相互之间的联系的思考，从而催生了企业道德（Business Ethics）这门学科的问世和维护市场秩序与社会公共利益及长远发展方向的偏离。

在中国，市场经济的发展一方面动摇了传统思想文化的框架，促进了人们的思想解放，另一方面也刺激人们对私利的大胆追求，但由于维护市场经济秩序和社会公共利益的法规制度及道德观念的缺失，从而造成了一些人的私欲的恶性膨胀和劣行的泛滥，严重影响着市场经济的健康发展和社会公共利益的有效实现。以至于人们不断发出“道德滑坡”的感叹。“一手硬，一手软”就是对这种状况的客观描述。“坚持两手抓，两手都要硬”正是为改变这种差强人意的不良状况而提出的必然要求。这也说明我们社会也注意到社会思想文化氛围对企业价值取向和经营观念的确定及引导的重要作用。唯物辩证法认为外因是变化的条件，内因是变化的根据，外因通过内因起作用。①

社会外在环境和思想文化氛围对企业的价值取向和经营观念的确立及引导具有重要的作用，但具体的企业怎样形成某种特定的价值取向和经营观念，这就不能仅仅从社会的外在环境及思想文化氛围来说明。它必须从社会的外在环境及思想文化氛围深入到企业活动主体的认识和觉悟中来分析。因为企业的价值取向和经营观念是社会的外在环境及思想文化氛围作用于企业活动主体的认识和觉悟进而形成其主观道德判断的基础上进行选择的结果。这种社会的外在环境和思想文化氛围的作用过程说到底就是一种“教育”过程，而就企业活动主体来说，也就是一种“学习”过程。通过这种“教育”和“学习”的双重互动，提高企业活动主体的认识和觉悟，优化其主观道德判断和选择，从而完善企业的价值取向和经营观念。

通过利益引导进行“教育”，使企业在利益得失中进行“学习”，强化企业

① 毛泽东．毛泽东选集（第一卷）［M］．北京：人民出版社，1952：289－290.

价值取向和经营观念中的社会责任感。这就需要社会制定出完善的法律、法规和规章制度，以利益的奖惩来约束和鼓励企业对消费者负责，对社会的整体利益负责，对人类的长远发展负责。这样的法律、法规和规章制度包括：财政税收、信贷利率、行政性奖惩、司法监管、价格保护、产业支持和抑制政策等。

通过舆论褒贬进行“教育”，使企业在声誉得失中进行“学习”，提高企业价值取向和经营观念中的社会道义意识。这就需要营造良好的社会舆论氛围，形成正确的舆论导向，树立先进的企业道德榜样，激励企业活动主体学科学、学理论、学文化，倡导诚信、礼貌、自尊、自强、自律、公正、求精、求实、节俭，对消费者负责，对社会负责。

对人类的长远发展负责和遵纪守法的企业精神，对各种丑恶的经营观念和经营行为进行无情的揭露和严厉的抨击，使道德的企业美名远扬，不道德的企业臭名昭著，从而引导企业确定符合社会道义的价值取向和经营观念。当然，这里要说明的是，社会舆论氛围的褒贬所形成的企业在声誉上的得失，说到底会影响企业在利益上的得失。一个声誉良好的企业，会赢得更多的顾客的青睐，使其市场不断扩大，利润增加；一个名声扫地的企业，会丢掉自己的顾客，使其市场不断扩大，利润增加；一个名声扫地的企业，会丢掉自己的顾客，使其市场不断丧失，利润不断下降，最终会使企业倒闭破产。也正是因为这样，社会舆论才有力量，企业才肯接受社会舆论的监督。

第三节　儒学伦理与企业经营理念

儒学伦理是关于人的行为以及人与人之间关系的伦理。在市场经济条件下和经济全球化的大时代背景下，在市场物与物交换的背后隐藏着的是人与人之间的关系，因此，在人的行为及人与人之间的关系层面上，儒学伦理特别强调人的道德意识和道德修养实践，因此，儒学伦理与市场经济条件下的企业伦理思想有着一些共同的理念，具有一定的相融性。

一、儒学伦理与市场经济的相融性

儒学伦理的重要思想之一是讲人与人之间的伦常关系，儒学以“仁”为核心的人际关系原则，是提倡人与人之间相互交往的互利原则，人由于处于各种人际关系之中而不能孤立地、个体地生存，人只有在相互的交往中才能共同生存发展，因此，儒学提倡人与人“礼尚往来”。而人与人之间相互交往的基本原则就是“仁”，也就是孔子所说的“推己及人”，“己欲立而立人，己欲达而达人”（《论语·雍也》），“己所不欲，勿施于人”（《论语·颜渊篇》）。

简单说来，就是要利己利人、推己及人，这其间包含着人与人之间互助的内涵。儒学这种人与人之间相互依存、互利交往、合作共赢的伦理思想与市场经济所要求的互利交换原则是相互融通的。

改革开放以来，特别是在中国确立了社会主义市场经济体制后，著名学者唐凯麟先生认为，儒家的伦理道德思想与现代市场经济有很多相融性。他对孔子的经济伦理思想和近代的儒家经济伦理思想进行了深入的研究，认为儒家的伦理思想具有现代价值，但有双重性，应批判性地继承，可以在创新的基础上合理地应用。

二、儒学伦理对市场秩序的规范性

儒学伦理注重规范和秩序的意识与现代市场对规范和秩序的客观要求也有其一致性的方面。儒学伦理重视和强调人际间的相互交往关系，并强调人际间的交往要在严格的规范体系下，即在“礼”的规范下进行。要求人的言行举止动态都要合于“礼”，通过“礼”的规范来实现人际间的相互关系以及社会的和谐秩序。而市场经济则是社会化、国际化的经济交换，交换关系复杂多样，交换主体千差万别，因而只有在统一的规范条件制约和调解中才有可能正常进行。

市场经济是以契约、合同为基础的法制经济，其伦理思想之一是对市场经济秩序进行立法并制定规则，该规则的实行又依赖于稳定正常的社会秩序和社会道德体系。在欧美国家，市场经济规则的运用依赖于西方社会的宗教理念和法律制度而形成的一整套社会伦理道德体系，如没有良好的社会伦理道德体系就没有市场经济规则的正常运行。因此，市场经济在要求人的自主的主体意识时，更要具有自觉的良好道德意识。在中国，对道德自主规范与遵守社会秩序的重视则是儒学伦理思想的核心。

三、儒学伦理对市场信誉的重视性

“信”是儒学伦理思想人的核心道德观，孔子说：“人无信不立”，“人而无信，不知其可也者”（《论语·为政》），就是说人无诚信则无法在社会中生存、立足。诚信是儒学伦理中为人处世的一个根本性原则。“诚者天之道也”（《中庸》）。而“信”是诚的具体表现，是儒学伦理所强调的“五常”之一，孔子提倡“言而有信”（《论语·为政》）。儒学伦理的诚信为本的道德准则与现代企业信誉至上的企业伦理道德观念是相同的。

在当代市场经济发达和全球经济一体化的历史时期，将儒学诚信为本的伦理思想应用到企业的伦理道德体系建设中，从而使企业在市场交易行为中、人际关系交往中确立信用意识，同时也有利于使企业基于功利目的的信誉得到升华，成为一种更加自觉的主体伦理精神，从而使企业信用和员工信用更加稳定和持久，更能有效地促进企业和员工的发展。

四、儒学伦理对企业经营的启示性

儒学伦理对市场经济的作用，还明显客观地体现在儒学伦理推己及人的道德思维方式，其“忠恕之道”，引用朱熹的解释为“尽己之谓忠，推己之谓恕”（朱熹《论语集注》）。由此，尽己是推己的前提，正己后方能正人，自性善，才能与人为善。“忠”是儒学伦理的精髓，“忠恕”人不怨，且能尚德立业，“中和”人合人，方能和气生财。

儒学伦理忠恕之道的价值取向强调个人与他人、个人与群体、个人与社会发生矛盾冲突时，要采取恭敬、谦让、忍耐的态度，以群体利益至上的原则协调好各种人际关系。儒学伦理的忠恕之道还特别强调人要忠于自己的国家，忠于自己的家族、群体，忠于家庭和友人。

儒学伦理中庸和谐思想更有利于培育市场经济条件下的企业伦理精神。这种企业伦理精神对促进企业的凝聚力和加强群体合作精神，提高企业的盈利能力，实现企业的发展目标，具有一定的现实意义。与西方的企业伦理思想之个人利益至上原则不同的是，儒学伦理在尊重个人价值的基础上更重视、忠于群体利益，强化人们对其所属的群体要有归属感、责任心和群体精神，要把为群体的效力当成是自己的忠诚表现。儒学所提倡的群体成员间要互利合作、和谐沟通、协商一致的精神非常适合企业与社会的发展，特别是在全球金融危机下和经济低迷状态下的企业经营的困难时期。

儒学伦理中的忠恕之道的群体合作精神是实现企业发展的思想保障。企业的发展也在于员工对企业群体有着强烈的归属感和忠诚度，企业经理与员工、员工与员工之间的群体合作精神与西方企业的团队合作精神有着本质上的区别。企业和员工形成的是以利益为基础、感情为纽带、命运相关的群体，即“企业群体”(Enterprise Synergy)①，企业员工都为这一群体尽心努力，忠于职守，从而企业的经济效益才能不断提高巩固，企业才能持续经营发展。

当然，儒学伦理也存在着与市场经济不相融的一面，如重义轻利，这种思想对于现代企业追求利益最大化的目标有一定的阻碍。但是，随着社会的不断进步、企业与社会和谐发展的需要，企业也不能一味地追求利益最大化。否则，企业就不能实现可持续发展目标。但是儒学伦理中的以义取利思想更能有效地使企业按合乎道德的标准来实现公司合理的利润，只有这样的利益才是最长久的。

20 世纪初，一些学者主张全面批评儒学伦理思想，他们认为儒学伦理思想是阻碍中国走向现代化的封建意识，这种观点长期占主导地位。学术界和有些人主观、片面地认为儒学伦理与现代的市场经济理念是不相融的，在他们看来，儒学伦理思想是重义轻利、重群体轻个人、重人情轻法制、重和谐轻竞争，而西方的市场经济则是以个人利益至上的自由经济、法制经济，儒学伦理不符合市场经济原则，要清除儒学伦理的这些传统观念对现代企业经营管理的影响。

第四节　儒学伦理与企业道德体系

儒学伦理把道德作为人的重要本质属性，对人的存在给予了积极的评价。自孟子倡导性善论以来，尽管历史上曾经出现过性恶论、性三品论、性善恶论等主

---

① Shinn T, Lamy E. Paths of Commercial Knowledge: Forms and Consequences of University – enterprise Synergy in Scientist – sponsored Firms [J]. Research Policy, 2006, 35 (10): 1465 – 1476.

张，但性善论一直在人性论中占主导地位。它认为道德作为人的本质属性，是人与动物相区别的根本标志。正因为人有道德，才使得他高于其他事物，成为宇宙间最完善的存在。因此，道德并非外在于其他事物，成为宇宙间完善的存在。因此，道德并非外在的强制，而是人的本质需要，是人的本性的自我发展、自我完善。仁、义、礼、智、信是人固有的。道心就是人的本心，义理之性就是气质之本性。这就为人的道德完善设定了一个内在的根据，凸显了道德理性，强调了道德在人心的重要意义，促进了人的道德自觉。

以道德为人的重要本质属性，不仅表明对道德的尊崇，还是对人的存在的积极肯定。这种思想特质，与西方文明凸显的精神有着鲜明的区别。西方基督教文化对人的存在和现实生活给予了否定的评价。它的“原罪说”渗透到人们的思想深处，认为人一生下来就有罪，这种罪是由人类始祖遗传下来的“原罪”，现实生活中任何人都无法摆脱它的困扰，人活着的目的就是为了赎罪，只有上帝才是善的源泉，人只有与上帝同在，到彼岸世界才可能实现自己的完善。因而，从根本上说，道德与人的本性相对立，是对人的一种外在强制。尽管西方文化也强调道德的重要性，但它把人的道德完善引向外在超越之路，而中华民族在儒家学说的孕育下，走的是内在超越之路。首先，中国人崇尚的是道德，而不是上帝。其次，中国人追求道德理想。理想是人的精神境界的反映，同样，一个民族的理想也反映着该民族的精神境界。人们对于自己的未来总是充满着希望，怀抱着某种期待，并根据自己的生活实际和特定的价值观念把希望和期待设定为一种理想，它既是生活的目的，也是精神上的追求与寄托。中国人的理想受儒家思想的影响，无论在个人生活还是社会生活上，都不仅把幸福作为理想，而是把道德完善作为最高理想。或者换句话说，中华民族不单纯追求物质生活的幸福，而认为精神生活幸福才是最高、最强烈、最持久的幸福，道德完善才是幸福的本质内容。

企业道德体系建设，应该从内部、市场和社会三个方面着手展开。

一、以人为本的企业内部道德

伦理管理决策的核心是其伦理价值体系，伦理价值体系可以提升企业品格，引导企业追求卓越。美国兰德公司曾花 20 年时间跟踪了 500 家世界大公司，发现其中百年不衰的企业都始终坚持：人的价值高于物的价值；共同价值高于个人价值；社会价值高于利润价值；用户价值高于生产价值。[①] 这四种伦理价值观也是儒学伦理思想核心价值观的具体体现，现代企业的伦理价值体系应包括这些内容。

儒学在管理中重视人的因素，首先表现在对人的价值的尊重，即把被管理者作为人来对待。孔子认为“仁者爱人”（《论语·颜渊》），这是对人的主体性的肯定和对人的价值的尊重。其次，重视人的因素，还表现在提倡用人道的方式对人进行管理，这就要求企业管理者必须以身作则，不断学习，提升自己的道德及管理水平；必须加强对员工的培训，提升员工的价值和自我认同感。通过实施一系列“以人为本”的措施，推动企业内部道德建设。为提升企业道德水准，创立独特的企业文化，塑造良好的企业形象，应是企业的一项长期发展战略。

价值观是企业文化的核心，决定着企业行为的基本性质和方向，决定着企业的经营宗旨、管理风格、人员作风和行为规范，它是企业一切行为与活动的灵魂，是维系企业整体运行的纽带。国内外许多大型公司都用不同的口号来体现自己的价值观，具有反映企业风貌、体现企业追求、诱发员工激情的特点，如联想集团的“以人为本”，福特公司的“人是力量的源泉”，美国通用公司的“不惜一切代价为顾客服务”，TCL 彩电的“为顾客创造价值”等。“赚钱第一”的经营理念，反映的是唯利是图的价值观，企业定位在利己的表层位置；“产业报国”则把企业提到了爱国主义的位置。

现在多数企业都将“顾客至上，服务社会”作为经营理念，其实质是增加社会性，强调社会效益的价值观念。广东科龙集团在大力推进企业文化建设中，长期坚持“开拓、拼搏、求实、创新”的企业精神，明确提出在企业价值观方面的信念是真诚信久远，追求无限，要求在为人方面要“诚实、踏实、务实”，处事方面要“信任、信赖、信用”，并据此向社会郑重承诺“当科龙人，做最好的”。[②] 这不仅意味着要为消费者提供最好的产品和服务，而且意味着要做最好的企业，为民族品牌增光，为民族工业争光。这种具备远见性的经营意识和价值观，树立了良好的企业形象，从而也得到了更多人的回报。

---

① 没有文化的企业是“愚蠢”的企业［N］. 经济参考报，2008-08-01.

② 名牌背后是文化——科龙集团“万龙耕心”企业文化塑造工程案例［J］. 中国乡镇企业，2002：53-57.

企业价值观的形成，标志着企业整体素质的提高，关系着企业文化精神是否为全体职工所认同，关系着企业凝聚力和向心力的形成。目前，在全面深化改革和扩大对外开放中，在企业整合、重组中，形成正确的企业价值观尤为重要，可以这样说，树立为全体职工所认同的适应知识经济伦理文化时代的价值观是企业诚信构建的核心内容，是企业获得成功的保证。

二、重信守义的企业市场道德

儒学伦理重视以诚信为本的市场道德。企业在处理与市场关系的层面上，要奉行诚信为本、顾客至上的市场道德。因为市场经济是信用经济，商品、合同、证券、期货等市场工具无不体现信用关系，它不仅要求建立可靠的信用保障制度，而且要求市场主体具有重承诺、守信用的良好德性。然而，中国人秉承的是几千年形成的“自然道德”传统的训练，因而至今仍然严重缺乏这种德性修养。表现在经济活动中就是做假、卖假、行骗、违约、毁约、失信的人和事相当突出，这造成了经济信用的严重不足，并对经济发展构成了多方面的危害：其一，它抑制了人们的消费欲望和消费需求，使消费受阻，从而也使经济增长失去必要的消费拉动或消费支持；其二，它在生产领域造成了企业的交易对象范围缩小，从而既降低了资源配置的优化效果，同时又降低了交易本身的效率，这二者的共同作用，则在整体上降低了经济运行的速度和效率，使经济增长受损；其三，它阻碍了资金流动，造成了投资不足，使大量资金在银行沉淀下来，而且也使人们的创业活动受阻。所以，诚实守信是市场经济的内在要求，是市场交易必不可少的条件。企业只要面向市场和用户，必然存在与消费者的关系定位。在企业向顾客提供产品和服务的过程中，只要是商品买卖行为，就会有权利与义务关系存在。由于在市场交往行为中，企业自身的目的最终是为了售卖自己的商品以实现商品的价值，要达到此目的，就必须让顾客或用户承认商品的使用价值。因此，企业不仅有必要承担对消费者的责任和义务，还要为消费者提供优质服务，以顾客满意为宗旨来开发设计生产和销售。

儒学伦理在处理人的道德需要和物质利益需要的关系时，以道德需要为人的首要的和本质的需要，认为道德的完善对于人生的价值高于物质利益需要的满足。指导人们进行行为选择的价值方针是“见利思义”、“重义轻利”、“以义导利”，等等。这些方针要求人们，首先，正确对待个人利益，追求、获取利益时要深明大义，以义为行为取舍的标准，只有符合义的利才是正当利益，才可以追求、获取；否则，就应当舍弃。反对见利忘义，反对不顾道德原则不择手段地追求个人利益。“为富不仁”在中华民族的精神中一直是受到否定的行为取向。其次，在义与利即道德与利益发生冲突时，要把道德置于首要的位置，必要时应当以利益服从道德，甚至牺牲个人的利益，以维护道德的纯洁。个人生活应以道德为根本原则，把道德的完善视为幸福的本质内涵，而不能以物质利益的满足作为生活的主要内容和根本目的。再次，以义限制、遏制利。义与利并不会自然地统一，相反，在许多情况下二者是相互冲突的，追求利将对义的实现与完善产生消极作用。因而，人们应当自觉地用道德去限制、遏制个人的利益和需要，消灭那些与道德直接冲突，不可调和的个人私利和需要。最后，重义轻利的价值取向并非否定利的价值，并非无原则地消灭利，而是认为义利相衡，义具有更高的价值。这种观点归结于一点，就是行为以道德原则为标准，道德引导、指导利益的追求与满足。企业在实现商品的价值时，必然遇到激烈的市场竞争，这就要求企业的市场交往行为必须有利于而不是有损于正常的市场秩序和消费者权益，这就要求“见利思义”、“正义谋利”，反对“见利忘义”的极端功利主义和企业利己主义。只有这样，企业才能有良好的信誉，而信誉是一笔巨大的无形资产，它能为企业带来无限商机，带来巨大财富。

三、积极入世的企业社会道德

儒学伦理要求公民积极履行社会责任。正如美国佐治亚大学的 Carroll 教授和 Buchholtz 教授所指出的，“企业社会责任应是一个多层次的概念，包括在一定时期内社会对于企业在经济、法律、道德、慈善方面的期盼”①。

企业离不开社会，企业的社会性决定企业要履行社会责任。首先，社会赋予企业存在的权利。企业必须生产满足人类生活不断提高所需要的物质产品和精神产品，有利于社会的全面进步和人的全面发展，否则企业就失去了存在的价值。其次，企业的生存和发展必须有赖于社会、国家提供诸如物质资源、人力资源、文化资源以及安全保障，还包括良好的社会环境和投资环境等，一个公正的、法

① Carrol A. B., Buchholtz A. K. Business and Society: Ethics and Stakeholder Management (4th ed) [M]. Thomson Learning, 2000: 35.

制的和稳定的社会是企业生存与发展的必要条件。因此，企业应以社会的需要而存在，社会又为企业提供了生存空间，正是在这个意义上，从本质上说，企业是社会的公有物，具有社会性，当然就应具有“社会人”的品格：即在追求自身利益的同时，必须重视社会利益，对社会负责任。这就是企业与社会的辩证法，体现了企业的自身价值与社会价值的统一。事实上，企业一直都在被动地承担社会责任，如环境污染、偷税漏税等，一些企业从不担心会受到任何谴责，只是在国家三令五申、强行整治下，才不得不承担责任。企业与其被动地承担责任担惊受怕，还不如主动承担责任，先入为主，解除企业发展过程中的一些限制条件，使决策和经营具有更大的灵活性和自主性。从另一个角度看，企业本身处于社会环境包围之中，总是要和周围的其他企业、事业单位及居民发生各种关联，在企业生存的社区内，如果各方面都能保持良好的“邻里”关系，不只是社会受益，企业自身同样受益匪浅。值得一提的是，企业在处理与社会关系的伦理定位上应合理吸取儒家的生态伦理理念，建立可持续发展的意识。

儒家关于人与自然的思想大致包括两个方面：一是“尽人之性”；二是“尽物之性”。儒家一方面重视利用原生的表现精神，实现人的物质和文化生活的需要；另一方面将自然万物之变化生长本身，仍视为有独立存在的价值。这与当今主张回归自然的现代生态观所追求的目标是一致的。

现代生态文明客观上要求从现代科学技术的整体性出发，以人类与生物圈的共存为价值取向发展生产力，以人类社会与自然界相互作用为中心建立生态化的生产关系和经济体制，从而保证人类世代延续和自然—社会复合系统的可持续发展。可持续发展的内涵是能动地调控自然—社会的复合系统，使人类在不超越资源与环境承载力的条件下，促进经济发展，保持经济发展。

企业的社会责任是企业的动力源，企业要尊重人、理解人、关心人，努力做好培育人、激励人和提高人的工作，把人和人的素质放在生产经营与管理的“制高点”。

第十章

企业伦理道德建设的内部路径

面对严峻的企业经营道德现状，当前最迫切需要的是构建与社会主义市场经济体制相适应的中小企业道德体系。要做到“外王”，在激烈的市场竞争中脱颖而出，就必须加强中小企业内部伦理道德建设，实现“内圣”。从内部加强中国中小企业伦理道德建设是其中一条很重要的途径。

第一节　伦理道德建设的必要性和重要性

改革开放以来，中小企业虽然取得了骄人的发展业绩，为国民经济的发展做出了巨大的贡献，但是在发展过程中也出现了很多令人担忧的非伦理经营行为。而且，由于社会上存在一些对伦理认识的误区，认为中小企业处在一个“原始积累”的时期，只有企业做大做强以后才有通过伦理行为来维护企业信誉的必要和可能。这些被扭曲的思想观念导致了中国中小企业比大企业的伦理问题更加突出。中小企业伦理缺失问题不仅损害了企业声誉，阻碍了中小企业自身的发展壮大，而且在一定程度上扰乱了市场经济发展秩序，阻碍了整个社会的可持续健康发展，因此，要解决中国企业目前存在的伦理缺失问题，应该从问题最突出的中小企业着手。

一、顺应社会发展的责任与要求

社会时代的演变和进步及人们对于企业观念的改变，客观上要求企业承担起超越经济目标的更广泛的义务。企业要想在明天获得生存，今天就必须关心企业经济以外的问题，特别是伦理问题。作为中国经济主体重要成员的中小企业，进行企业伦理构建，是适应社会文明发展的必然要求。

（1）市场经济体制的正常运转要求企业承担社会责任。首先，市场经济的规则、经济伦理的要求是社会经济运转所必需的内容，它既可以促使企业降低交易成本增进合作效益，同时可以给企业赢得美誉，取信于消费者。其次，中国已是世界第二大经济体，对企业有更高的伦理要求，随着中国经济与世界经济的互联互通，中小企业对经济社会的各个领域将产生深远影响，这决定了中小企业在加大物质文明建设的同时重视精神文明建设，承担更大的社会责任。如治理环境污染，维护生态平衡，实现人与自然和平共处等义务责无旁贷。最后，中国早已加入了世界贸易组织，在经济上已逐渐融入国际社会，因此，中国中小企业必须重视遵守国际上的伦理规范，应对经济全球化的国际竞争。

（2）信息技术的迅速发展和广泛应用，使世界各地的公司及其经营人员处于各方面的监督之下。在当今时代，媒体、政府和非政府性质的监察人员以及公众都有条件利用现代信息技术了解企业的行为，并对之做出迅速的评判，那些涉嫌违背道德、危害社会的企业将成为新闻和大众舆论的焦点，成为被批评、抨击和谴责的对象，企业形象会一落千丈，企业将因不道德行为付出巨大的成本，同时也使企业的经营陷入极大的困境，如美国安然公司的倒闭，美国世界电信公司的重组，以及中国南京冠生园月饼陈馅事件等企业的不道德行为而造成企业的破产倒闭案例层出不穷。

（3）顾客维权意识的增强，各种为伸张和维护人的基本权利的法律法规日益完善。随着物质文化生活水平的不断提高，顾客的价值观念也在发生深刻的变化。他们不仅希望企业提供物美价廉的有形产品，同时也希望企业能够提供优质的更符合社会优秀文化、伦理道德的无形产品。在买方经济的时代，顾客用“拒购”的行动来表达对企业伦理品质的关注变得更为强烈和容易，顾客越来越把自己被侵权的行为诉诸法律。如果在法律上处于不利地位，公司及其管理人员就会因此付出昂贵的代价，其中包括花费大量的时间、精力接受调查，进行谈判和打官司，或支付大笔诉讼费与损失赔偿费，一些企业可能因此破产。近几年中国的法制建设得到迅速发展，执法环境明显好转，特别是加入世界贸易组织后，中国的法制得到进一步完备，与国际接轨，如中国的消费者权益保护法律的修改、民法典的出台就是明证。

（4）竞争理念发生了变化。现代社会随着信息技术、经济全球化的发展，知识经济和互联网经济的到来，市场的交易内容和方式发生了变化，竞争理念出现了新的改变，一方面，企业之间的竞争是合作式的竞争，既是竞争对手，又是伙伴关系。竞争的范围和内容已经超越了行业、国界的限制，竞争方式已经由过去的个体竞争为主转向群体实力之间的较量。另一方面，竞争的结果是与对手平分秋色，追求双赢。“我有利，客无利，则客不存；我利大，客利小，则客不久；客我利相当，则客可久存，我可久存”（墨子《商之道》）。

中小企业必须树立新的竞争观念，从大处着眼，符合伦理经营，在竞争中求合作，营造“双赢”或“多赢”的氛围；这样，才能取得更强大、更持久的竞争优势。

二、培养核心竞争力的必由之路

企业核心价值理念是企业行动的基石，企业价值观的核心是企业的伦理观。有什么样的价值观，就有什么样的企业行为。崇高的中小企业核心价值观念，应该是尊重人，即尊重利益相关者；追求卓越，企业在进行一切经济活动时，都要力争出色地完成，力争创造既有利于企业又有利于利益相关者及社会的“多赢”结果，不断创新实践，这正是企业伦理所要求的。

构建企业伦理与道德是中小企业的利益驱动。企业利益包括物质利益和非物质利益，物质利益也称显性利益，非物质利益也称隐性利益。非物质利益主要包括企业内聚力，员工的价值理念，精神风貌，企业对外的良好信誉和良好的伦理形象。在现今竞争同质化的时代，非物质利益可以转化为物质利益，也正是这些非物质利益，才能使企业越来越重视在伦理道德的竞争环境中保持核心竞争优势，取得长期发展。中小企业作为市场经济主体，客观地面临自我利益和社会利益矛盾，且必须在实现社会利益的前提下才能实现自身的利益。

企业伦理是现代企业制度不可缺少的软件。现代企业制度构筑的逻辑前提：一是明晰的产权，二是独立人格，三是可靠的信誉，四是完善的法制，五是敬业的经理阶层，六是成熟的市场环境。缺乏其中任何一个因素，肯定不能构筑科学意义上的现代产权制度和现代企业制度，所有这些前提，都涉及一个社会基本伦理关系，诸如财产归属伦理、人格独立伦理、社会信用伦理、法制伦理、市场伦理和企业家经营伦理。这六大伦理支持着现代企业制度。

企业伦理是人本管理的客观要求。人本管理是以人为本思想为指导的管理活动，谋求人的全面自由发展为终极目的的管理，人本管理又分为两个层面：一是应确立人在管理过程中的主导地位，围绕着调动人的积极性、主动性和创造性开展企业的一切管理活动，这是维系企业生存和发展的根本；二是通过以人为本的企业管理活动和以尽可能少的消耗获取尽可能多的产出的实践，从而锻炼人的意志和人格，提高人的智力和创新能力，增强人的体力和劳动创造力，获得超越受缚于生存需要的更高层次的、更为全面的自由发展。企业伦理正是把人以及人的素质放到管理的最高点，以此来促进各项工作的顺利开展。

基于道德理性的竞争优势是企业的核心竞争力。企业追求利润与讲求道德，两者可以兼得，并相得益彰。中小企业通过超越法律全面合乎伦理的行为，并长期一贯地坚持，真诚实意为他人着想，耐心地从点滴做起，并且与公众保持良好的沟通就可以创造出自己的伦理优势。伦理优势可以转化为远大的企业目标，崇高的企业价值观，双赢战略，伦理领导，高质量的人力资源，顾客满意，良好的企业形象等，而这些都是竞争优势的源泉和保证，从而使得伦理优势转化为竞争优势。伦理优势引发的竞争优势是一种可靠的竞争优势，它是产品优势、服务优势和成本优势的基石；在同质化竞争趋向的时代，伦理优势成为一种新的制胜武器；是一种长远的竞争优势，伦理优势不是花钱就可以买到的，需要靠自己创造，也不是一朝一夕就能建立起来的，需要长期的积累。所以，基于伦理优势的竞争优势不会被竞争对手轻易超越，企业成立的时间愈久，伦理优势就愈来愈有威力，建立在伦理优势上的竞争优势是最有生命力的竞争优势，是一种主动性竞争优势，完全取决于企业本身，是企业的可控因素。

三、形成正确经济伦理的导航器

经济学家弗里德曼认为，“公司是拥有它的股东的一个工具”①，因此，“企

① 米尔顿·弗里德曼．资本主义与自由［M］．北京：商务印书馆，1986：130.

业仅具有一种而且只有一种社会责任——在法律和规章制度许可的范围之内，利用它的资源和从事旨在增加它的利润的活动”。① 彼得·德鲁克却认为，应该把公司视为一个组织人们努力实现共同目标的社会机构，“公司的本质和目标不在于它的经济业绩，也不在于它形式上的准则，而是在于人和人之间的关系，包括公司成员之间的关系和公司与公司外部公民之间的关系”。② 用德鲁克自己的话说，经济学家把公司看作机器的组织，而他自己把公司看作是人类的组织。③

儒家经济伦理思想的核心是树立正确的“义利观。”④ 要达到这一要求，企业必须超越狭隘的利润目的，转向更高的社会目的。德鲁克认为，利润不是企业和企业活动的目的，而是企业经营的限制性因素。利润并不能解释所有的企业活动与决策的原因，而是检验企业效能的指标。⑤ 利润是企业满足顾客需要之后带来的必然结果，也是检验企业是否满足了顾客需要的指标。经济伦理其实就是要求发展经济必须超越利润和财富创造本身，要树立以人为本的发展观。

第二节　企业内部伦理道德建设的内容

中小企业内部伦理道德建设包括投资伦理、生产伦理、营销伦理、竞争伦理、管理伦理等方面的内容。

一、投资伦理

企业的投资方向是受市场潜在利益牵动的，盈利是企业的必然行为，但是这种盈利必须建立在符合投资伦理的基础之上。企业上新的投资项目，其主要目标不是单纯追求销售量的短期增长，而应是着眼于长久占领市场阵地，这就需要不

---

① 米尔顿·弗里德曼．资本主义与自由［M］．北京：商务印书馆，1986：128.

② 彼得·德鲁克．公司的概念［M］．北京：机械工业出版社，2006：12.

③ 彼得·德鲁克．公司的概念［M］．北京：机械工业出版社，2006：22.

④ 董小龙．中国儒家经济伦理思想探析［J］．西北大学学报（哲学社会科学版），2003，31（1）：45－48.

⑤ 彼得·德鲁克．管理的实践［M］．北京：机械工业出版社，2006：27.

断创新的伦理精神指导投资。它要求企业重视市场调研，在消费需求的动态变化中不断发现那些尚未得到满足的市场需求，从反映在市场上的消费需求出发，按照“目标顾客”的需求，比竞争者更有成效地去组织新的投资和生产。具体地讲，投资伦理需要把握以下三点：一是要求企业投资者对市场负责，不搞重复投资；盲目地重复生产，这样做只会造成资源的浪费。二是要求对消费者负责。投资生产的生产内容要健康。借助于少数人不健康的消费需求，启动研制生产有害物品甚至毒品，这种反伦理的投资，偏离了社会发展的方向，对消费者会产生有害影响。三是要求对自然环境负责。选择投资项目，必须考虑此项目的上马是否会污染环境，是否会破坏生态平衡，以及如何采取防止污染的措施。应坚决禁止“边生产—边污染—边处理”的现象，并应在投资开始就彻底解决好这一问题。

目前，许多企业排放污水，释放有毒、有害的物质，对大自然的破坏，对人类自身的威胁已引起世界各国的关注。尤其是发展中国家现代化进程中是否必须以此为代价来实现工业现代化，已成为人们关注的焦点。

二、生产伦理

在生产过程中，生产伦理作为劳动者的特有精神，与劳动工具、劳动对象结合和配置，形成生产能力。生产伦理不仅反映在生产中对生产要素的道德化处理，还反映在生产结果上，即产品的投入产出率是否符合效益原则，对资源的利用是否符合可持续性原则等。生产伦理参与生产，产后被物化为产品，形成企业形象、商品形象，体现着其道德水平和价值的大小。“名牌产品既是物质产品，也是伦理实体”就是讲的这个道理。加强生产伦理建设除了企业管理应坚持“以人为本”的经营观念，提高员工的责任心和质量意识外，企业还应该不断强化生产技术标准、杜绝浪费、减少生产过程中的不合理环节和不科学工艺，力求生产过程经济化、规范化、高效化，并使其成为企业自觉的行为。

生产环节，是企业行为的重要组成部分。在生产中的不道德行为，破坏了企业的形象，直接影响了企业的经济效益。因此，应努力避免以下违反生产伦理的不道德行为：生产技术不能达到满足社会需要的要求而强行生产，从而导致消费过程中的恶性事故不断发生；管理松懈，执行标准不严，导致产品内在质量下降，致使消费过程提前结束或中断；生产过程中不执行标准，管理水平低下，造成产品的不合格或非法替代品对产品内在质量的严重损伤；生产非法假冒伪劣商品等。反生产伦理的生产是在伦理约束无力，特别是自律无效的情况下进行的。因此，加强生产伦理的约束力，创名牌产品，是生产伦理建设的关键。

三、营销伦理

企业的营销伦理包括广告伦理和定价伦理两方面。企业的广告是商品销售的前奏，其伦理的实质在于真实性，实事求是地介绍商品的性能和使用价值，不夸大、不缩小、不故作玄虚、不哗众取宠。欺骗、夸张、误导的广告可能奏效于一旦，得益于一时，却经不起时间的考验而使企业信誉受损。广告过后的销售是营销过程的关键环节。除了遵循商品经济规律和政府有关法规外，还应遵守市场营销伦理，妥善处理好与供货方、经销方、批发商、零售商等的关系，以互惠互利的原则，努力赢得利益相关各方的信任。

企业在定价过程中，不能采取欺骗性定价，在标价牌上印高额价格，制造大幅降价的假象；也不能定价过高，使其价格水平超过物价部门认定的商品市场价格水平。

四、竞争伦理

企业之间的关系，是相互协作、相互支援的关系，这种关系并不排斥竞争。市场经济作为人类经济生活中的一种现象，其基本特征是利用价值规律和市场法则，通过降低成本使自己凝结在商品中的个别劳动量低于社会平均必要劳动量，从而获取比其他企业更多的利润，并通过自己的优质产品和优质服务扩大市场占有份额。商场如战场，但又毕竟不是战场，市场机会是永远存在的，如果企业行为不遵守竞争规则，将难以在市场中长久立足。

五、管理伦理

管理活动是企业行为中的一项重要活动，而对人的管理，从各个方面调动人的积极性，则是所有管理活动中最为重要的方面，特别是在当代社会，以人为本的人本思潮向管理学的渗透，逐渐使它从一种观念形态变为直接的管人之道和用人的伦理。

在企业中，管理者就是企业家和以他为核心的管理领导层；他们的道德素质对员工、对企业乃至对社会都会产生重要的影响。因此，作为企业家及其管理领导层，所必备的伦理素质应该是：秉公办事，不谋私利；严于律己，宽以待人；

造福社会，用户至上；勇于进取，开拓创新。相反，一个企业领导如果胸无大志，不思进取，因循守旧，不负责任，滥用职权，独断专行，只能将企业引向死胡同，或倒闭、或被人兼并。企业管理领导层的伦理道德如此重要，那么，在现代企业管理中，除了领导者自身的伦理形象外，还必须在不断改革、不断完善管理制度等微观管理方面融入伦理的内容，从而在最大限度内，激励员工积极性和创造精神的发挥，提高企业的内在效率和凝聚力。第一，使员工有充分发挥自己能力的机会，在安排工作时，尽可能考虑员工的能力、特长、爱好等因素，使人尽其才。第二，注重调查研究，在做决策和下达命令之前，应充分了解情况，避免主观臆断、瞎指挥等现象发生。第三，布置任务时，要讲清楚完成任务的必要性，要完成的任务对全局的影响，对本单位和参加者个人的影响，并注意语言艺术，避免命令的口气。第四，在分派任务的同时应正确授权，给任务执行者完成该项任务的相应权力。要遵循分级管理的原则，避免越级授权和越级指挥。第五，尊重员工的人格，采用适当激励的机制。对职工的工作业绩和表现进行评判，奖励和惩罚是必要的，但是必须讲究方法和效果。

在管理伦理的个人层面上，则是广大员工团结在“我与企业共存亡”的旗帜下所进行的一种自我管理。它要求员工有强烈的责任心和无私的奉献精神来体现自己的价值。对工作，兢兢业业、精益求精、勤俭节约、杜绝浪费、遵守劳动纪律、维护生产秩序；对业务，努力攻关、不断进取、学习新工艺、掌握新技术；对同事，互尊互帮、团结协作、取长补短、共同进步。

总之，企业伦理是一种非制度化的行为规范，它不像法律那样以强制手段发挥作用，而是企业的一种内在的自觉的软约束。它只有在为人们真心诚意地接受并转化为人的情感、意志和信念时，才能得到实现。换言之，企业伦理是企业把领导和员工接受客观规律约束同发挥主体自觉统一起来，是企业走向自我解放、自控自律的一种充满和谐精神和进取精神的企业文化观念。

第三节　企业内部伦理战略实施的路径

战略作为一种高深的学问是大智慧且具有更深层次的哲学思想，战略的真谛很难用跳跃式的逻辑思维方法触摸到、模仿到，这恰恰是中国传统的整体思维和独特的文化，能够完整地运用于企业战略管理中，须用理性感悟的思维方式，只有触及本质才能旁通万物，其战略思想才有深度。

早在公元前512年中国战略思想家孙子就著有名振古今中外，至今仍被世界各国战略家视为经典的《孙子兵法》，其十三篇战略思想深刻地揭示了竞争的规律，能够帮助我们在当今激烈的市场竞争中立于不败之地，其战略思想也充分地展示了战略智慧，能够帮助我们提高战略思维水平，其中也蕴含着丰富的文化内涵，虽然通篇只有6000多字，却从多个层面和多个角度反映了中国的传统文化和传统伦理道德文化。可以说，孙子应是当今战略管理思想的先师圣祖，其战略智慧和哲学思想也适用于中国中小企业的战略管理。

孙子特别重视战略的管理者要具备“仁”、“智”、“权”、“勇”、“严” 五个方面，更要求将仁爱的品德放在首位。孙子的传统伦理文化思想也是当前中国中小企业构建伦理道德的核心战略依据，同时也是解决中国中小企业伦理道德缺失的灵丹妙药。①

一、企业发展战略的伦理建设

企业伦理管理是正确处理企业及其成员与利益相关者关系的规范，它主要是通过社会舆论、传统习俗、内心信念和内部规范来起调节作用的。伦理管理体现了道德主体的自觉性和内在性，当企业作为道德主体时，为了使企业成员遵守社会提出的企业伦理要求，企业内部可以据此制定出具体的行为守则，对模范遵守者予以表扬、加薪、晋升等，而对违反者则予以批评、减薪、降级乃至除名。经营管理作为一种最基础的企业活动，承担着把企业产品经过市场，在消费者之间进行商品与货币相互流通的职能。企业产品质量越好，服务越到位，产品向商品转变进而进行市场流通的速度就越快，企业获取的利润就越多。

然而，产品质量和服务水平是通过企业员工来实现的，员工的素质越高，员工与企业之间的合作就越紧密，就越能生产出具有竞争力的产品，服务水平也会越来越高，企业信誉就会越好，在企业内部，它是主体。但是，在企业外部，它只能服从和适应，这是由买方市场所决定的。因为，企业的生存与发展是建立在

---

① 徐纪敏.《孙子兵法》和企业战略管理［J］. 学术问题研究（综合版），2008（2）：49－55.

许多利益相关者，相辅相成、相互利用的基础上的，其相关利益者，除了企业员工以外，还有生产资料和资金供应商、消费者、商品流通商、竞争对手、政府部门等，他们相互之间的关系既密切又很微妙。处理与利益相关者的关系是企业不可避免，而且是每时每刻都面临的问题，这些问题恰恰是由企业的经营管理所不能及，必须依靠伦理管理来解决的。伦理建设和管理将解决企业经营战略所难以解决的问题。

我们知道，企业发展战略是由各种各样的战略构成的，而且是分层次的。第一层次是企业的总体经营战略；第二层次是企业的职能战略或分战略。这些处于不同层次而相互紧密联系的各种战略，就形成了企业的经营战略体系。企业的总体经营战略在企业经营战略体系中居于指导地位，它决定着企业的兴衰，是每个企业家必须首先考虑的问题。它是由以下分项战略来保证的。具体讲，有人力资源战略、市场营销战略、企业文化品牌战略、企业伦理战略等。然而，在执行过程当中，这些分战略往往都是因为触及各种利益关系而受阻。而伦理管理战略则因其遵守互惠互利、公平、诚信、和谐、进取的原则和服务社会，很容易解决各分战略在执行中遇到的问题，并处理好相关利益者的关系。

通过对近20年来引人注目的管理新理论、新观点的研究和思考，可以看出，无论在人本管理、团队管理、全面质量管理方面，还是在企业文化、企业形象、企业识别、卓越领导等方面，其理论及观点中都包含着丰富的伦理管理观点及做法。伦理经营的基本特征是：企业通过对社会做出贡献的方式谋求利润最大化，企业在满足所有者利益的同时，还要考虑其他利益相关者的利益；企业经营活动与社会的伦理规范有关，可以用社会的伦理规范来评价企业经营活动；企业不仅要遵守字面上的法律，还要遵守法律的精神，要进行伦理思考并遵守企业伦理规范。与此同时，不能认为只有遵循道德的最高的标准才符合伦理经营，道德是分层次的，伦理经营中的伦理也不单指“先人后己、无私奉献”这种先进的道德要求，也包括为己利他、利他利己、互惠互利这种广泛的道德要求。由此可见，企业在其经营管理的过程当中，如果伦理优势运用得当，可以产生人奋进的远大目标、崇高的企业价值观、双赢战略、伦理领导、高质量的人力资源、顾客满意、良好的企业形象，而所有这些无不有助于获得竞争优势，它们是化伦理优势为竞争优势的有效途径，是竞争优势的源泉和保证。

二、内部伦理战略的主要内容

企业伦理战略是指对企业伦理的发展目标和发展方向所制定的总体谋划和基本对策。[①] 就其所包含的内容来说，涵盖伦理战略分析、伦理战略目标制定、伦理战略制定、伦理战略实施和伦理战略控制五个方面，在此主要讲述前三个方面。

第一，企业伦理战略分析。企业伦理战略分析就是辨识、鉴别和评价与企业伦理战略相关的各种内外因素，一般包含两个基本方面：

（1）企业伦理战略的内外环境分析。任何企业都不是处于真空之中的，而是面对着既定的内外环境和一定的社会关系与生产关系。就外部环境而言，包括宏观经济因素、人口和社会因素、政治和法律因素、社会伦理因素、科学技术因素、行业竞争因素等。就内部环境而言，包括企业组织形态、产权结构形式、企业决策程序、人力资源管理状况、职工整体素质、综合市场竞争力、科研开发和财务管理情况以及有形资产和无形资产管理等。要构建完善的企业伦理战略，就必须对这些因素做出科学的、实证性的分析和研究，有针对性地为企业伦理战略设定基本框架和努力方向，并制定相应的措施和方案，为下一步的战略形成提供战略基础。

（2）企业伦理诊断。企业伦理诊断是对企业伦理现有状态进行的诊视和评估。由于各个企业具有不同的历史背景、发展状况、经营性质和特点、人员结构、组织形式等，再加上企业员工自身行为观念、价值准则、伦理素质的差异，导致每种企业伦理都具有自己的独特性。如果不进行企业伦理诊断，就难以了解各自企业伦理的特点，在这种情况下泛泛地实施企业伦理战略，就可能出现南辕北辙、驴唇不对马嘴的情况，也难以保证企业伦理战略的实际成效。

第二，确定企业伦理战略的目标。企业伦理战略是企业总体战略的重要组成部分。因此，在选择伦理战略时，必须考虑总体战略目标。一句话，伦理战略的选择必须适应总体战略的需要，企业的战略应服从于企业的目标。因此，作为企业软战略的企业伦理，其战略目标是：①创造一个能充分发挥企业员工积极性、创造性以及和谐的企业文化的氛围。②培育员工的“社会责任”意识。

---

① 周俊敏．论企业的伦理战略［J］．伦理学研究，2008（11）：47－49.

第三，企业伦理战略制定。企业伦理战略制定是实施企业伦理战略的重要环节和关键步骤，也是战略决策的主要内容。一般而言，企业伦理战略制定包括以下几个相互衔接的环节：

（1）树立正确的企业伦理战略思想。由于企业伦理体现了企业的共同价值准则和精神观念，对企业职工有着强烈的内聚力、向心力和持久力，具有无形的导向、凝聚和约束功能，因而，正确、健康、向上的企业伦理战略思想对于创建优秀的企业伦理具有重要的指导作用。

（2）划分企业伦理战略阶段。由于不同的企业发展具有不平衡性，企业伦理的进程有先有后，就是同一个企业的发展也有不同发展阶段，企业伦理战略的实施进程有快有慢，因而应当实事求是地认真分析自己企业所处的战略阶段，以利于企业伦理战略的持续进行。一般而言，企业伦理战略阶段包括：①初创阶段；②上升阶段；③成熟阶段；④变革阶段。

（3）制定企业伦理战略方案。为了达到企业伦理战略的目标，应当依据对企业内部和外部条件的分析与预测，制定出科学、最优和满意的企业伦理战略方案。制定方案要贯彻可行性准则，既要把握方案的时机是否成熟，又要注意该方案在实践中能否行得通，同时还要兼顾必要的应变方案。最后通过一定的评估方案，选出理想的最佳方案或理想的综合方案。

（4）明确企业伦理战略重点。所谓企业伦理战略重点是指那些对于实现战略目标具有关键作用而又有发展优势或者自身发展薄弱而需要着重加强的方面、环节和部分。抓住战略重点，就是抓住主要矛盾，就是集中自己的优势力量解决关键性的问题。对于不同的企业来说，战略重点的侧重点有所不同，有的重点在于培养企业精神、企业意识、企业道德，有的重点在于塑造企业形象、规范企业制度，有的重点则在于树立企业风貌、端正经营风尚、提高企业素质，等等。因此，抓准了战略重点，不仅有助于企业伦理战略的重点突破，还能由此找到企业走上振兴之路的关键枢纽。

（5）选择卓有成效的企业伦理战略策略。企业伦理战略策略是指为实现战略指导思想和战略目标而采取的重要措施、手段和技巧。企业应当根据战略环境的不同情况，选择别具一格和新颖独特的战略策略，以达成战略目标和推行战略行动。一般而言，企业伦理战略策略所遵循的原则包括：①针对性，必须针对实现战略指导思想和战略目标的需要；②灵活性，要因时因事因地随机应变，以适应内外环境变化多端的特征；③适当性，要讲求实效恰到好处，不过分追新和夸张或搞形式；④多元性，各种策略技巧相互配套，有机结合，谋求最佳配合和整体优势。

三、内部伦理战略的实施方法

中国企业一直以来有重视思想政治工作和企业文化建设的传统，在企业伦理建设方面取得了显著的成绩，积累了不少有益的经验。在树立企业形象，铸造企业精神，“塑造人、引导人、鼓舞人”方面做了大量的工作。不少企业把伦理建设融入了日常的管理当中，内化成了员工的自觉行动，企业伦理建设取得了实实在在的效果。但是由于诸多因素的影响，企业的伦理建设也还存在一些偏差，主要表现为三个方面：①“家长式”伦理建设。企业领导者个人在伦理建设上施加了过多影响，伦理取向随着个别人的意志转移而转移，没有形成完整的体系。这样的企业其伦理状况一般都不太好，企业的不规范经营和不正当竞争问题，企业内部任人唯亲、收入均等化、员工歧视问题等往往比较普遍，甚至于企业领导人的腐败、员工监守自盗等问题也时有发生。②“制度式”伦理建设。企业在伦理建设中，过分强调外在的约束，制定了“纵向到底、横向到边”的制度、规范、程序。这种做法违背了企业伦理需要依靠群体的舆论和内在信念起作用的规律，伦理取向往往缺乏员工普遍的认同和思想基础，不能够内化为企业的资源，不具有持续的竞争力。③“文化式”伦理建设。企业往往以企业形象宣传简单替代伦理建设，缺乏明确的价值导向，伦理建设通常停留在一般性的口号或号召上，企业内部各个群体之间，其伦理取向大相径庭，伦理状况是“四处点火”、“多处冒烟”，没有形成整体的合力。

企业伦理的选择和建设是一项重要的战略决策与实施过程，伦理建设要形成核心竞争力，就必须具备独特性、持续性、延展性和显著的经济性等核心资源所必备的特点。中小企业伦理战略实施要从如下几方面入手。[①]

① 陈爱清．浅论中小企业战略管理中伦理道德缺失的原因和解决途径［J］．管理世界，2009（6）：1－3，51.

四、正确定位领导者的角色

企业领导在企业伦理建设中应当充当倡导者、实践者、教育者的角色。美国著名学者埃德加·沙因（EdgarSchein）对领导与组织文化的关系做了系统的理论论述。他对领导者在组织文化的创立、建设、维持、变革过程中的作用进行了阐述，认为“领导者在企业文化的形式方面起领导作用；企业的高级成员会通过日常的谈话，企业的特殊庆典、仪式反复讲述企业自身的重要价值观念；企业高级成员的更迭会削弱企业文化力量，甚至改革企业的文化：为了形成需要改革的风气，领导者会大肆宣扬危机或潜在危机的情况”。①

企业伦理文化的建设也是如此，正如一句古语所说“风俗之厚薄奚自乎？自乎一二人之心之所向而已”（曾国藩《原才》）。在企业中卓有成就、德高望重的领导，实在是今天最有资格提升社会伦理道德的人物。如果绝大部分的企业都能受到企业领导的影响，充分认识并致力于提高企业伦理；我们社会的人文精神、生活品质自然也就提高了。那时候，企业的经营环境会大大地改善，产品的国际形象也会随之“水涨船高”，企业也会得到它们应有的“回报”。具体来讲，企业领导应扮演以下三种角色。

（1）企业伦理建设的倡导者。企业伦理是具有健全人格的企业的核心价值观以及组成企业的个人、单位和企业整体的行为准则。企业领导作为企业的领导者或企业未来的设计师，有责任、有义务，也有能力从企业全局和长远发展出发提出建设企业伦理的需要，并以社会普遍伦理为基础，结合企业个性，设计、塑造、形成一套本企业独特的价值观体系、思维模式和行为方式，以其指导、规范和评判企业行为，使企业乃至社会获得长远发展。因而，企业领导是企业伦理建设最切实有力的倡导者。

（2）企业伦理建设的实践者。营造企业伦理、实施伦理建设的关键在于实践，特别是在于倡导企业伦理建设的企业领导的亲自实践。企业伦理为企业和企业领导描绘了一幅人与人和谐、人与社会和谐、人与自然和谐，从而实现企业可持续发展的战略目标。企业领导既然是企业伦理的营造者、企业伦理建设的倡导

① Schein, Edgar H. Organizational Culture and Leadership［M］. John Wiley & Sons Inc, 2004: 101 - 103.

者，为此他必然要以身作则、全力以赴、务实创新、持之以恒地实践它。只有如此，这种战略目标和愿景才能在员工中生根发芽，形成企业的共同目标愿景，凝聚全员力量，共同实现之。因此，如果没有企业领导的亲自实践，企业伦理建设就无法得以真正实现。

（3）企业伦理的教育者。企业领导既是企业伦理的倡导者、实践者，而且还是企业伦理的教育者。企业伦理建设虽然需要企业领导去倡导和以身作则地实践，但这并不是目的。企业领导还必须给员工阐释企业伦理的要义并赋予它生命力，将之融入企业文化，使每一个员工从精神层次上接受、认同、演化为他们自觉的意识和共同的行为。企业领导的教育有正式的课堂教育，有非正式的日常教育；有言传，更有身教。企业领导在企业伦理的教育中，必须积极地传播，认真地示范，充分利用自己的权力能力和非权力能力，随时随地以伦理的光辉照耀员工，以伦理的言辞激励员工，以伦理的行为影响和带动员工。

“其身正，不令而行，其身不正，虽令不从。不能正其身，欲正人何?”（《论语・子路》）管理的前提是管理者先要“正”。“正”是行使权力和发挥影响力的基础。领导者个人躬行践履，这自然给下属以表率作用，对于领导者制定的规章制度，既然其本人坚决执行，那么员工还有什么理由不执行呢？这就是所谓“上好礼，则民莫敢不服。上好信，则民莫敢不用情”（《论语・子路》）。在“正”的基础上，企业领导才能同时扮演好倡导者、实践者和教育者的三种角色。

五、达成伦理战略上的共识

企业在实施伦理战略的过程中，需要澄清对企业伦理的片面、错误的认识，达成战略共识。需要澄清的错误认识有如下几个方面：

（1）认为“求利”的市场经济似乎和道德是不相容的。市场运行机制是市场主体所追求的利润最大化。而在现实生活中，良好道德的重要表现是让渡自己的利益给别人，这是一种利他行为。这似乎直接对立于市场经济所提倡的利益最大化原则。其实，市场经济作为一种发达的商品经济，要受到商品生产本身的规定性制约。商品经济是一种为了交换而进行的产品生产，任何主体都不可能在完全独立的个人活动中实现利润的最大化，而必须依赖经济主体之间的交换活动。在交换中交换双方的目的都是自身利益的最大化，这就决定了不管商品生产经营者的主观动机和目的如何，如果他们不能使自己生产或经营的产品首先满足他人或社会的需要，那么他们所要追求的利润就是一句空话。商品生产本身的规定性，提升了经济主体逐利的活动，使其客观上具有了互利的伦理性质，为市场经济奠定了道德生成的基础。商品经济本身的规定性虽然赋予了经济主体获利行为的利他性质，但经济主体这种道德行为本身是有局限性的，因为他是以自利为目的的利他，具有明显的功利性，其道德动机与道德效果、道德目标与道德手段往往是对立的。经济主体道德行为的功利性，不仅决定了其行为有很大局限性，只限于与自身相关的领域，而且道德对人的行为的约束本来就是柔性的，追求利润最大化的冲动会使道德对其行为的约束更趋于软化，只要条件许可，各个生产经营者乃至消费者就有可能通过不正当手段牟利，通过侵夺他人或社会利益而获取个人利益。这就会造成市场主体之间的利益冲突，导致经济活动的无序。所以市场经济的正常运作必须有一整套规则来保障良好的市场秩序，消除市场经济的负面影响，弥补市场经济的天然缺陷。市场经济活动中，对人们行为起作用的规则包括正式规则和非正式规则，其中非正式规则的核心内容是伦理道德等意识形态因素。

（2）对企业目标的片面理解。企业目标表示企业全部活动所要追求的对象和所要达到的目的。很长时间，人们对企业目标有一种片面的理解，认为企业作为经济组织，其追求的唯一目标是经济目标，企业的一切活动都是为了获取经济利润。虽然随着社会的发展，今天人们对企业目标的理解已经包含了更丰富的内容，但经济目标仍然被一些企业视为唯一地追求。毫无疑问，追求利润是市场条件下企业一切行为的原动力，企业作为一个经济组织能否盈利是衡量企业是否健康的一个尺度。一个企业如果不盈利，它不仅丧失生存的基础，而且从伦理上讲是不负责任的。但如果企业单一地追求经济目标，就会不由自主地将利己性的获利作为行为的主要动机和衡量行为价值的唯一尺度，就有可能将欺骗、假冒伪劣、损害他人和社会利益而获利的行为视为理所当然，就会把企业伦理问题排除在企业活动的范围之外。现实经济活动中，一些企业产品质量下降，生产过程污染破坏环境，交换活动中违德违约等现象的存在，可以说和对企业目标的片面理解密切相关。企业的发展实践早就证明，不讲伦理道德的企业往往是短命的。企业要想获得持久的发展，要强化自己的行为能力并减少经济风险和社会成本，其目标制约下的行为就不仅不能违背作为经济活动之框架条件并以法规形式而体现出来的游戏规则，而且在法律容许的范围内还要进一步以伦理准则来约束自己，主动实现道德自律。这就要求企业追求的经济目标中应该包含有伦理道德的要求，应该是经济目标与伦理目标的统一。只有当企业目标中有明确的伦理追求，企业才会自觉要求自己的任何行为不仅具有经济价值，而且必须具有伦理价值，才会注重其实现利润目标的方式、手段的合法合德，把尊重他人正当利益作为自身利益追求的界限之一，并且把具有社会责任感、回报社会视为企业行为中不可缺少的价值成分。

把伦理目标包括在企业追求的目标中，也是社会可持续发展和社会主义市场经济健康和谐发展对企业的要求。当代人提出可持续发展的思想，是因为人们已经认识到过去在强烈的攫取利益动机的驱使下对自然资源掠夺式的采掘，致使人们走上了一条无法持续发展的道路。可持续发展要求人们从传统的发展模式中解脱出来转向新的发展模式。所以，社会可持续发展要求现代企业在对经济效益好坏进行审视时，除了在企业范围内进行投入产出的比较外，还应从人和自然协调发展，从维护生态平衡，保证资源可持续利用的角度来比较分析，不以对资源的巨大浪费和对生态环境的巨大破坏去实现企业经济目标。

社会可持续发展使现代企业目标中包含了不可推卸的责任要求。另外，社会主义市场经济既有着市场经济逐利性的一般本质，也有其特殊的本质，它把不断满足人民群众日益增长的物质文化生活需要，把共同富裕作为根本的目的和最终目标。在社会主义市场经济下，国家必然要根据这一目的通过宏观经济调控等手段对经济活动进行调控、引导，要求作为社会主义市场经济主体的企业必须把商品经济本身所具有的为他的、服务的属性凸显出来，将其服务的对象指向广大人民群众，在为了全体人民群众的共同富裕和幸福的社会主义目标的制约下实现自身经济利益的追求。这也使社会主义市场经济下的企业不能只讲经济责任，不讲社会责任；只讲物的追求，不讲人的发展；只讲“利”，不讲“义”。所以，经济目标和伦理目标的统一，是社会主义市场经济特性对企业的要求。

（3）看不到企业伦理对企业经济目标实现的作用。努力提高利润是企业的核心任务。但对企业经济目标的实现，一些人看到的往往是资金、技术、设备等有形资产的作用，对企业伦理道德的作用不屑一顾，认为道德不会使利润增加。其实，企业伦理道德是企业一种极为宝贵的无形资产，对企业经济目标的实现具有不可否认的重要作用。韦伯曾明确地把资本主义在欧洲的萌芽与发展归功于新教伦理，认为新教伦理塑造了从事“企业”的教徒们追求利益和效率最大化的资本主义精神和与此相关的行为品格与敬业精神。正是这种在新教伦理基础上孕育成长出来的以个人为本位的“资本主义精神”，为欧美资本主义发展提供了动力源泉、行为规范和定位定向的机制。①

20 世纪 60 年代以来日本和亚洲“四小龙”经济腾飞，许多研究者也认为，从东方传统家庭伦理模式中发展而来的“以集团为中心的亚洲资本主义精神”，是其经济腾飞的重要精神动因。② 这都说明了伦理道德因素对经济发展的作用。同样可用这一观点来看作为微观主体的企业经济目标的实现。企业利润目标是通过企业人的努力来实现的。而能够对企业员工的经济努力起作用的因素必然包括企业伦理道德因素，因为从人性根源来看，精神属性是人性的一部分。人之为人，在于人有更为丰富的精神追求，人在一定的物质需求得到满足以后，将追求更高层次的精神需求，道德需求正是这种高级精神需求的主要表现形式。

新制度经济学也认为，在一般人的经济行为中不只是存在着追求财富最大化动机和机会主义倾向，同时也存在追求非财富最大化倾向。③ 也就是说，人们在经济活动中不仅仅是希望获得物质利益上的回报，而且同样希望得到精神价值上的回报。这就决定伦理道德的力量必然会对人的经济行为发生作用。崇高的企业目标，统一而高尚的企业道德规范，可以赋予企业日常的生产经营活动以更深刻的内涵，使企业的经营活动具有某种道德生活的性质。企业伦理提升了企业员工的生存价值，满足了他们更高层次的精神需求。

这种需求的满足就会进一步激发员工的积极性、创造性和敬业精神，从而更有利于企业经济目标的实现。另外，从企业与外部的关系来看，通过企业伦理形成的企业良好道德形象，会成为企业取信于社会的重要资源。市场竞争中，品牌的力量不容置疑。而品牌的力量源自于它所代表的质量、服务、信誉等道德形象。一个企业即使有雄厚的资金、先进的设备和科技力量，如果忽视作为理性无形资产的伦理道德的作用，资金、资源、科技不一定能转化为现实的经济实力和经济效益。市场经济演进的历史告诉我们，越是趋于完备，竞争越是激烈的市场环境，越是要求人们在道德上守信，越要排斥欺诈、失信等对社会不负责任的失

---

① 马克斯·韦伯．新教伦理与资本主义精神［M］．北京：中国社会科学出版社，2010：1－3.

② 姚鸿雁．经济全球化背景下的企业伦理建设［J］．理论月刊，2006（8）：161－163.

③ 宋晶，谷苗．人性假设：传统经济学、新制度经济学及管理学的比较［J］．财经问题研究，2008（10）：14－19.

德行为。在经济利益和社会责任的平衡之间，最经济的做法是企业要树立诚信为本的观念。从经济发展效益的长远性来看，最先重视企业道德的最先收到事半功倍的效果。在经济全球化进程中，面对发达国家重视企业伦理的现实，中国企业更需要通过企业伦理建设来提升企业的无形资产竞争力，在激烈的国际竞争中实现企业经济目标。

19 世纪中叶，在《共产党宣言》里，马克思、恩格斯就曾预言：世界市场的形成将使一切国家的生产和消费成为世界性的。过去那种地方的和民族的自给自足、闭关自守的状态将被各民族的各方面的互相往来和各方面的相互依赖所代替。[①] 马克思、恩格斯的预言已变成了现实。经济全球化已是一种客观事实。这一客观事实使我们今天对任何经济问题的思考，都必须有一种全球的眼光，企业的生存发展问题更是如此。面对经济全球化，中国企业能否在激烈的竞争中生存发展并在世界经济往来中取得最佳的经济效益，这个问题只有放到经济全球化的大背景中思考，才能获得有效的答案。

在经济全球化的国际市场竞争中，许多发达国家或著名大企业，不仅较为牢固地占领着广阔的市场，而且始终保持着强劲的势头，这其中除了科技实力、资金等因素外，注重伦理道德意识对经济运作和企业生产、经营、管理过程的渗透，以及在经济管理过程中对伦理道德手段的充分认识和运用也是重要原因。重视企业伦理建设，制定企业道德法则，并通过设置伦理主管把伦理管理融合到日常的生产、经营管理中，已成为许多国家的企业在国际竞争中提升竞争力的重要手段。这意味着面对经济全球化，中国企业需要的不仅是先进的科学技术、营销方式、管理经验，还有企业伦理。因而，加强企业伦理道德建设应该成为中国企业在世界经济往来中增强竞争力不可忽视的课题。

企业必须在目标定位上有清醒的认识，伦理取向要为企业的战略目标服务。突出社会责任，有利于推动企业形象和产品形象的提升，有利于赢得顾客的信任，也有利于形成企业内部的凝聚力。在伦理道德建设中，企业首先要树立“义利相融”、“义利统一”的经营理念，让利于消费者，回报社会，积极参与社会公益事业，树立良好的形象。要主动为消费者着想，在满足消费者需求的同时，保护消费者的权益。要主动承担企业在人口、信息、政治和道德方面的责任，促

---

① 马克思，恩格斯．马克思恩格斯全集（第 1 卷）［M］．北京：人民出版社，1995：291.

进人与自然、人与社会的和谐发展。

六、制定规范化的伦理守则

企业应该制定并执行企业伦理守则。伦理守则所规定的主要内容是企业与其利益相关者——员工、顾客、股东、政府、社区、社会大众等的责任关系。伦理守则中有的是强制性的公司规定，例如，员工面对利益冲突时应有的准则；但伦理守则同时也包含公司的经营理念、价值取向与道德理想。另外，伦理守则对公司未必具有法律上的约束力量，但是，它犹如一个人的座右铭，多少可以反映并影响公司的文化与行为。公司在制定伦理守则时要主要考虑企业与各利益相关者所可能产生的伦理议题，如环保问题、产品安全、专业精神、尊重财产权、职业安全、遵守法律、诚实行为、利益冲突以及和谐进步的劳资关系等。公司面对所产生的议题的基本态度是什么，应该尽量在伦理守则中说明清楚。对企业而言，制定伦理守则非常重要，因为伦理守则反映了企业生存的基本意义、企业行为的基本方向。

孔子说："导之以政，齐之以刑，民免而无耻；导之以德，齐之以礼，有耻且格"（《论语·为政》）。政府如果用人们普遍接受的道德来引导社会生活，用符合人类本性的伦理来规范人们的行为，人们违背了社会规范和政策法律就会感到耻辱，因此也就会自觉遵守社会规范和政策法律，自觉地树立正确的伦理观念。对于企业来说，要树立正确的企业伦理观，就不能仅靠法律的外部约束，而是被要求全面考虑自身决策与行为可能对环境、公众以及公共利益造成的影响。

七、建立重诚信的道德体系

市场经济就是信用经济，信用无处不在，人与人之间的交往与沟通、企业与企业之间的商品买卖、国家与国家之间的贸易往来，无不体现着信用，信用不仅为市场提供了一种交易方式和支付手段，也提供了一种诚信机制，对市场经济具有调节作用，企业讲信用是企业遵循市场经济法则，自觉维护市场秩序的一种表现，是解决目前中小企业伦理道德缺失困境的有效途径。首先企业要树立诚信观念，通过宣传诚信，在企业内部营造诚信的气氛，从根本上杜绝企业内部的诚信缺失现象。其次是建立有效的诚信制度，通过诚信制度健全企业道德体系，改变员工迟到、讲假话或虚话的不良习惯，逐渐形成全体员工讲信用、守信用的企业文化。当前，企业诚信意识缺失，多角债、违约形象、欺诈行为屡见不鲜，不少中小企业很难获得银行的融资贷款，融资难的根本原因在一定程度上是中小企业的信誉危机，多数中小企业不能按期支付本金或利息，从而使银行失去对其的信心。对中小企业来说，需要尽快提高企业信誉度，通过履约承诺、按期付款等不同的形式加强企业的信用建设，给全社会树立良好的信誉形象。

八、引入全面伦理管理战略

一个企业如果想真正做大做强，必须要建立在伦理道德基础上，这样的企业才能得到社会的欢迎，才能得到员工的支持，因此，对中小企业来说，要在企业内部实行全面伦理管理（Total Ethical Management，TEM），强化伦理监督机制，以此来不断地发展企业。[①] TEM 是近年来流行于西方管理学界的一种新型管理理念，其热门程度已经超越了过去备受重视的“全面质量管理”（Total Quality Management，TQM）[②]，说明西方企业界对伦理道德的忧虑和关注程度。

TEM 是将伦理道德融入企业的经营管理活动中，形成以伦理为本位的企业文化，通过建立企业伦理制度，制定企业伦理准则，健全伦理监督机制，强化员工认同，唤起全员对企业伦理道德的重视，最终成为企业制胜的永久生存法宝。要想在中小企业推行 TEM，首先，需要发挥管理者的带头作用，企业的伦理道德水平归根结底取决于企业经营管理者的伦理道德水平和对企业伦理道德的认识程度以及为提高企业伦理道德水平所做出的努力。因此，企业的全体管理者必须身体力行、公正无私，通过自身的伦理道德示范作用促进员工的伦理素质不断增强，带动企业的伦理道德建设获得全面发展。其次，需要不断地加强伦理道德方面的教育培训，以培训促进员工伦理道德素质的提高，加强员工对企业伦理道德建设和发展的长远认识，使员工忠于企业、信守诺言，自觉维护企业的形象，真正担当起企业主人的责任。再次，要制定符合伦理规范的战略决策流程，在决策执行的各个阶段，都要建立起符合决策要求的伦理标准，杜绝一切不符合伦理道

① 陈爱清 . 浅论中小企业战略管理中伦理道德缺失的原因和解决途径 [J] . 管理世界，2009 (6)：1 - 3，51.

② Richter F. J. , Mar P. C. M. Asia ' s New Crisis：Renewal Through Total Ethical Management [M] . Wiley，2004：2.

德的行为。最后，通过制度认真贯彻落实企业伦理道德准则，加强对企业伦理道德的监督。一切目标最终要去实施，如果流于形式还不如不推行 TEM，中小企业应制定相应的企业制度将伦理道德建设转化到企业员工的日常工作中，通过对员工的职责范围、工作态度、责任权限等方面的具体规定，使企业伦理道德建设具有较强的可操作性，再通过实施严明的道德奖惩机制，对符合企业伦理道德准则的管理行为，要给予奖励，对违反企业伦理道德准则的管理行为，要给予惩罚，只有这样，才能使 TEM 真正为企业的发展战略服务。①

九、加强企业员工伦理教育

对中小企业而言，大多数管理者最感头疼的是员工的向心力问题，如何培养员工的忠诚度，儒家从基本的孝道做起并以之延伸的管理理念很值得借鉴。②

企业应该加强员工有关企业伦理的训练与敏感度。目前中国企业的员工教育训练偏向管理技能、知识水平的训练，对于伦理道德的训练并不多，很多人甚至怀疑企业伦理能否被训练。从一些先进工业国家的经营管理的经验看，企业伦理是可以通过训练获取的。

现在有许多国外企业，专门邀请诗人、哲学家给员工上课，进行教育培训，其主要目的是希望员工对身边的人与物有更高的敏感度。但这种伦理训练，我们认为也不能仅凭着正式教育进行，平时企业运作的方式以及企业文化对企业伦理的影响也非常重要。此外，企业应该以经营过程中常发生的伦理问题作为训练教材，时时提醒和教导员工对敏感问题做出正确的判断。举例讲：为了业务的需要可不可以请客送礼？是否需要通过这种方式疏通关系？有时候，这些问题并没有标准的答案，这与公司的基本理念以及当时的社会环境有密切的关系，但是，只要公司愿意正视这个问题，管理者与员工之间时时交换意见，员工自然会增加对伦理的敏感度，从而能够在特定环境下找出最合适的答案。

十、履行对利益相关者的责任

在处理与各利益相关者的关系时，企业只有担负起应负的责任，才能得到各

---

① 陈爱清．中小企业伦理道德体系建设——基于儒学伦理的应用研究［J］．管理世界，2009，(12)．

② 李文义，刘春丹．孔孟儒学与当代民营企业管理［J］．东岳论丛，2006，27（1）：196－198.

利益相关者的理解与认同，企业才能具有同各利益相关者处理良好关系的基础，才能有利于企业的长期持续发展，才能有利于企业的未来。在与利益相关者的关系中，企业应承担什么责任？一种观点认为，企业的责任包括经济责任、法律责任、道德责任和慈善责任四个方面，这些责任在不同的利益相关者之间有所差别。在企业所面对的道德和慈善责任上，自身的经济利益通常也隐含其中。比如，当一家制药公司面临因服用该公司某种药品而发生中毒事件时，它所采取的回收药品的各种法律和道德的措施，可能是最符合其经济利益的，因为这样做能够维护和增进企业在消费者及其他利益相关者中的名声和形象。不同的利益相关者所承担的责任也是不同的。企业责任可以分为三部分：

第一部分是经济责任。这是核心的责任，因为企业在本质上是一个营利性的经济组织。利益相关者对企业在经济上的利益要求各有差别，股东期望自身财富最大化，员工期望自身报酬最大化，政府期望税收所得最大化，银行期望利息所得最大化。这些有差别的经济利益需求，概括为一点就是“经济增加值最大化”。因为，股东财富的增加、员工报酬的提高、政府税收的实现以及银行利息的取得，都来源于企业的经济增加值的增长。从使用价值的角度看，企业的经济责任可以表述为“效用最大化”。

第二部分是法律责任。企业作为市场经济的组织主体和经济法人，应当遵循市场经济的规则和秩序，而法律就是这种规则和秩序的最基本的表达形式。依法经营和管理当属企业义不容辞的责任和义务。

第三部分是社会责任。中小企业应积极创新符合行业特色及企业个性的社会责任观，将之融入企业文化与日常经营管理，特别是全体员工的社会责任理念的树立与实施中。①

企业对社会的责任总体上说可以概括为六方面：一是对消费者的责任，如提供物美价廉的产品与高效服务等；二是对政府的责任，如依法纳税等；三是对员工的责任，如在人力资源开发、福利、安全、社会保障等方面的义务；四是对公共设施建设和使用所承担的责任；五是对资源与环境的责任；六是对社会慈善事业和其他公益性事业发展的责任等。

企业对利益相关者的责任因素之间有时会有冲突，其中经济责任与社会责任

① 钟宏武. 企业社会责任（三步走）[N]. 人民日报，2008-11-11.

之间的冲突尤为明显和普遍，常见的现象是企业“关注利润、忽视环境”。而从可持续发展的角度看，企业必须在谋求利润与履行其他责任上保持同步性，换句话说，可持续管理就是指企业同时履行对各利益相关者的各种责任，这也是利益相关者管理的基本宗旨。

第十一章

企业伦理道德建设的外部路径

外部环境对于企业的伦理道德影响也很大。古人就曾用“橘生淮南为橘，橘生淮北为枳”的比喻来说明社会环境对人的道德观念的影响。在企业伦理道德建设过程中，既要尽快树立“自主治理”意识，强化企业社会责任履行，以适应各利益相关者“共同治理”的时代要求，又需要政府建立健全企业社会责任的问责制和机制约束，内外结合，推动企业道德水平提升。①

外部环境中的政策、法规、条例、管理规章等构成的制度体系能够有效约束中小企业的伦理道德选择。伦理道德的选择深受背后潜藏着的经济根源的影响，通过特定的外部环境中的制度设计给出适当的约束条件，就可以通过经济利益诱导企业正确的伦理行为，抑制个体的不道德经济行为，使得悖逆伦理目的的经济行为最终变得不经济，从而促使企业不得不选择合乎外在伦理目的的经济行为。

第一节　构建失信惩罚机制

失信惩罚机制运用法律手段、道德手段等对企业的失信行为采取惩罚措施，

① 李维安. 企业履责制度建设是关键［N］. 人民日报，2008－11－06.

加大企业的失信成本，减小企业的失信收益，从而限制企业的失信行为。

一、法律监管机制

法律制度的规范可以提升企业的伦理水平。这是因为，法律制度的执行是以统治阶级依靠国家机器等强制力量保证的，具有强制性特点，能提供一种企业行为合法与非法的标准，用于调节企业及企业中人的行为，在某种程度上是企业伦理道德的底线。因此，企业伦理建设要有法律保驾护航，通过法律的赋予，伦理才可能获得企业和社会的普遍认同。通过健全与完善法律体系对企业行为形成强制约束，可以有效地抑制企业非道德行为的冲动欲，净化社会道德环境，促使人们尽快形成遵循社会道德规范的行为习惯和心理定式。

法律、道德作为紧密联系、相互作用的两类社会规范缺一不可。作为规范的诚实信用，构成了法律的内容，而道德规范的法律化又巩固和强化了诚实信用原则，有利于经营者养成诚实信用的道德品质。与此同时，经营者诚实信用商业道德水平的提高，必然影响其法律意识的加强，又使经营者能自觉遵守法律，坚决依法办事。由此可见，对经营者来说，遵守商业道德与遵守法律二者是目标一致的，并互为保障。我们不能让法律或道德孤军奋战，要使之相互配合，形成合力，并把一些公认的道德上升为法律。特别是当道德不足以约束竞争者的行为时就要运用法律来强制约束竞争者的行为，使法律与道德相互配合、相互补充、相辅相成，共同约束竞争者。①

目前，中国亟须建立完善的市场监管法律体系。具体来讲，中国法律体制的完善需要做到如下几个方面：第一，继续完善规范市场主体的法律。用法律来保障和明确市场主体的权利及必须履行的道德义务。第二，建立并健全调整市场主体行为、维护公平竞争的法律。第三，建立健全市场监督管理的法律法规。第四，清理旧的法律法规：①清理已经不适应社会主义市场经济体制的市场主体准入、市场主体行为的法律法规。②清理不完全适应社会主义市场经济体制条件下规范市场秩序方面法律法规中的条文。

---

① 张音宇．中国企业伦理道德问题研究［D］．武汉理工大学硕士学位论文，2005：32.

二、信用管理机制

市场交易是以自由选择作为基础的，消费者、一切生产活动的参与者都有自由选择交易对象的权利。如果一个企业有良好的声誉，那么消费者、其他生产者、供应商就会选择它。如果一个企业不讲道德伦理，坑蒙拐骗，虽然这种机会主义行为可以在一次欺骗中获得巨大的收益，但在后续交易中，其他交易者会因为其“臭名昭著”的声誉而拒绝与其交易，最终将失去“生意”上的伙伴。在现代信息技术十分发达的今天，企业的不道德行为很难掩藏，媒体的曝光会使其“臭名远扬”，从而使企业的价值大大降低。

因此，声誉对于企业而言是一种有效的惩罚和激励机制。良好的声誉机制的有效运行需要完善的信用制度来保证。信用制度是指国家为确保信用和信用活动正常进行而制定的有关法律法规，如信用征集、信用调查、信用评估、信用保证等信用活动中的工具采纳、机构设置、法律责任、监督管理等。信用系统通常是指以独立中介机构为主体，在法律允许的范围内通过收集和分析个人及企业的信用资料，为客户提供当事人信用状况等证明资料的社会化信用系统。

信用制度是保证信用活动有序进行的法律规范，其主体必然是政府，而且从信用系统发达的国家来看，其成功的经验就是以政府为主体建立统一、公开、公平的信用制度，要对信用的征集、调查、评估、管理等信用业务活动的组织以及信用机构的设置与监管等加以规范，以确保信用交易和信用服务活动按照法制规则正常进行。①

对于中国政府而言，建立良好的中小企业信用体系至关重要，中小企业的信用体系的建设过程中应该做到如下几点：②

（1）由专门的部门及相关机构组织成立基础信用信息中心，中心为事业单位，由财政出资，不以盈利为目的，主要是社会服务功能。其主要任务包括：一是把分散的中小企业信用信息统一汇集起来进行加工和存储，形成一个企业信用信息档案数据库；二是履行企业信用认证手续，不直接向社会提供服务，而是通

① 夏绪梅．转型经济条件下的企业伦理问题研究［D］．西北大学博士学位论文，2006：150－151.

② 信用中国．关于中国建立个人信用体系的法律思考［EB/OL］．http：//www. ccn86. com/news/research/20060223/11750. shtml，2006－02－23.

过特许方式，授权有关信用中介对社会提供信用服务。

（2）工商、税务、银行、审计、质监、海关等机构定期向信用信息中心提供其客户的企业信用信息，然后由信用信息中心负责对各机构提供的企业信用信息数据进行整合和存储，信用中介以基础信用信息为基础，加以核查其他必要信用信息，向商业银行和有关单位、部门提供经全面核实的准确全面的企业信用信息，从而实现中小企业信用信息的使用。这种合作模式会涉及信用信息中心、工商、税务、银行、审计、质监、海关、信用中介的利益，可以在相关的法律中以具体的条文做出规范。

（3）人民代表大会及人大常委会可按相应的立法权限，制定、颁布和实行有关法规，由中国人民银行和相关政府机构依法对各信用中介的征信活动进行监督管理，并进行业务上的指导。同时应加强消费者组织对信用中介公司的监督，确保其依法合规、稳健地开展征信工作，从而使消费者的个人隐私和其他权益受到保护。

（4）基础信用信息中心由于其地位特殊，为稳妥起见，应由政府资金先行投入，保证该系统在较短时间内建成并发挥作用。同时公司在经营方面可采取市场化运作。

三、舆论监督机制

舆论监督可以有效约束企业的失信行为，给失信行为以强大的舆论压力。使企业能够讲诚信，前提条件是不诚信的行为是能够使利益受损害者及时发现并被潜在的市场参与人知晓。如果骗人者的行为不能够被及时传递出去，那么他还可以继续骗人，那就没有必要讲诚信了。因此，有关交易者行为的信息传递对建立诚信机制就十分必要。所以，舆论监督是建立中小企业信用体系的重要一环。

舆论监督机制最显著的特点是可以解决交易过程中的信息不对称问题。信息不对称很容易产生失信的机会主义行为。张维迎教授曾经多次以陕西乡下他家里的枣树为例，在本村卖枣，一般信息是对称的，不用担心枣子的质量，不用担心是否用了太多的农药，因为在本村做交易，有本村的机制约束，使你不敢用农药。但是，如果农民知道枣子是要卖到北京去，情况就不一样。没有跨地区商品交流时，你知道买你的枣子的人不是本村的，就是邻村的，低头不见抬头见，不敢“用药”。而现在，不知道枣子卖给谁，也许一辈子都不会见面，这种信息不对称就有了“用药”的激励，在这种信息不对称的情况下，人的行为没有了约束。新闻媒体发挥监督作用，让信息自由流通，可以减轻信息不对称。中国各类报纸、杂志、微博、微信客户端、电视台和新媒体很多，在几千份的报纸杂志、数亿计的微博或众多的微信群中，一个人的阅读量是极为有限的，但是人都有一个共同的特点：每次你自己的名字或者你们公司的名字出现在报纸或其他新媒体上的时候，你就会仔细阅读，还会介绍亲戚朋友也看，这种口传的作用是十分巨大的。可见，媒体特别是新媒体的报道会使被报道者和那些还没被报道的企业都会产生自律的心理，从而约束其行为。这种约束力就会逐渐形成机制，即制度约束。

第二节　发展中介保障机制

市场中介组织在西方发达国家较为普遍，因其独立性、公正性而广受欢迎。由市场中介组织对企业的生产经营进行评估和监督，是对企业承担道德责任的一种激励措施。对这一类机构的概念、作用、特点、类型与管理等问题，以及中介组织如何作用于中小企业的道德体系建设，有必要在理论研究和实践中进行探讨。

一、中介组织的含义

中介组织也叫市场中介组织，一般是指那些介于政府与企业之间、商品生产者与经营者之间、个人与单位之间，为市场主体提供信息咨询、培训、经纪、法律等各种服务，并且在各类市场主体，包括企业与企业、政府与企业、个人与单位、国内与国外企业之间从事协调、评价、评估、检验、仲裁等活动的机构或组织。[①] 许多国家的经验表明，社会中介组织是宏观调控与市场调节相结合中不可

① 中国行政管理学会课题组．我国社会中介组织发展研究报告［J］．中国行政管理，2004，（10）：5－12.

缺少的环节，具有政府行政管理不可替代的作用。①

中介组织大多属于民间性机构，有的还具有官方色彩。它们都要通过专门的资格认定依法设立，对其行为后果承担相应的法律责任和经济责任，并接受政府有关部门的管理和监督。

中介机构是社会信用体系的组成部分，在市场经济发展过程中承担着相应的责任。这些中介机构提供的服务，就是维护和促进信用交易的顺利进行，以维护社会信用关系，降低交易成本。

市场中介组织可分为三种:② 第一种是交易型市场中介组织，包括各种有形的商品交易市场及网上商品交易市场、期货交易所、证券交易所、经纪机构、代理机构、拍卖行、职业介绍所等；第二种是准则型市场中介组织，包括律师事务所、会计事务所、审计事务所、资产评估机构、资信评估机构、认证机构、公正机构、担保机构、仲裁机构等；第三种是管理性市场中介组织，包括各种类型的行业协会、消费者协会等。

二、中介组织的特点

市场中介组织具有社会性和中介性的特征。③

（1）社会性特征。

中介组织在中国是一类新兴的社会组织形态，它属于社会组织的范畴。社会中介组织作为新的社会组织形态之新意主要在于它和原有的社会组织形态（主要指国家或政府组织形态）的区别，在于它在一定意义上标志着与以国家或政府权威为主的社会域相区别的新的社会域的出现和崛起。社会中介组织因从属于这一新的社会域而具有的属性，称为社会性。社会性特征是社会中介组织首要的也是最基本的特征。在中国，现有的社会中介组织中的大部分是由政府机构改革转化而来的，从社会自身产生出的为数甚少。这种从政府的“母体”中衍生而来的

---

① 刘畅，卢德友．论社会中介组织的发展与政府职能的关系［J］．西安建筑科技大学学报（社会科学版），2009，28（1）：17－22.

② 纪宝成．转型经济条件下的市场秩序研究［M］．北京：中国人民大学出版社，2003：110，114－115.

③ 刘波．社会中介组织的特征辨析［EB/OL］．http：//www.ssfcn.com/wenzhang_ detail.asp？ID＝76804&s Page＝3 & wordPage＝1，2007－01－27.

社会中介组织，是作为政府职能转变的承接而形成的，是权力的产物，从而异化了其应是市场经济产物的性质。由于政府主管部门曾是社会中介组织的主要兴办者，社会中介组织的许多从业人员曾是政府工作人员，因而造成了政府部门与社会中介组织之间扯不断、理还乱的复杂关系。政府与社会中介组织之间的角色关系尚未厘清，定位有待明确，这是许多研究认为中国目前社会中介组织发展中存在的主要问题之一。

基于这种状况，研究者们在关于中国社会中介组织特征的认知中强调其“非政府性”是极具现实意义的。中国的社会中介组织的发展和中国社会主义市场经济体制的建立及政府机构改革的深入紧密相随，它既是当代中国由改革所引发的社会权力、功能、关系格局重新调整的产物，也是其具体体现。

中国社会中介组织的角色定位、功能确定是一个动态过程。目前，各类社会中介组织的发展也尚未完全定型。从基本方面说，社会性应当主要体现于社会中介组织的组织形态、人员构成、功能定位、管理机制、规制与约束等方面。

（2）中介性特征。

社会中介组织的另一基本特征就是中介性。中介的本意是指事物之间联系的某种介质。社会中介组织的中介性就是这类组织因充任不同主体之间联系的中间介质而具有的特征。如果说社会性特征是着重在于说明社会中介组织作为一类新的社会组织形态而具有的特征，那么，中介性特征则着重在于说明这类组织所具有的功用性特征。事实上，作为对同一事物不同侧面特性的强调，社会中介组织的社会性特征和中介性特征是同时存在、密切关联的。社会性因中介性而存在与显现，中介性则以社会性为前提而发挥与运作。因此，两者共同构成了社会中介组织的最基本特征。

三、中介组织的职能

近几年，各类行业中介性组织在社会经济发展中发挥的作用主要表现在以下方面：一是协助政府开展行业管理等工作。主要是参与制定行业发展规划，进行行业统计，制定行业标准，组织企业参加政府主办的对外交流、招商引资、经贸合作等。二是开展面向会员企业的服务，主要是组织会员企业进行有关政策法规的培训、咨询活动等。三是通过组织行业评优、开展行业技能比赛等活动，帮助企业提高素质，促进行业的不断发展。四是代表和维护会员合法权益，集中和反映会员的正当要求等。总的来说，尽管各行业协会和同业公会背景不同，但它们共同为完善市场经济体制、推动经济社会发展发挥着越来越重要的作用。市场中介组织对市场秩序形成的重要作用，包括如下几个方面：①

交易型市场中介组织主要职能是沟通信息、促成交易。交易型市场中介组织的介入有助于打破市场交易主体对交易客体的信息非对称状态，消除一切反伦理产生的信息约束。随着运行机制的完善，其对市场交易主体的监管职能逐步增强，如证券交易所、期货交易所对市场交易主体操纵市场等行为制定了严格的监管措施，批发市场要求市场交易主体确保其所经营的商品的品质等，客观上促进了市场经济的信用水平。交易型组织介入有助于规范市场竞争行为，确保市场有序竞争。准则型市场中介组织的主要职能在于对资信的确认，因此，在建立信用经济的过程中自然具有义不容辞的责任。准则型市场中介组织的介入有助于从中立的角度为市场交易主体开展决策进行有效的信息甄别和信用把关，有助于确认潜在市场交易伙伴的资信水平，避免出现对交易伙伴的逆向选择，有效防范商业欺诈。

管理型市场中介组织代表了众多会员企业的利益，有利于与实施保护主义的地方政府进行交涉，并协助中央政府清除各种地方保护主义障碍。管理型中介组织在破除垄断、确保有效竞争方面起到了一定的作用，对会员企业可能实施的市场垄断行为进行制裁，代表会员企业就非会员企业的垄断行为对会员企业造成的侵害进行反垄断诉讼，对可能给会员企业造成损失的各种行政垄断，如权力部门有意制造准入障碍、官商一体、巧立名目乱收费等进行交涉。管理型市场中介组织的介入，通过制定对违规会员的处罚规则和程序，实行集体自律，有助于规范会员的竞争行为，防止会员之间的不正当、不公平竞争，培养会员的诚信意识。

第三节　健全政府行政制度

市场机制虽然能够在一定程度合理配置资源，但由于市场机制有其自身缺

① 夏绪梅．转型经济条件下的企业伦理问题研究［D］．西北大学博士学位论文，2006：153.

陷，所以在资源配置过程中，在公共产品提供、自然垄断等领域存在市场失灵。所以，在这些领域需要政府适度介入干预。然而，如果政府干预过度，仍然有可能导致企业伦理失信。

一、创建服务型政府

公共服务型政府以市场为核心。公共服务型政府与管制型政府不同的是：公共服务型政府以市场为中心来不断调整自己的机构与职能。根据有所为有所不为的原则，凡是市场经济分内之事，政府不仅不应干预，还应为其提供有效保障，提供公平竞争的平台，鼓励优胜劣汰，严厉打击假冒伪劣，保护合法厂商与消费者利益，使他们不受损害。对于市场经济无能为力的，如不完全竞争或垄断、外部性、公共物品、不完全信息、收入市场及宏观经济失衡等则是公共服务型政府的重点所在。

市场经济条件下的企业，应该是“自由企业”，它们的经营活动应该不受政府干涉。政府监管企业的目的在于让企业守法经营，依法纳税，这是一个市场秩序生成的过程。中国政府对企业的监管，由于经验不足、手段落后，现在实际上严重不足。加强监管，不是派员进入企业指手画脚，使企业丧失自由企业的自我。加强监管，只能由有权机关依照法律，以产品标准、质量和资本流量等为依据，从外部实施监督。发展市场经济就必须回归市场的常识，让企业的归企业、政府的归政府。政府是规则的守护者，企业是自主经营的主体，两者角色分际不容模糊。

所以，要使企业经营者行为遵守道德规范，就必须按照现代市场经济要求，实行政企分开，重新界定政府的角色，分解政府的职能，简政放权、大道至简，充分发挥政府宏观调控的职能，减少政府对企业和市场的管制，建立适应市场经济内在要求的新的产权规则和调控规则，通过明确产权边界使企业真正成为市场竞争的主体。

服务型政府是为人民服务的政府，用政治学的语言表述就是为社会服务，用专业的行政学语言表述就是为公众服务。它是在公民本位、社会本位理念的指导下，在整个社会民主秩序的框架中，把政府定位于服务者的角色，并通过法定程序，按照公民意志组建起来的以“为人民服务”为宗旨，以公正执法为标志，并承担着相应责任的政府。与服务型政府相对应的是全能型政府，全能型政府的职能模式是计划经济的产物，是中国经济体制改革的主要对象。在计划经济条件下，政府通过指令性计划和行政手段进行经济管理和社会管理，政府是全能型的。政府扮演了生产者、监督者、控制者的角色，为社会和民众提供公共服务的职能和角色被淡化。社会主义市场经济的完善，要求政府把微观主体的经济活动交给市场调节。政府由原来对微观主体的指令性管理转换到为市场主体服务上来，转换到为企业生产经营创造良好发展环境上来。这一重大转变是艰难的，但却是完善社会主义市场经济必须啃掉的“硬骨头”。

随着社会主义市场经济的发展，尤其是国有经济布局的战略性调整和国有资产管理体制改革，政府的公共管理职能和国有资产出资人职能分开，政府与国有企业在市场中的角色混淆现象得到改变；非公有制经济的发展迫使政府管理经济方式转变；现代产权制度的建立也将使政企不分、政事不分的现象有一定改变。但政府对微观经济活动的不当干预与市场竞争秩序维护“缺位”并存，政府规模的膨胀加剧，影响了市场交易的顺利进行。

事实证明，把经济决策权归还给市场主体，同时提供各类市场主体自由竞争、公平交易的市场环境，让市场主体分散决策并独立承担经济后果和社会影响，政府专注于市场环境和市场秩序维护的有限理性思维，更有利于市场经济的发展。

在市场经济条件下，政府有必要通过规制市场行为和规范市场秩序，维护市场竞争活动的公平、公正，降低市场经济活动的运行成本，增进市场效率。但政府规制不应成为维持政府部门利益的手段。政府设置过多过繁的审批或检查项目，有的甚至是乱收费、乱罚款，大大增加微观主体的市场运行成本和制度成本，同深化市场改革的要求背道而驰。传统体制下的行政审批还通过设置所有制门槛，对非公有制经济进入领域进行限制。这与新的条件下国家对大力发展非公有制经济的思路相左，与“非禁即入”的自由竞争理念也格格不入。因此，应当进一步大幅削减行政审批，减少行政干预中的随意性，促进生产要素的流动，使各种生产要素在市场竞争中优胜劣汰，优化组合。

深化行政审批制度改革，是建设服务型政府的基础工作。行政审批制度改革的原则是：对不符合政企分开和政事分开原则、妨碍市场开放和公平竞争以及实际上难以发挥有效作用的行政审批，坚决予以取消；可以用市场机制代替的行政审批，通过市场机制运作；对于确需保留的行政审批，要建立健全监督制约机制，做到审批程序严密、审批环节减少、审批公开透明、审批效率明显提高，行政审批责任追究制得到严格执行。《行政许可法》的出台对转变政府职能，改变中国“审批”过多过滥、冗长复杂的现象将产生积极的影响，是中国行政体制改革的一个重要突破口。政府只有切实把行政审批的范围彻底减下来，实现审批行为的公开化、公平化、简约化、规范化，才谈得上向服务型模式的真正转变。

二、实现政企分开

要使企业自觉地遵守社会伦理规范，首先要给企业营造公平、公正的竞争环境，提供平等的竞争机会，因此“政企分开”不应是空喊口号，政府应主动退出市场，以管理者的身份发挥宏观调控作用，实现外部效应的内部化。①

要杜绝行政摊派，取消不合理的收费，降低税负，减少中小企业的负担，取而代之的是在社会公益事业方面的积极引导，要避免行政命令直接干预企业生产经营，保证企业独立自主的经营权利，要打破地方保护主义，让企业勇敢地“走出去”，以自主创新的竞争力扎根市场，让更多的企业在公平的环境中自由成长。

① 王娟．我国企业伦理建设探究——以烟草企业为例［D］．南京师范大学硕士学位论文，2007：17.

第十二章

案例分析

本书选择儒学伦理在华信公司的应用作为案例，研究分析儒学伦理在中小企业伦理道德体系建设中的可行性和重要意义。华信公司企业战略的制定和实施，是在构建企业伦理道德体系的基础上，将儒学伦理思想之精华与西方现代企业经营理念有机的融合。华信公司的企业发展战略充分体现了这些思想和理念。

第一节 华信公司的历史沿革

华信公司始于笔者 1984 年创办的沈阳市变型纱纺织厂，当时企业生产的主要产品是 PP · ATY 马海毛，由于自主开发研制的 PP · ATY 马海毛纺织技术在全国是首创、独创，因而该项科技成果荣获国家和辽宁省星火科技奖。产品畅销全国，年利税 1000 多万元。企业连续多年被市政府评为重合同、守信用单位。企业厂长陈爱清先生连续 5 年被沈阳市政府授予优秀厂长（经理）称号。

1993 年，该厂在原厂址重新建立了沈阳伊甸园大世界城商场（中外合资企业），实行市场化经营、商场化管理。1995 年与世界零售业巨头美国沃尔玛公司合作，在中国建设、经营第一家大型生活超市。1994 年笔者作为公司董事长被评为辽宁省“十大杰出青年”、“辽宁省十大优秀厂长经理”，并被共青团辽宁省委等五委、办、局授予“五四青年奖章”。

1995年，笔者又投资开发建设了中国北方花城市场，引导沈阳市花卉产业化发展，倡导实施“市场+基地”、“农户+商户”、“公司+农户”的产业化经营模式，并取得了成功。当时，国内外客商云集中国北方花城，争相到中国北方花城参观学习、取经，中央、省、市领导也多次莅临中国北方花城视察、调研。1997年中国北方花城市场被沈阳市委、市政府确定为沈阳市发展高效农业及农业产业化“一代四区”发展战略的龙头企业。

在公司先后成功地举办了1997年、1999年两届世界花卉博览会之后，以花为媒，让世界了解了沈阳，有力促进了全国和沈阳地区花卉产业的大力发展。公司也取得了良好的经济效益和社会效益。2000年，中国北方花城市场被国家林业局、中国花卉协会评定为“全国重点花卉市场”。

作为公司董事长，笔者在1996年和1999年当选辽宁省政协委员，沈阳市政协委员，省、市工商联执委，中国民主建国会沈阳市委委员，中国民主建国会辽宁省企业家协会副会长，中国东北亚经济技术合作促进会副会长，沈阳市企业评价协会副会长。

2003年，在中国北方花城的基础上，组建了绿色家园企业（集团）公司，2007年更名为华信产业集团公司（本书中简称华信公司），并与世界500强企业——德国第一、世界第四的OBI公司建立了长期战略合作伙伴关系，开发建设了沈阳绿色家园购物广场。该项目总投资3000万美元，经营面积8万平方米，为国内首家一站式绿色家居模式，年销售额7亿元，年利税4500万元。该项目对促进沈阳市的招商引资、振兴沈阳铁西区老工业基地起到了极大的推动作用，被沈阳市铁西区政府列为一号重点项目，并成功地引导了世界500强企业——德国麦德龙、英国百安居、法国家乐福，国内百强企业——东方家园、天津家世界、乐购、红星美凯龙、香江等一大批企业投资铁西新区，现已在铁西地区形成了新的商圈，第二、第三产业齐头并进，实现了“东北振兴、沈阳先行、铁西领跑、‘壮二活三’”的发展战略。

第二节　儒学伦理思想的实践历程

中小企业伦理道德体系建设如果离开了对本民族优良传统文化的继承和发扬，就会容易脱离民族的精神依托，因为中国的企业员工主要是受儒学伦理文化影响的中国人，失去了本民族的传统伦理文化，企业也就没有了自己的文化伦理思想底蕴。因此，只有把中华民族儒学文化的伦理思想精华作为基础，本质地包含在企业的伦理道德体系建设当中，企业才能具有中国中小企业特色的伦理道德思想，从而才能有效地解决中小企业的生存和发展问题，才能基业长青，并实现健康可持续的发展。

迄今为止，儒学伦理思想在华信公司的实践已有30多年，期间曾无数次经历了企业内部各层管理人员和员工的抵制和排斥，也曾受到过来自社会有关方面的非议和质疑。其中，在1987～1994年，一些人认为中小企业伦理道德的建立可有可无，也有些人认为应将西方的企业伦理和宗教思想照搬移植过来，这些人认为：只有西方的企业伦理和宗教思想才是最先进的，因此，儒学文化伦理道德思想在华信公司的推行处处受到阻碍。特别是1997年以后，一些外国企业进入中国后，经营势头良好。国内外一些经济学家、管理学家也普遍认为儒学伦理道德思想不利于现代中小企业的成长和发展，这些都为儒学伦理道德思想在华信公司的实践应用蒙上了失败的阴影。

然而，近年来中国中小企业的一些伦理道德问题的表现，证明了土生土长的中国中小企业离不开中国传统文化伦理道德思想的根——儒学文化伦理道德思想，只有儒学文化伦理道德思想才能有效帮助解决中小企业伦理道德缺失问题，只有应用儒学文化伦理道德思想构建的企业伦理道德体系，才能使中小企业生存和健康可持续发展。在这一点上，华信公司企业的核心领导层在2003年达成了一致的共识，由此，以儒学伦理思想为核心基础的华信公司企业伦理道德体系建设进入了一个新的历史时期。华信公司企业的战略管理得以全面拓展和发挥，华信公司企业受益匪浅，在2003～2007年企业取得了辉煌的发展业绩，这个时期奠定了儒学伦理道德思想在华信公司企业的核心地位。员工普遍认为华信公司历经改革开放近30年发展到今天，并不断地发展壮大、做强，主要得益于儒学伦理道德思想在公司的实践和应用，并形成了一套完整的华信公司企业独特的伦理道德文化体系和独特的企业经营理念及核心价值观，他们感慨地说：“企业伦理道德思想绝不能没有民族文化的根源，绝不能照搬移植西方的伦理思想和企业管理思想。”

第三节　基于儒学伦理的理念创新

华信公司应用儒学伦理思想创新企业的道德理念，具体体现为以人为本的管理理念、重信贵和的经营理念、以客为尊的服务理念、合法求利的效益理念、敬业乐业的从业理念。

一、以人为本的管理理念

人本思想是华信公司企业伦理道德基础和企业战略管理的基础。华信公司把人看成是天地万物的中心，深信价值之源内在于心。孔子说：“人能弘道，非道弘人”（《论语·卫灵公》）。在人、财、物诸多因素中，人是首要因素，儒学的天地万物人为核心的思想，应该成为企业伦理思想的核心。这与西方传统文化中以上帝和神为最高标准的神本宗教文化有着截然的不同。儒学还强调“仁者爱人”思想。孔子把“仁”作为人“一以贯之”的唯一原则和最高道德标准，而“仁”的内涵就是“爱人”。华信公司把公司员工和消费者当成自己的亲人，视人如己。人与动物的最大区别就是人有思想、有感情、有道德意识，人的行为无不受观念和感情的驱使及道德的约束。这才是人的文明，关心员工和消费者的感情需要、关心他人和社会需要，是企业伦理道德的社会责任意识提升和企业文化的进步。

二、重信贵和的经营理念

儒学敬业乐业的精神在处理职业关系和职业服务对象关系时，特别注重诚信无欺的道德要求。华信公司严格遵循儒学诚信无欺的道德要求，企业连续多年被沈阳市政府评为“重合同、守信用”单位。诚信无欺作为职业道德的一般要求，关键在于“信”。“信”为五常之一，公司将信作为连接人与人之间、企业与消费者之间、企业与社会之间关系的精神纽带，“信”是人际交往、企际交往的前提。人无信而不立，企业无信则不存。

华信公司提出的诚信无欺，重合同守信用的职业道德理念是公司诚信为本的核心，主要强调以下几个方面的内容：在经济活动和合同履行中重承诺、讲信用、守合约、把以诚正己作为立业之本。“以信接人，天下信之”（杨泉《物理论》）。只有自己对人守信，才能获得别人对自己的信任，维护和扩大企业的良好信誉。以诚待人，就能获得他人善意的回应，所谓“精诚所至，金石为开”即言此理。因此，公司强调在职业活动中必须以诚信为宗旨，把信用视为职业和企业的生命，“可终身而守约，不可斯须而失信”（张弧《素履子·履信》）。职业活动必须经常与顾客、合作伙伴打交道，而不是“一锤子买卖”行为，只有坚守诚信，才能赢得他人的信赖和尊重。所以，企业在经营活动中，与人交往时，“有所许诺，纤毫必偿；有所期约，时刻不易”（袁采《袁氏世范·处己》）。

人要做到不欺人，不欺己，不欺心，就能在人与人的活动中杜绝欺骗行为，杜绝以次充好，以假乱真，欺行霸市。儒学伦理思想的“布帛精粗不中数，幅广狭不中量，不粥於市”（《礼记·王制》），要求企业遵守商业道德，做到童叟无欺。诚实不欺、讲究信誉是职业道德重要规范，是公司塑造诚信为本的经营理念之核心价值观。在市场经济活动中，人们广泛提出了“质量第一，信誉至上”的口号，以期建立良好的企业形象。当然，不能片面提倡理想主义的“君子协定”，更不能以此取代经济合同。但是，在严格遵守经济合同的基础上，自觉地取信于义、诚信无欺，仍然是现代企业职业道德的要求。在这方面儒学的伦理思想是值得中小企业借鉴的。

儒学伦理思想“五常”之一的“信”，是人立足和行为之本，人不仅要信于约，而更要信于义。华信公司认为，诚信不是机械的言必行，行必果，而应以义作为诚信的标准，即作为该不该守信的根据。孟子就把那种离开义的标准来讲信必践行的人斥为“硁硁然小人”（《论语·子路》），公司更要求员工的行为“唯义是从”，这才是诚信的精神所在，公司奉行的就是儒学的这种关于信的伦理精神，是以义利并举为一切经济活动的目的和行为准则。在儒学伦理思想所倡导的“仁、义、礼、智、信”五常中，守信是一个基本的道德规范。特别是在市场经济条件下和经济全球化的大背景时代，中小企业越来越多地实行了开放式经营，甚至实行跨国界的全球化经营，自然使得守信成为中小企业至关重要的道德标准。虽然一些企业的经营管理理念中已有“重合同、守信用”的内容，但关键是要持之以恒地全面践行。

“和”是儒学伦理文化的传统思想，儒学的“天人合一”，人与自然和谐，人与社会的和谐，人人和谐等和谐思想就是注重“人际关系的和谐”以及“人与社会的和谐”。企业的和谐关系对内具体体现就是强调“团结”、“协作”、“齐心”、“和谐”。团结就是力量，如果一个企业内拉帮结派，搞“窝里斗”，那么无论多么先进的生产技术设备，如何高超的经营管理办法都无济于事，企业的对外公共关系如果不和谐，企业的经营活动就无法展开，企业的发展目标就很难实现，因此，企业和谐也是企业生存和企业战略发展的需要。

三、以客为尊的服务理念

服务对于企业来说至关重要，摩托罗拉公司将毛泽东讲的“为人民服务”融入公司服务内容中；海尔的成功秘诀就在于“服务”。在经济全球化的今天，“服务制胜”的时代已经到来，闻名世界的沃尔玛公司，成功诀窍就是全心全意地为大众服务，这种先进的理念在50多年前就被创始人山姆·沃尔顿以“服务是营销的支柱”规定下来，并身先士卒，亲自做服务的模范和表率。自1995年以来，华信公司领导层有幸和沃尔玛董事长罗伯·沃尔顿及其董事会的成员们进行了长时间的交流与合作，深深地体会到，服务给沃尔玛公司带来了辉煌业绩。同时，沃尔玛的服务也深深影响了华信公司的服务理念。

华信公司30多年的发展成就得益于国家的改革开放，中国的市场经济需不需要诚心诚意的服务？怎样处理企业发展遇到的“义利”关系？这是华信公司需要解决的企业伦理道德问题。其实，儒学在几千年前就已有了明确的思想和答案。儒学“明义重公（众）”的价值取向，“见利思义”、“重义轻利”、“以义制利”、“以义导利”等这些价值观念要求人们对待个人利益、集体利益，追求、获取利益要深明大义，以义为行为取舍的标准，只有符合义的利益才是正当的利益，才可以追求、获取；否则，就应当被舍弃。儒学伦理道德思想反对“为富不仁”的行为价值取向的。

服务意识重在“德”字，贵在“诚”字，“诚信为本，童叟无欺”，必须真正在企业里摆正“义利关系”，加强企业及员工道德伦理素质修养方能实现“义利”两全。服务意识意味着树立“顾客是衣食父母”的观念。1996年，中国北方花城大饭店的全体员工工装上均印有“顾客是我的衣食父母”、“感谢老板给了我一份工作”、“感谢顾客给了我薪水”。想顾客所想，急用户所急，将顾客视为自己的父母、兄弟、姐妹、亲朋好友，真诚待之，以“义”获“利”，以“德”得“利”，以“诚”成“利”，认真做好售前、售中、售后服务“三部曲”。服务意识要从管理者和员工内心深处培植。领导服务员工，二线服务一线，上道工序服务下道工序，这样才能真正实现“服务制胜”的公司经营理念。华信公司以客为尊的经营理念也是儒学重德贵诚的伦理思想体现，儒学的忠恕之道用今天的话说，即在处理人际关系时、对待顾客时，要像尊敬、孝顺自己的父母一样，要像慈爱自己的兄弟姐妹一样。儒学的致良知，要求人们以爱己之心爱人，以律人之心律己，并且以尽心尽力扩充本心。

四、合法求利的效益理念

遵章守法，是中小企业茁壮成长的根本保证，也是现代企业的公司制度提出的要求，是企业对员工的强制性规定。遵守纪律和法律制度是企业伦理道德的重要组成部分。华信公司坚持以人为本的人性化管理，而遵章守法是保障人性化管理的道德规范，因此，人性化管理与遵章守法并非相互排斥。企业规章制度是企业的法律和企业道德的重要组成部分。要坚持以人为本、人性化管理，必须依法管理企业。

公司是一个独立的生产经营者，更是一个独立的社会法人单位，当然要追求利润最大化。随着改革开放的不断深入，法律制度的不断健全和完善，越来越多的中小企业已经把合法求利的效益观念纳入企业生存发展的现实战略中。这是中小企业在进步、成长，否则，就会消失和灭亡。改革开放三十多年来有无数风云一时的中小企业因违法经营和不法所得而自取灭亡，而华信公司之所以能够不断发展壮大，最根本的宗旨就是企业依法经营，依法治理公司法人结构。公司领导人知法、懂法、守法，并不断地学法、用法，同时在全公司进行普法教育、培训，在公司业已形成了学法、守法、用法的一套完整的管理制度和组织结构，同时，华信公司在确立合法求利的企业经营理念之时已将儒学伦理道德引入企业经营理念之中，更注重员工的道德培养，加强了儒学伦理道德思想实践。可以说，儒学伦理道德思想中有利己利人的理性，重义轻利、以义制利就是把道德完善作为企业伦理的本质需要，以道德为最高的价值，要求企业经营管理者自觉地用道德约束、规范企业的行为，以道德制约利益作为利益取舍的标准，而不能以利作为行为取舍的标准。有了儒学道德的理性思维应用，即可实现理性的合法求利，华信公司的合法求利是德和法的有机统一。

五、敬业乐业的从业理念

忠于职守的敬业乐业精神就是要竭尽全力做好本职工作。因此，华信公司员工在职业活动中充分地发挥自己的主动性、创造性，不断提高自己的专业技能，出色地完成本职工作。精益求精是忠于职守、诚信无欺和对职业理想和职业荣誉的执着追求的高度自觉的统一，是在更高层次上反映出来的敬业乐业的精神。

一个缺乏高精专业技能的人，一个不熟悉现代企业管理知识的人，一个不懂得现代企业经营理念的人，一个缺乏创新精神且不能与时偕行、与时偕极的人，是一个平庸的人。俗话说："三百六十行，行行出状元。"任何岗位职业都能够为人们提供发挥自己聪明才智的舞台，都能够做出令人瞩目的成就。但要真正成就一番事业，却需要付出艰苦的努力和劳动，孜孜不倦、自强不息。"天下事无不可为，但在人自强如何耳"（《朱子读书法·卷四》）。

精益求精就是儒学自强不息的民族精神在职业活动中的表现。如果忠于职守，只是消极被动地完成自己的工作，当一天和尚撞一天钟，那么，即使忠厚老实，也算不上什么高尚的德行，只是安分守己而已。敬业乐业的更高境界在于把职业作为自己的理想和追求的寄托，全身心地投入，在职业活动中发展、完善自己，实现自己的价值，为企业、社会做出更大的贡献。一个能够在职业岗位上成就一番事业的人，对工作总是认真负责、积极主动、精益求精的。

华信公司的员工在工作上的精益求精，首先，是有奋发向上的精神，"苟日新，日日新，又日新"（《礼记·大学》）。华信公司员工崇尚儒学的日新之德，就是高扬一种积极进取的精神。"日新者日进也，不日新者则日退，未有不进不退者"（《二程集·河南程氏遗书》卷二十五）。

时代在发展，事业在不断进步，对待生活和事业都必须昂扬向上，紧追时代的步伐，才能够把本职工作做好。如果停留在原地，消极地对待工作，则将被时代和事业的发展所淘汰。公司要求员工不断地更新知识，不断地提高技能，努力钻研业务。

其次，精益求精要落实到职业活动的全过程，要想获得高精的专业技能和管理技能，把工作做得尽善尽美，就需要员工们在职业活动中循序渐进，持之以恒。所谓日新就是坚持每日的进取，积少成多、积薄成厚。一个人要使自己的职业技能和管理技能达到很高的水平，决不能凭借一时的冲动，更不能好高骛远。学习任何一门知识和技能，一曝十寒，三天打鱼两天晒网，都不可能学到真知、练就本领，更不可能有很大的收获。“靡不有初，鲜克有终”（《诗经·大雅·荡》）。决心容易下，开头也比较简单，但要持之以恒，就必须有不怕挫折、敢于克服一切困难的决心和勇气。

公司一再告诫员工，要做好每一件事情，必须要有坚韧不拔的毅力、勇往直前的意志和持之以恒的决心与信心。持之以恒才能累土为山、积水成河，达到万事必成。

“业精于勤，荒于嬉”（韩愈《劝学解》）。历来被儒学奉为成就事业的箴言。清儒曾国藩曾对“勤”做过较全面的论述，他说：“大抵勤则难朽，逸则易坏。”凡物皆然。勤之道有五：一、身勤：“险远之路，身往验之；艰苦之境，身亲尝之。”二、手勤：“易弃之物,随手收拾；易忘之事，随笔记载。”三、眼勤：“遇一人，必详细察看；接一文，必反复审阅。”四、口勤：“待同僚，则互相规劝；待下属，则再三训导。”五、心勤：“精诚所至，金石亦开；苦思所积，鬼神亦通。五者皆到，无不尽之职矣（《格言四幅书增李芋仙》）。”

曾国藩侧重讲为官者如何尽自己的职责，但对于任何职业来说，身勤、眼勤、手勤、口勤、心勤，都是提高职业活动能力、做好本职工作的必要条件，付出一分汗水，就会有一分收获。

要发扬勤奋精神就是要全心全意地投入，真正把职业当作事业去追求、去钻研。清儒蒲松龄说：“性痴，则其志凝。故书痴者文必工，艺痴者技必良”（蒲松龄《阿宝》）。纪昀也说：“心心在一艺，其艺必工；心心在一职，其职必举”（纪昀《阅微草堂笔记》卷十二）。对待工作有了锲而不舍的“痴劲”，就没有克服不了的困难，就能获得精湛的技艺，达到很高的水平，把本职工作完成得更好。

华信公司员工充分自由发挥其才能，刻苦钻研，学习新知识、新技能，完善自我，提高自我，实现自我，为企业、为社会做出了贡献。

第四节 “互补优化”的核心价值观

华信公司在发展和壮大的过程中，形成了“六大互补优化”的核心价值观，体现了儒学伦理的核心理念。

一、“义”与“利”的互补优化

华信公司以追求利润最大化为决策者与经营者的直接出发点和目的，这是支配整个企业运行的根本机制。对于企业来说，求利是无可厚非的，是推动企业发展的基本功能。但这种求利的取向，也可以助长一些人唯利是图、见利忘义、损人利己、为富不仁的思想和行为，从而会破坏华信公司的可持续发展和正常运行。因此，华信公司对求利趋向已加以引导和规范。而这种引导和规范最主要的就是“义”，即适当、正当、高尚的观念和行为的提倡与弘扬。我们知道，儒学重义轻利，其轻利的观点固不可取，而其反对“不义而利”，强调“以义驭利”的思想却是有积极意义的。孔子说：“富与贵，人之所欲也，不以其道得之，不取也”（《论语·里仁》）。“不义而富且贵，于我如浮云”（《论语·述而》）。要求人们要“见利思义”、“义然后取”。同时，我们进一步实践儒学提出“义以生利”、“因义成利”的思想，采取适宜合理的方式去取利。显然，儒学“以义创利”、“因义成利”对于引导我们在企业经营中正确地去求利有着重要意义，它有利于促进我们在企业经营中把利和义结合起来，谋利而不失义，循义以生利，以保证华信公司健康有序的发展，这也是华信公司做大做强的秘诀。

1993～1995年，公司创始人在创办经营伊甸园大世界商场期间，有2000多户下岗工人租赁经营伊甸园大世界商场商铺，其中有35%的业户因不懂经营管理、无周转资金保障、无供货货源渠道而出现经营亏损，公司经过调研，最后确定给予近700家业户免收租金一年、免收物业管理费一年的扶持，并对200家特困业户给予无偿提供经营场地的特惠照顾，使其渡过经营难关，完成了原始资本积累，上述这些商户如今均已成为资产超过千万元的中小企业主。

1985～1992年，公司创始人创办的沈阳变型纱纺织厂在国内独家研制生产

PP · ATY 马海毛，占领了全国 95% 的市场份额，产品供不应求，但公司在原材料大幅涨价、生产运输成本提高的情况下，产品供不应求时还是保持产品不涨价，并在生产工艺中严格控制纺纱中喷水的含量，此举赢得了经销商和消费者的一致好评，企业连续五年被评为重合同、守信用单位，取得了良好的经济效益和社会效益，并造就了千万个百万富翁。公司这种以义生利、因义成利、扶助他人的儒家思想也成就了华信公司的发展壮大。

二、“和”与“争”的互补优化

华信公司已经建立了现代企业制度，公司的根本机制就是竞争。市场竞争是实现资源有效配置和促进市场要素及其整个社会生产优化的根本条件。但竞争乃是一把“双刃剑”，它既是企业发展的动力，也可以带来对企业运行乃至整个社会生活发展的某种消极的作用，如一定社会资源的无效损耗，一定程度经济秩序的失常，以及因为人的心理过分紧张而导致的精神危机和人格异化，等等。竞争的消极作用，从一定意义上说乃是由于竞争者之间缺少必要的协调与合作引起的。孔子说：“礼之用，和为贵。”《中庸》提出：“和也者，天下之达道也。”认为“和则相生”，“致中和”就可以“天地位焉，万物育焉”（《中庸》）。

追求和谐、注重合作，提倡谦和是儒学的基本精神之一。华信公司自创建以来，由于企业创始人始终如一践行儒学贵和思想，并将其引入企业内外竞争机制当中，以和的生成性来补益争的损耗性，以和的规范性来调节争的失序性，以和谐的心态来淡化争的紧张与异化，达到以和济争、和争互补，因而，可以使企业竞争而不乱，争而无伤，既充满活力，又健康有序的发展，使得我们企业与社会各界、同行合作和谐、竞争有序，从未出现过你争我夺、生死竞搏、两败俱伤、我存他亡的事例，受到了社会各界的一致好评，为我们企业赢得了广阔的生存发展空间，使得我们的企业有更多的机会健康、持续、快速地发展壮大。在公司内部，我们则做到和则事业兴，追求企业与员工和谐发展、求大同存小异、和争互补。公司创办三十多年来，历经风雨坎坷，但企业员工之间从未产生过对立事件，也从未有彼此合作关系之恶化结果。

三、“情”与“理”的互补优化

现代市场经济是一种理性经济。韦伯认为，理性化是现代资本主义一切经济行为最根本的特征。①

追求最大的合理化和最大效益是华信公司的内在要求。因此，在市场机制中，非理性因素受到排斥，人的情感遭到抑制。应该说，理性化是华信公司高效发展的一个根本条件，然而，单纯的理性化却并不能实现效益的最大化，更不能实现整个企业经济指标的最优化。因为，企业的主体是人，企业效益的最大化归根到底是靠人的能动性的最大限度发挥，而主体能动性的发挥并非光靠理性就能做到，非理性的情感、意志等因素也在其中起着重要作用。过分强调理性化而不顾及人的情感等非理性因素，就不可能充分发挥出主体的能动性。同时，这种片面地对理性的强调与追求，对人的情感等非理性因素的排斥与忽视，必将造成人格的片面化，成为马尔库塞所指出的“单向度的人”。② 而华信公司不仅重视“理”，也重“情”，认为以理服人、以情感人、动之以情晓之以理是解决企业内部矛盾，保持企业、政府与社会的和谐关系的有效措施。

为此，我们在三十多年的企业实践中应用情与理的互补优化已处理了数以百计的复杂问题和矛盾，最后均达到彼此满意并心悦诚服。我们提倡“友情、亲情、温情”。儒学强调“礼乐并重”，理是理性的规范，乐是情感的陶冶。因此，我们把儒学情理并重观念引入华信公司，使企业运行既合理又合情，从而实现情理互补、情理互动；这样，就可以更好地发挥企业主体的能动性和较充分地满足主体的需要，实现市场效益的最大化、企业效益的最大化和社会效益的最大化。

四、“人”与“物”的互补优化

在市场机制之中，社会关系被商品化、物化，人和人的关系采取了物与物的交换形式。

这种物化在一定意义上可以说是促进社会物质文明发展所必经的阶段，也是推动现代市场经济发展的机制之一，但它也必然造成人的主体地位的失落和精神价值的淡化，造成人的一定程度的异化。而企业经营活动说到底即是人的活动，只有人的主体精神的充分弘扬才会使华信公司能够有更大发展；只有在有利于人

---

① 马克斯·韦伯．新教伦理与资本主义精神［M］．北京：中国社会科学出版社，2010：89－90.

② 马尔库塞．单向度的人：发达工业社会意识形态研究［M］．上海：上海译文出版社，2006：1－10.

的发展时，企业的物质发展才是有价值的。与市场经济见物不见人的倾向相反，华信公司强调以人为本，认为人是企业的中心，人是企业第一资源，人是第一生产力，没有人的作为，企业战略目标就无法实现。“人也者，其天地之德，阴阳之交，鬼神之会，五行之秀也”（《礼记·礼运》）。“人者天地之心，五行之端也，食味别声被色而生者也”（《礼记·礼运》）。

因此，我们重视人的价值，提倡“仁者爱人”。我们把儒学重视人、关心人、以人为本的精神引入华信公司的经营管理中，就可以在一定程度上遏制市场中把人物化、过分注重物质利益的倾向，使人的主体地位与物的基础地位有机结合起来，促进企业的经营发展，进而保障人的主体精神得到弘扬。

华信公司在三十多年的企业发展中将人与物的互补优化最典型的结果是：不同层次的各类员工均不同程度地得到了公司人与物的互补优化之实惠，并一心向往着华信公司。三十多年来我们先后对300多名员工进行过不同程度的精神上的关怀和物质上的帮助。如子女升学、生子结婚、居家日常生活，疾病、灾难等，粗略统计，公司在此方面的经济资助已达350余万元。

五、“群”与“己”的互补优化

市场经济是以个体利益的区别为前提的，市场行为的直接目的是追求个体利益的最大化。在市场经济中，人们对个体利益的追求，既是驱动个体能动性发挥的机制，也在总体上激发了市场的活力，推动了整个市场经济的发展。在西方，一些西方思想家像亚当·斯密、孟德维尔认为，在市场经济条件下，人们追求自己利益的行为最终将促进整个社会福利的最大化。

然而，市场运行的事实并不像亚当·斯密等所想象的那么美好。对个人利益的追求，既有激发市场的活力、促进社会经济发展的作用，也可能甚至必然导致损人利己、唯利是图的利己主义倾向的发生，因而会引发出一系列矛盾冲突和消极行为，如欺行霸市、假冒伪劣、钱权交易以及经济学中的“求租”、寻租、“搭便车”和“机会主义行为”等，这些都无疑是个人利益被过分强化的结果和表现。因此，华信公司的发展不能没有个人利益的驱动机制，但仅有个人利益驱动是不够的。要实现华信公司的良性运行和协调发展，注重社会群体利益的思想和行为是必不可少的，或者说是要把对个人利益的追求和对企业利益、社会群体利益的关心、负责结合起来，才可能实现市场运行的优化。在这方面，儒学的群体本位伦理思想是可以发挥积极作用的。我们知道，在儒学伦理中，群体（包括国家、家族、家庭、集体等）的和谐是其重要的基础和价值目标。儒学伦理强调个体只有在群体中才有其存在的价值和意义，个体行为必须服从和服务于群体。重群克己乃是儒学伦理的基本要求。儒学伦理要求人们要以“公义胜私欲”（《荀子·修身》）。

自 1985 年开始，公司创始人先后捐助社会慈善事业，如扶贫助教，捐建沈阳市于洪区翟家小学、翟家中学、沈阳市 54 中学，扶贫助学共 265 人，累计捐资 386. 67 万元。

1997 年开始，公司连续两次投巨资 1500 万元为沈阳市政府举办“沈阳国际花卉博览会”，取得了良好的社会效益，扩大了沈阳在世界上的知名度，让世界了解沈阳，让沈阳走向世界，并实现了沈阳招商引资的丰硕成果，加快了沈阳经济发展的步伐。公司同时对花卉市场内 200 多家农户、商户进行扶贫帮困，帮助他们集体创业。如今，200 多名下岗工人和农户均已成为千万富翁，他们已带动了上万户农户和 3000 个下岗工人共同走向富裕。

2003 年，公司和世界 500 强企业德国 OBI 合作，并招商引进了 4 个世界 500 强企业和 5 个国内百强企业，在铁西新区投资发展新型产业，如今已累计完成投资 96 亿元，安排近 6000 名下岗工人再就业，年创造税收 2 亿多元。华信公司这种乐群利群的儒学伦理思想践行了群与己的互补优化，公司也得到了长足的发展和壮大。

儒学的两大伦理规范“忠”和“孝”也就是要求人们忠于国家、家族及其代表人物——君和父。儒学重群克己的伦理精神存在着漠视个人利益、压抑个体能动性的一面，也包含着正确处理个人与群体关系的一面。因为，人毕竟是社会性的群体的存在物，“只有在集体中，个人才能获得全面发展其才能的手段”。离开了群体，个人的利益和价值不可能得到真正的实现。同时，社会和市场经济的正常运行，更需要人们把个人利益与社会群众利益结合起来。

在市场经济条件下，如果把儒学伦理重群克己思想的积极因素融汇于市场中的个人意识中，群己互补、公私结合，就可以促成人们在发挥个人能动性的同时，抑制利己主义的泛滥，维护市场、企业和社会的秩序；在追求个人利益的同时又注重群体利益、社会利益，以促进企业内部团结合作的企业精神的形成和整个社会经济的良性运行与协调发展。同时，还可以促进企业目标的实现，将企业做强做大，以实现企业和员工共同发展、共同富强。

六、“现实性”与“超越性”的互补优化

在市场经济条件下，利益机制驱动着人们忙碌于现实的功利追求中，重实际、讲实效，只有实践才是最可靠的，只有现实才是最合理的，这成为一种社会风气。这样，人们就能既对未来不存奢想，更对精神与理想漠然视之。这种实用主义的现实观能使人变得浅薄和物化，以致精神堕落，心态失常。一些企业老板一掷数十万、数百万争奢斗富；一些政府官员抱着“有权不用，过期作废”的心态大肆以权谋私；一些企业的职业经理人、各级管理者抱着不贪、不占、不拿、不送就不能快速使自己也成为老板的思想；现时一些人们存在的及时行乐的倾向，都是这种庸俗的现实观的典型表现。这种庸俗的现实观既滋生大量的消极腐败的社会行为，腐蚀市场经济和企业的持续、良性发展的基础，也将导致人的悲观消极腐败的社会行为，还将导致人的主体价值和安身立命的精神家园的失落，不利于人的全面发展。与市场经济驱动着人们迷恋现实性不同，儒学伦理提倡一种对现实的超越的追求和理想精神。

儒学提出“内圣外王”的人生理想，倡导“立功、立德、立言”三不朽的人生价值，追求“天人合一”的生命境界。孔子认为对“仁”的精神追求高于人的现实利益以至生命，提倡“志士仁人，无求生以害仁，又杀身以成仁”（《论语·卫灵公》）。孟子提出人为了追求理想人格应该不为任何现实利益所动摇，“富贵不能淫，贫贱不能移，威武不能屈”（《滕文公下·第二章》）。

董仲舒提出“明其道不计其功”（《汉书·董仲舒传》），认为只有对“道”的追求才是有价值的。宋儒把对“天理”的追求看得高于一切，而否定现实的“人欲”的必要性。儒学这种重精神思想、轻现实功利的倾向，当然有其片面性和消极方面，但其中理想的高扬却体现了“人之异于禽兽”的一个根本特征，是人类发展与完善不可须臾有缺的内在动力。

如果把儒学这种追求超越和理想精神引入市场运行过程中，则将有利于促成人们从市场利欲魔圈中解脱出来，摆脱心灵的空虚与精神的惶惑，升华市场行为的价值与品位，从而使市场主体——中小企业能够以更长远的眼光、更宏大的气概、更从容的态度去获得更大的经营成功，也可以促进人的全面发展和社会文明的更大进步。

华信公司在三十多年的儒学伦理实践中，将儒学伦理思想的精华和符合现代企业道德理念的价值取向应用到企业伦理道德体系建设中，并形成了华信公司独特的且符合中国国情的企业伦理道德体系。华信公司运用儒学伦理思想与现代企业伦理观进行了有机的融合，取得了成功的经验。

华信公司“六大互补优化”的核心价值观和伦理道德理念对构建中小企业伦理道德体系具有重要的启示、引导和示范作用，值得中小企业在伦理道德体系建设中予以借鉴和学习。

亚当·斯密曾指出：“任何市场经济的发展只有在共享伦理道德价值观（信守契约、履行支付承诺、尊重合作伙伴）的基础上才能正常运行。”

在当今经济全球化、文化差异化和社会多元化的市场经济大背景时代，中国的中小企业要想生存、发展，基业长青，必须根据中国的国情和东西方企业伦理思想的差异性，充分挖掘应用中国传统的儒学伦理思想，并将其与现代企业经营理念和现行的法律制度有机地结合起来，并以此来构建企业的伦理道德体系。

众多中小企业的实践证明：谁如果不重视企业的伦理道德体系建设，放弃了企业伦理道德而一味地追求企业的经济利润指标，谁就必将会被社会不容、被消费者抛弃，企业最终将走向灭亡。谁的企业重视伦理道德体系建设并付诸实施，谁的企业发展目标就会实现，企业就能和员工、和消费者、和政府、和社会和谐发展。

三十多年来，华信公司董事长陈爱清先生投资、经营管理的企业直接为国家和地方政府缴纳税款5亿多元，间接为国家和地方政府创造并实现税收26亿元，亲自为地方政府招商引资并创造税源近百亿元，直接和间接创造就业岗位5600个，扶贫助教、扶贫助学、扶贫助困共265人，累计捐资386.67万元。

华信公司董事长陈爱清先生1988年创新发明的PP·ATY马海毛纺纱技术获国家和辽宁省星火科技奖。

1987～1993年，连续7年被评为沈阳市优秀企业家和捐资助学模范。

1994年被评为辽宁省十大优秀企业家，辽宁省十大杰出青年、沈阳市十大杰出青年，并获颁辽宁省五四青年奖章。2004年获辽宁省优秀科技工作者称号。

1999年被民建辽宁省委、民建沈阳市委评为“参政议政”先进会员。

1992年在北京人民大会堂受到时任全国人大委员长万里、全国人大副委员长王汉斌的亲切接见。

1995 年在人民大会堂受到时任全国人大副委员长王光英的亲切接见。

1996～2000 年，时任中央政治局委员、国务院副总理姜春云，原中央政治局常委、中央军委副主席刘华清，时任全国人大副委员长陈慕华、全国政协副主席叶选平、全国政协副主席李贵鲜、全国政协副主席万国权等 10 多位党和国家领导人先后莅临公司视察、调研，并亲切会见公司董事长陈爱清先生。

华信公司董事长陈爱清先生曾先后担任中国民主建国会辽宁省企业家协会副会长，东北亚国际经济技术合作促进会副会长，辽宁省和沈阳市工商联执委，辽宁省、沈阳市政协委员，民建沈阳市委委员，沈阳市企业评价协会副会长，四川大学辽宁校友会名誉会长。

陈爱清先生从事民营中小企业投资、创业、经营和管理工作 31 年。1986 年开始投资创办华信产业集团，31 年来曾先后投资汽车、纺织、针织工业，大型购物中心、高效农业、花卉产业、宾馆酒店业、商业广场、房地产开发、现代服务业、矿业、投资、商业地产出租等产业领域。先后与世界 500 强企业，美国沃尔玛公司、泰国正大集团、德国庭格尔曼·欧倍德公司、英国翠丰·百安居公司等合资合作。

华信公司董事长陈爱清博士的主要成就还有：

全球首创 PP·ATY 马海毛纺纱技术。

国内首创民营中小企业文化及企业品牌建设。

国内首创将儒学伦理作为中小企业伦理道德体系建设的企业家。

国内首创市场化经营、商场化管理的大型商业经营模式。

国内首创“公司＋农户”、“市场＋基地”的高效农业和花卉产业经营模式。

国内首创民营企业股份制员工激励制度。

提议并帮助沈阳市政府实施沈阳市世博园规划建设。

在沈阳最早提出并投资建设以餐饮、娱乐、酒店、商场、市场、休闲旅游文化产业为一体的城市商业综合体建设经营模式。

在 2003 年中央第一次提出“振兴东北老工业基地”时，积极参与“振兴东北、沈阳先行、铁西领跑”的发展战略，亲自招商引进世界 500 强企业泰国正大集团，德国欧倍德公司、麦德龙公司，英国百安居公司，瑞典宜家公司，国内百强企业上海红星美凯龙公司、天津家世界公司等，为辽沈地方经济发展和振兴东北老工业基地做出了重大贡献。

参考文献

1. 工业和信息化部．中国中小企业发展报告（2014）［Z］．2014.

2. 曹凤月．企业道德责任研究论纲［J］．中国劳动关系学院学报，2005（1）．

3. 扈纪华．《中华人民共和国中小企业促进法》释义及实用指南［M］．北京：中国民主法制出版社，2002.

4. 陈爱清．中小企业伦理道德体系建设——基于儒学伦理的应用研究［J］．管理世界，2009（12）．

5. 黄宣民，陈寒鸣．礼乐文化传统与原始儒学［J］．中州学刊，2006（3）．

6. 姜广辉．传统的诠释与诠释学的传统——儒家经学思潮的演变轨迹与诠释学导向［EB/OL］．中国儒学网，http：//www.confuchina.com/09%20xungu/chuantongquanshi.htm.

7. 柳河东．董仲舒对政治儒学发展的历史贡献及现代意义［EB/OL］．长城网，http：//news.hebei.com.cn/sybjzx/syxwpd/xwpdztk/hsdzs/dxyj/200911/t20091109_651554.shtml.

8. 牟宗三．宋明儒学的问题与发展［M］．上海：华东师范大学出版社，2004.

9. 宋希仁．西方伦理思想史［M］．北京：中国人民大学出版社，2004.

10. 郭琰．灵魂、理性与德性——苏格拉底道德哲学思想初探［J］．兰州学刊，2008（12）．

11. 付洪，马超．柏拉图道德教育思想及其当代启示［J］．天津师范大学学报（社会科学版），2009（5）.

12. 董尚文．托马斯伦理学中的柏拉图主义因素——论托马斯对 synderesis 与 conscientia 的区分［J］．哲学动态，2005（10）.

13. 徐爱国．探索人权的基督教神学基础［J］．同济大学学报（社会科学版），2008（2）.

14. 桂翔．关于法国启蒙思想家伦理思想的论辩［J］．淮北煤师院学报（哲学社会科学版），1994（4）.

15. 穆勒．功用主义［M］．北京：商务印书馆，1957.

16. 彭炳乾．费希特的经济哲学思想简析［J］．学海，2001（3）.

17. 王云萍．新黑格尔主义道德理想论简述［J］．广东社会科学，1991（3）.

18. 张百顺，张海玲．早期美国道德伦理规范及其当代启示［J］．贺州学院学报，2009，25（2）.

19. Tucker R. Philosophy and Myth in Karl Marx［D］. Cambridge University Press, N. Y., 1961.

20. 胡显中．中国古代的本末观［J］．税务与经济，1991（1）.

21. 王玉生．言强必先富：中国传统经济伦理思想的近代演变［M］．北京：中国社会科学出版社，2007.

22. 陈辉．论辩证贫富观［J］．求是学刊，1997（3）.

23. 赵炎才．清末时期“奢俭”观的学理透视［J］．学术研究，2006（10）.

24. Richard T. De George. Business Ethics（5th Edition）［M］. Prentice Hall, 1999.

25. Bowie N. Business Ethics as a Discipline: The Search for Legitimacy［M］. in Freeman (ed.), State of the Art, 1991.

26. Garrett T. M. Ethics in Business［M］. New York: Sheed and Ward: 1963.

27. 马克思，恩格斯．马克思恩格斯全集（第 2 卷）［M］．北京：人民出版社，1957.

28. Beauchamp T., Bowie N. Ethical The ory and Business［M］. Prentice – Hall, Englewood Cliffs, N. J., 1993.

29. Donaldson T. , Werhane P. Ethical issues in Business: A Philosophical Approach (2nd ed.) [M] . Englewood Cliffs, N. J. , 1983.

30. Carroll, A. B. , Managerial ethics: A post – Watergate view [M] . Business Horizons, 1975, 18 (2) .

31. Brenner, S. N. , Molander, E. A. Is the Ethics of Business Changing? [J] . Harvard Business Review, 1997: 55.

32. Lewis P. V. Defining Business Ethics: Like nailing jello to the wall [J] . Journal of Business Ethics, 1985: 4.

33. 吴新文. 国外企业伦理学：三十年透视 [J] . 国外社会科学，1996 (3) .

34. Widmer M. Hodel T. Cultural Differences and Global Ethics: The First World Congress of Business, Economics, and Ethics in Tokyo [J] . The Journal of Value Inquiry, 1998, 32 (1) .

35. 吴成丰. 企业伦理 [M] . 北京：中国人民大学出版社，2004.

36. 周祖城. 企业伦理学 [M] . 北京：清华大学出版社，2005.

37. Paci R. , Usai S. Externalities, Knowledge Spillovers and the Spatial Distribution of Innovation [J] . GeoJournal, 1999, 49 (4) .

38. 夏绪梅. 企业伦理学——转型经济条件下的企业伦理问题研究 [M] . 北京：科学出版社，2008.

39. Carmichael, S. , Drummond J. Good Business: A Guide to Corporate Responsibility and Business Ethics [M] . Business Books Ltd, London, 1989.

40. 吴晓波. 大败局 [M] . 杭州：浙江人民出版社，2007.

41. 张康之. 公共管理伦理学 [M] . 北京：中国人民大学出版社，2003.

42. Archie B. Carroll, Ann K. Buchholtz. Business & Society: Ethics and Stakeholder Management, 4th' ed [M] . Ohio: South – Western Publishing Co. , 2000.

43. Richard T. De George. Business Ethics (5th Edition) [M] . Prentice Hall, 1999.

44. Philip Kotler, Nancy Lee. Corporate Social Responsibility: Doing the Most Good for Your Company and Your Cause [M] . Wiley, 2004.

45. 方醒. 论中国传统文化的核心思想 [J] . 群言，2008 (8) .

46. 陈荣耀. 企业伦理——一种价值理念的创新 [M] . 北京：科学出版

社，2006.

47. 叶金宝．儒家和谐思想的价值转换［J］．江苏社会科学，2008（5）．

48. 吕庆华．先秦儒家“义利观”及其商业伦理价值［J］．东南学术，1999（3）．

49. 吴于廑，齐世荣．世界古代史（上卷）［M］．北京：高等教育出版社版，2007.

50. 牛建科，武传春．试论儒学与日本的现代化［J］．山东大学学报（哲学社会科学版），2004（5）．

51. 汤晓黎．日本伦理思想与日本现代化［J］．西南民族学院学报（哲学社会科学版），2001，22（7）．

52. 王小兰．论日本现代化启动的历史条件［J］．山东大学学报（社会科学版），1999（3）．

53. 吴潜涛．日本伦理思想与日本现代化［M］．北京：中国人民大学出版社，1994.

54. 雷宇，孙利．日本企业文化中的管理哲学及其启示——兼论日本企业文化中的儒学精神［J］．日本问题研究，2004（1）．

55. 李苏平．韩国儒学史［M］．北京：人民出版社，2009.

56. 李甦平．论韩国儒学的特性［J］．孔子研究，2008（1）．

57. 柳承国．韩国儒学与现代精神［M］．北京：东方出版社，2008.

58. 陈俊民．对新加坡推行儒家伦理的文化考察［J］．江淮论坛，1988（3）．

59. 陈祖洲．从多元文化到综合文化——兼论儒家文化与新加坡经济现代化的关系［J］．南京大学学报，2004（2）．

60. 严春宝．新加坡儒家文化传承研究［D］．北京师范大学论文，2007.

61. 林安梧．从“新儒学”到“后新儒学”的发展——环绕台湾现代化进程的哲学反思［J］．中山大学学报，2006（3）．

62. 郑志明．台湾儒学的社会关怀［J］．中山大学学报（社会科学版），2008，48（3）．

63. 林毓生．新儒家在中国推展民主的理论面临的困境［C］．政治秩序与多元社会［M］．台北：联经出版事业公司，1989.

64. 张宝石．论儒家天人合德思想的伦理意蕴［J］．辽宁工程技术大学学报

（社会科学版），2009，11（2）.

65. 黄彦. 孙中山选集［M］. 北京：人民出版社，2004.

66. 戴震. 孟子字义疏证［M］. 北京：图书馆出版社，1975.

67. 张怀承. 试论中国传统文化三教互补的伦理精神［J］. 新华文摘，2000（12）.

68. 唐凯麟，张怀承. 成人与成圣：儒家伦理道德精粹［M］. 长沙：湖南大学出版社，1999.

69. 戴震. 原善（下册）［M］. 上海：世界书局，2009.

70. 戴震. 孟子字义疏证［M］. 上海：世界书局，1982.

71. 车载. 论孔子的“为政以德”［J］. 哲学研究，1962（6）.

72. 释果宁. 拈花智慧：佛学大师传授和谐之道［M］. 北京：机械工业出版社，1999.

73. 王肃等. 孔子家语［M］. 上海：上海古籍出版社，1990.

74. 吕祖谦. 少仪外传［M］. 香港：商务印书馆，1997.

75. 叶金宝. 儒家和谐思想的价值转换［J］. 江苏社会科学，2008（5）.

76. 尹柳营. 中小企业如何发展与腾飞——国际化经营视角［M］. 北京：清华大学出版社，2003.

77. 美国中小企业有2500多万家，占公司总数的99%［EB/OL］. 全球经济数据，http：//www.qqjjsj.com/mgjjdt/6925.html，2014－02－12.

78. MIc－e－Star、OECD、DIW 柏林研究所.

79. 日本经济新闻［N］.2014－12－31.

80. 王雄. 发展小微企业任重而道远.2012.

81. 德国中小企业太彪悍 一千多家“隐形冠军”占据全球半壁江山［N/OL］. 欧洲时报（德国版），http：//ouzhou.oushinet.com/germany/20151218/215675.html，2015－12－18.

82. 孙春艳. 中外管理［J］.2013.

83. 经济日报［N］.2012－07－22.

84. 商务部网站，2014－09－30.

85. 印度跻身全球中小企业的大国行列［EB/OL］. 中国中小企业四川网，http：//www.smesc.gov.cn/news/show.php？itemid＝472，2013－03－27.

86. 印度：中小企业发展势不可当［N］. 经济参考报，2011－11－01.

87. 越南未来5年鼓励中小企业扩大成衣鞋类等投资［EB/OL］. 全球纺织网，http：//www.tnc.com.cn/info/c－001001－d－3557931.html，2016－01－14.

88. 越南大部分中小企业经营状况无明显改善［N］. 西贡经济时报，2014－11－06.

89. 中国贸促会网站，http：//www.ccpit.org/Contents/Channel_ 4013/2016/0225/585212/content_ 585212.htm，2016－02－25.

90. 华夏经纬网，http：//www.huaxia.com/tslj/lasq/2014/09/4070292.html，2014－09－15.

91. 束振．中小企业投资问题研究．

92. 国务院发展研究中心企业研究所．中国中小企业发展报告（2014）［R］.2014.

93. 国家统计局统计科学研究所．小微企业发展状况研究［R］.2014.

94. 陆奇岸．中小企业成长机理与模式研究［M］．南宁：广西人民出版社，2006.

95. 孟晋．民国初年民族工业发展概论［J］．平顶山师专学报，2000（8）.

96. 上海市工商行政管理局．上海民族机器工业［M］．北京：中华书局，1979.

97. 实业部．小工业及手工艺制品给奖一览表［N］．实业公报，1932－10－01.

98. 陈乃醒．中小企业经营与发展［M］．北京：经济管理出版社，1993.

99. 王慧敏．中小企业的创新与发展［M］．上海：上海人民出版社，2002.

100. 陈乃醒，傅贤治．中国中小企业发展报告（2006～2007）［M］．北京：中国经济出版社，2007.

101. 中国中小企业统计年鉴（2007）［M］．北京：中国大地出版社，2008.

102. 徐平，秦龙．王阳明“致良知”哲学思想探微［J］．大连海事大学学报（社会科学版），2009，8（6）.

103. 马克思，恩格斯．马克思恩格斯全集（第3卷）［M］．北京：人民出版社，1971.

104. 周利国．中小企业伦理与道德建设五日通［M］．北京：经济科学出版社，2007.

105. 彭希林．论社会道德舆论的形成与作用［J］．湖南社会科学，2003（2）．

106. 国家质量监督检验检疫总局．http：//www. aqsiq. gov. cn，2009－07－09.

107. 上海在建住宅楼倒塌［EB/OL］．http：//h. house. sina. com. cn/2009－06－30/104719237. htm，2009－06－29.

108. 吴柳丽．两品牌仿瓷餐具进“黑名单”［N］．莆田晚报，2009－05－15.

109. 广州46人食物中毒［EB/OL］．http：//news. sina. com. cn/h/2009－02－20/114717255207. shtml，2009－02－20.

110. 2005～2015十年食品安全大事件盘点［EB/OL］．搜狐网，http：//learning. sohu. com/20160319/n441131322. shtml，2016－03－19.

111. 苏丹红事件食品添加剂问题敲响警钟［EB/OL］．中国网，http：//www. china. com. cn/news/zhuanti/2010lianghui/2010－03/15/content_19613757. htm，2005.

112. 安徽阜阳毒奶粉事件［EB/OL］．人民网，http：//www. people. com. cn/GB/shehui/8217/33048/index. html，2005－01－07.

113. 潍坊部分农户用剧毒农药种姜“自己不吃”不出口专内销［N］．新京报，http：//news. xinhuanet. com/fortune/2013－05/06/c_124666110. htm，2013－05－06.

114. 过期也吃不死人［N］．羊城晚报，http：//news. ifeng. com/a/20140721/41243638_0. shtml，2014－07－21.

115. 2013年食品安全十大事件［EB/OL］．中国湘西网，http：//www. xxz. gov. cn/zfxxgkzl/ggjgxx/syaq/fxjs/201412/t20141208_150014. html，2014－07－15.

116. 母女作案涉案金额达5.7亿！上亿元疫苗未冷藏流入18省：这是杀人［EB/OL］．中国江苏网，http：//news. 365jilin. com/html/20160318/2215169. shtml，2016－03－18.

117. 食药监总局公布2015年食品安全十大案例［N］．中国消费者报，http：//www. ccn. com. cn/330/566678. html，2016－03－16.

118. 李玉新．中国证券市场研究设计中心等单位发布虚假广告被查处［EB/OL］．http：//www. bj. xinhuanet. com/bjpd_sdzx/2009－03/13/content_15946519. htm，2009－03－13.

119. 张威．聚御堂（北京）医学研究院等单位发布虚假广告被查处[EB/OL]．http：//news. xinhuanet. com/newscenter/2009 -03/12/content_ 11000927. htm.，2009 -03 -12.

120. 全是假的！给员工发 11 辆玛莎拉蒂的微商被罚 80 万元［EB/OL]. 浙江在线，http：//zjnews. zjol. com. cn/system/2016/03/22/021076664. shtml，2016 -03 -22.

121. 央视曝光明眸霜虚假宣传：号称能治百病［EB/OL］．东方财富网，http：//finance. eastmoney. com/news/1365，20160321606028430. html，2016 -03 -21.

122. 赖文忠，林伟东．视点观察——击溃逃避债务的“恶招”［N］．福建日报，2005 -04 -15.

123. 新化云峰金锑矿业有限公司偷税案［EB/OL］．湖南省地方税务局网，http：//dsj. hunan. gov. cn/jdzb/tzgg/200803/t20080328_ 12136. htm.

124. 崔学刚．财务舞弊识别与中小股东利益保护——基于金荔科技财务舞弊案的启示［J］．会计学习，2006（7）．

125. “天价鱼”涉事饭店停业［N/OL］．大河报，http：//newpaper. dahe. cn/jrab/html/2016 -02/19/content_ 1364736. htm，2016 -02 -19.

126. 开假发票偷税漏税　南充一建材经营部被罚 50 多万［EB/OL］．四川新闻网，http：//scnews. newssc. org/system/20160108/000637836. html，2016 -01 -08.

127. 夫妻开空壳公司骗贷 1000 万“假离婚”逃避债务被拘［EB/OL］．中新网，http：//www. hb. chinanews. com/news/2014/0807/182343. html，2014 -08 -07.

128. 四人成立空壳公司进口奢侈品　偷税千万终获刑［N］．北京晨报，http：//news. xinhuanet. com/fortune/2016 -03/07/c_ 128778520. htm，2016 -03 -07.

129. 企业信用缺失有何表现［N］．市场报（第 7 版），2008 -09 -01. 为逃避债务恶意注销公司，股东被判赔偿［EB/OL］．日照法律网，http：//www. rz148. com/alznshow. asp? id =700. 2008 -09 -01.

130. 陈杏头．中小企业伦理责任［J］．现代企业，2008（10）．

131. 宋佳佳．论中小企业发展中的伦理问题［J］．无锡南洋学院学报，2008，7（1）．

132. 尹凤婷．民营企业社会责任缺失的根源［J］．中国民营科技与经济，2007（9）．

133. 高薇．沈阳 35 家企业上黑榜，共拖欠农民工工资 3200 万［N］．沈阳晚报，2008－11－17.

134. 老板付不起工资　跑路一年后自首［N/OL］. 南方都市报，http：//epaper. oeeee. com/epaper/G/html/2016－03/18/content_ 19102. htm，2016－03－18.

135. 石狮一男子无证经营并恶意欠薪　被判拘役4个月［EB/OL］. 闽南网，http：//www. mnw. cn/shishi/news/1128735. html，2016－03－19.

136. 陆兴发，李鹏，提瑞芳. 中小民营企业社会责任体系的建构［J］. 商场现代化，2007（10）.

137. 湖南浏阳数千人上街抗议化工企业污染［EB/OL］. http：//news. sina. com. cn/c/2009－08－01/014016047310s. shtml，2009－08－01.

138. 贺江污源肇事　贺州市汇威选矿厂已被查封［EB/OL］. 新华网，http：//gx. sina. com. cn/news/b/2013－07－08/1822113. html，2013－07－08.

139. 陈爱清. 浅论中小企业伦理道德缺失的原因和解决途径［J］. 管理世界，2009（6）.

140. 夏绪梅. 转型经济条件下的企业伦理问题研究［D］. 西北大学博士学位论文，2006.

141. 孙丰云. 当前中国企业社会责任的缺位与重构［J］. 世界经济与政治论坛，2007（6）.

142. 沈运红，王恒山，鲍林. 中小企业营销道德失范的原因与对策［J］. 统计与决策，2006（8）.

143. 孙晓娟，冯尚春. 市场经济视域中的道德层次分析［J］. 东北师大学报（哲学社会科学版），2010（1）.

144. 陈敦旭，朱元双，龚新湘. 我国中小企业诚信缺失的成因及治理策略［J］. 科学与管理，2006（4）.

145. 凤霞，许海燕. 浅谈中小企业道德建设［J］. 商场现代化，2007（7）.

146. 李志伟. 中小企业营销伦理的实现途径［J］. 经营管理者，2008（14）.

147. 李碧珍. 企业社会责任缺失：现状、根源、对策——以构建和谐社会为视角的解读［J］. 企业经济，2006（6）.

148. 倪中莉. 论社会主义市场经济下的中小企业伦理建设［D］. 重庆师范

大学硕士学位论文，2007.

149. 关培兰，申学武．企业管理的道德选择［J］．武汉大学学报（哲学社会科学版），2004，57（1）．

150. 马克思，恩格斯．马克思恩格斯全集（第3卷）［M］．北京：人民出版社，1995.

151. 马克思，恩格斯．马克思恩格斯全集（第23卷）［M］．北京：人民出版社，1972.

152. 亚当·斯密．国富论（上卷）［M］．杨敬年译．西安：陕西人民出版社，2001.

153. 亚当·斯密．国富论（下卷）［M］．杨敬年译．西安：陕西人民出版社，2001.

154. 毛泽东．毛泽东选集（第一卷）［M］．北京：人民出版社，1952.

155. 唐凯麟．中华民族道德生活史研究［M］．北京：金城出版社，2008.

156. Shinn T.，Lamy E. Paths of commercial knowledge：Forms and Consequences of University – enterprise Synergy in Scientist – sponsored Firms［J］．Research Policy，2006，35（10）．

157. 没有文化的企业是“愚蠢”的企业［N］．经济参考报，2008 – 08 – 01.

158. 名牌背后是文化——科龙集团“万龙耕心”企业文化塑造工程案例［J］．中国乡镇企业，2002（9）．

159. Carrol A. B.，Buchholtz A. K. Business and Society：Ethics and Stakeholder Management（4th ed）［M］．Thomson Learning，2000.

160. 米尔顿·弗里德曼．资本主义与自由［M］．北京：商务印书馆，1986.

161. 彼得·德鲁克．公司的概念［M］．北京：机械工业出版社，2006.

162. 董小龙．中国儒家经济伦理思想探析［J］．西北大学学报（哲学社会科学版），2003，31（1）．

163. 彼得·德鲁克．管理的实践［M］．北京：机械工业出版社，2006.

164. 徐纪敏．《孙子兵法》和企业战略管理［J］．学术问题研究（综合版），2008（2）．

165. 周俊敏．论企业的伦理战略［J］．伦理学研究，2008（11）．

166. Schein, Edgar H. Organizational Culture and Leadership [M]. John Wiley & Sons Inc, 2004.

167. 马克斯·韦伯. 新教伦理与资本主义精神 [M]. 北京：中国社会科学出版社，2010.

168. 姚鸿雁. 经济全球化背景下的企业伦理建设 [J]. 理论月刊，2006 (8).

169. 宋晶，谷苗. 人性假设：传统经济学、新制度经济学及管理学的比较 [J]. 财经问题研究，2008 (10).

170. 马克思，恩格斯. 马克思恩格斯全集（第1卷）[M]. 北京：人民出版社，1995.

171. Richter F. J., Mar P. C. M. Asia's New Crisis: Renewal Through Total Ethical Management [M]. Wiley, 2004: 2.

172. 李文义，刘春丹. 孔孟儒学与当代民营企业管理 [J]. 东岳论丛，2006, 27 (1).

173. 钟宏武. 企业社会责任（三步走）[N]. 人民日报，2008-11-11.

174. 李维安. 企业履责制度建设是关键 [N]. 人民日报，2008-11-06.

175. 张音宇. 中国企业伦理道德问题研究 [D]. 武汉理工大学硕士学位论文，2005.

176. 夏绪梅. 转型经济条件下的企业伦理问题研究 [D]. 西北大学博士学位论文，2006.

177. 信用中国. 关于中国建立个人信用体系的法律思考 [EB/OL]. http://www.ccn86.com/news/research/20060223/11750.shtml, 2006-02-23.

178. 中国行政管理学会课题组. 我国社会中介组织发展研究报告 [J]. 中国行政管理，2004 (10).

179. 刘畅，卢德友. 论社会中介组织的发展与政府职能的关系 [J]. 西安建筑科技大学学报（社会科学版），2009, 28 (1).

180. 纪宝成. 转型经济条件下的市场秩序研究 [M]. 北京：中国人民大学出版社，2003.

181. 刘波. 社会中介组织的特征辨析 [EB/OL]. http://www.ssfcn.com/wenzhang_detail.asp?ID=76804&s Page=3 & wordPage=1, 2007-01-27.

182. 王娟．我国企业伦理建设探究——以烟草企业为例［D］．南京师范大学硕士学位论文，2007（17）．

183. 马克斯·韦伯．新教伦理与资本主义精神［M］．北京：中国社会科学出版社，2010.

184. 马尔库塞．单向度的人：发达工业社会意识形态研究［M］．上海：上海译文出版社，2006.

185. 马克思，恩格斯．马克思恩格斯全集（第3卷）［M］．北京：人民出版社，1960.

后 记

众所周知，中小企业是中国经济发展和社会和谐稳定的核心力量，是国强民富的经济基础。中国当前正处于经济转型和改革攻坚克难的关键时期，在倡导科学发展、共建和谐社会的今天，民营中小企业重视伦理道德建设、承担道德责任对社会及企业自身来说都意义重大。应用儒学伦理构建中小企业伦理道德体系建设，对实现企业自身可持续发展、市场经济的健康发展和社会的全面和谐稳定都具有十分重要的战略意义。

重视和构建企业伦理道德体系是企业家的社会责任，是其价值取向与现代企业经营观念建立的重要标准。如能充分认识到自身企业道德建设重要性的企业家，定会在其企业经营管理活动中树立正确的价值观取向，会对顾客极端负责，并且以造福社会、贡献社会为出发点谋求企业生存发展。相反，如果企业家没有充分认识到自身企业道德责任的重要性，那么在企业经营活动中就难免存在忽视他人和社会利益而一味追求自身利益最大化的现象，这样的企业也就根本不可能持续、健康发展。

笔者作为一名中国首批民营中小企业的创业者和经营管理者，自 1984 年开始将儒学伦理思想应用于企业的经营管理实践中，在 30 多年的企业实践中践行儒学伦理道德思想，虽然遇到了来自企业内部和外部社会的干扰和非议，但是，我持之以恒 30 多载，在开拓创新、与时俱进的基础上将儒学伦理思想的“双重性”及其精华挖掘开发并发扬光大。到 2005 年，华信公司的企业伦理道德体系已逐步形成，并走向成熟。但是以儒学伦理思想为基础的华信公司“六大互补优化”的核心价值观的企业伦理发展战略在集团公司内部还有一些不同意见，主要是一些“海归派”和一部分受过 MBA 教育的中高层管理者，他们认为儒学伦理对企业实现利益最大化有着极大的阻碍作用，缺乏一种向外征服、扼杀了个人主义追求世俗财富的强烈欲望，很难催生出理性追求财富最大化的资本主义精神……然而，企业的多数管理者普遍认为儒学的伦理思想可以与华信公司企业伦理道德建设相融合，华信公司集团企业的发展壮大已充分证明了公司践行儒学伦理思想是非常正确的，并已得到全体员工的广泛认同，企业、政府和社会各界也给予了充分的肯定和认同。

改革开放30多年，也是我艰苦创业、拼搏奋斗的30多年，在这段不寻常的历史时期，我国首批创业的民营中小企业已所剩无几、屈指可数了。总结他们失败的经验教训是：他们都不重视企业伦理道德建设，更不重视企业伦理战略的独创，而是盲目地赶时髦，照搬西方的企业经营战略。华信公司30多年的实践证明，中国土生土长的中小企业的伦理战略绝不能离开我国优秀传统的儒学伦理思想文化做基础，否则中国的中小企业就会失去文化的根基，永远长不大、做不强。

作为一个民营企业家应具有的社会责任，我有义务将30年来对儒学伦理文化的研究应用成果和在华信公司的践行情况与企业界、学术界和社会各界的朋友们一起交流、学习、探讨。

华信公司在30多年的儒学伦理实践中，将儒学伦理思想的精华和符合现代企业道德观念的价值取向应用到企业伦理道德体系建设中，并形成了华信公司集团企业独特的且符合中国国情的企业伦理道德体系。通过30多年的企业实践也充分地证明，我国儒学伦理道德思想可以与西方企业伦理思想相互融通有机结合，如西方的人权与儒学伦理中以人为本思想有机结合；西方企业伦理的顾客至上的经营理念可与儒学伦理以客为尊的思想有机结合；西方企业伦理追求卓越的价值观念可与儒学精益求精思想有机结合；西方企业伦理诚实守信的商业道德可与儒学的诚实无欺、诚信为本的思想有机结合；西方企业的团队合作精神可与儒学伦理的群体利益至上和集体合作精神有机结合；西方企业伦理的合法求利思想可与儒学伦理的以义取利思想有机结合；儒学伦理注重规范和秩序的意识可与市场经济对规范和秩序的客观要求有机结合。

华信公司应用儒学伦理思想创新企业的道德理念，具体体现为以人为本的管理理念、以客为尊的服务理念、重信贵和的经营理念、合法求利的效益理念、敬业乐业的从业理念。

华信公司创新的“六大互补优化”的核心价值观和伦理道德理念对构建中小企业伦理道德体系具有重要的启示、引导和示范作用，可以与中小企业在伦理道德体系建设中予以互相借鉴和学习。

亚当·斯密曾指出：“任何市场经济的发展只有在共享伦理道德价值观（信守契约、履行支付承诺、尊重合作伙伴）的基础上才能正常运行。”

在当今经济全球化、文化差异化和社会多元化的市场经济大背景时代下，我国中小企业伦理道德建设又是构建社会主义和谐社会的重要组成部分。诚信是和谐社会的重要基础，企业诚信是中小企业实践儒学伦理、构建中小企业伦理道德体系的根本思想。应用儒学伦理与现代企业经营理念和现行法律制度有机结合是建设中小企业伦理道德体系、解决中小企业伦理道德缺失问题、保障中小企业可持续发展的有效方法，也是我国中小企业生存、发展、基业长青的根本保障。

我的人生事业起点与中国改革开放是同步的，我的创业过程艰辛坎坷，历经磨难。我从事的民营中小企业投资、经营管理的 30 多年间，也是中国经济社会转型、多变的特殊历史时期。因此，在中国特色社会主义市场经济体制条件下的民营中小企业的生存、发展是很艰难的，是在面对垄断的国企和享有特权的外企的不公平法律、税赋、信贷、政策、市场竞争中的“三座大山”① 的夹缝中求生存、发展。

坚持以儒学伦理思想、道德观念和价值取向构建中国中小企业伦理道德体系，保障中小企业持续、健康、和谐发展和实现中华民族的伟大复兴，是我作为一名从事儒学伦理文化应用研究、践行和企业投资、经营、管理者的终生梦想，并为此努力奋斗终生。

人生无常，命运多舛。在我读博和本书课题研究期间，由于学业和企业经营管理工作繁重，2008 年 5 月我不幸身患肝癌做了肝脏移植手术，术后一个月我又继续全身心投入博士论文的撰写工作和企业的经营管理工作，并于 2009 年在国内外 A 级权威核心期刊《管理世界》连续发表两篇学术论文，2010 年 5 月按期完成了博士论文的答辩并获得答辩委员会的全票通过。

由于过度劳累，2011 年初我的移植肝出现了排异，同年 7 月又做了第二次肝

① 习近平 2016 年 3 月 4 日在全国政协十二届四次会议民建、工商联界联组会议上的讲话内容摘引：“市场的冰山、融资的高山、转型的火山。”人民网—中国共产党新闻网，2016 年 3 月 10 日。

脏移植手术，术后仍继续从事企业经营管理工作，并利用业余时间给党、政、军、群、企、学做儒学伦理文化和管理学讲座、报告，竭尽全力向社会传播儒学伦理文化和企业管理知识。

本书是在我的博士论文基础上重新修著的，在写作过程中，《辽宁日报》高级记者姚雪痕校友帮助我收集了 2011 ~ 2016 年 3 月前的部分中小企业伦理道德缺失的典型案例和 2014 年前几年国内外中小企业的部分发展数据，并做了一些校对工作。

在我博士论文的撰写过程中，我的导师徐玖平教授对我的博士论文给予了精心的指导、帮助和多次严格的审核、修改。卢毅、王亮同学也帮我收集了 2009 年前的部分国内外中小企业的发展数据，并给我的博士论文提出了一些宝贵的意见和建议，在此一并深表感谢。

在此还要特别感谢全国政协委员、国际系统与控制科学院终身院士、教育部长江学者特聘教授、四川大学校长助理兼商学院院长徐玖平教授；中国社会科学院研究员，中央民族大学哲学与宗教学系教授、博士生导师赵士林先生。以上两位学术界大师、前辈在百忙之中抽出宝贵时间为本书写序，在此表示最诚挚的感谢和敬意。

本书在研究写作过程中参考了儒学前辈先贤和有关儒学文化、企业伦理方面的研究成果及大量的文献资料，并力图在本书注释中尽量予以一一标出，但难免会有疏漏、遗漏之处，希望予以谅解，特在此表示歉意和诚挚的感谢。

由于本人水平有限，可能对儒学伦理和企业伦理学的研究、理解不足，把握、应用尚有欠缺，错误之处难以避免，诚望读者斧正。

陈爱清

2016 年 3 月 21 日于沈阳